Glanzlichter der Wissenschaft

Ein Almanach

herausgegeben
vom Deutschen Hochschulverband

Die Deutsche Bibliothek — CIP-Einheitsaufnahme
Ein Titeldatensatz für diese Publikation ist bei der Deutschen Bibliothek erhältlich
Glanzlichter der Wissenschaft: ein Almanach.../hrsg. vom Deutschen Hochschulverband
Stuttgart: Lucius und Lucius
Erscheint jährl. — Aufnahme nach 1998
Früher u.d.T.: Deutscher Hochschulverband: Almanach

ISBN 3-8282-0189-X
Redaktion: Felix Grigat, M.A. (verantwortl.)
Dr. Michael Hartmer
Meike Krüger, Dipl.-Sozw.
Ina Lohaus
Druck: Saarbrücker Druckerei und Verlag GmbH, 66121 Saarbrücken

Inhaltsverzeichnis

Im Spannungsfeld zwischen Wissenschaft und Öffentlichkeit:
Die Informationsgesellschaft und ihr wachsender Ethikbedarf
Wolfgang Bergsdorf..5

Die Bedeutung der geschichtlichen Erfahrungen für die Einstellung der Menschen
in der ehemaligen DDR zur deutschen Nation
Reimund Blühm..15

Gleichgeschlechtliche Partnerschaft und Ehe – Reflexionen über den Sinn
einer überkommenen Institution
Johann Braun...23

Es ist schon viel zuviel geschehen: Ein Interview mit Erwin Chargaff zur
Bundestagsdebatte über Gentechnik und Biomedizin.......................................31

Tempi – Bildung im Zeitalter der Beschleunigung
Leo J. O'Donovan..35

Macht Wissenschaft glücklich? Wie Wissenschaft den Menschen kränkt,
und wie sie dennoch zur Heiterkeit des Geistes beiträgt
Heinz Duddeck..49

„Die Trübsal am Rande der posthumanen Wüsten".
Zum Menschenbild in der modernen Literatur
Wolfgang Frühwald..65

Kreativität als Interaktionsprozeß: Zur Psychologie der Kreativität
Joachim Funke...79

Thesen zur Geschichte und Zukunft der Arbeit
Jürgen Kocka..85

ars – MUSICA – scientia: Gedanken zu Geschichte und Gegenwart einer Kunst und ihrer Wissenschaft
Ulrich Konrad..93

Niemals etwas Nützliches getan oder Die Liebe zur Sondermarke
Bernhard Korte..105

Wo bleibt das humanistische Bildungsideal?
Jürgen Oelkers..109

Partnerschaft: Was abgeht, wenn`s abgeht
Ines Possemeyer..115

Hellas in der Doppelhaushälfte
Alexander Schuller..123

Gedanken zum 11. September 2001
Wolf Singer...129

Denken Inder anders? Über die Kulturabhängigkeit strategischen Denkens
Stefan Strohschneider..135

Über Ruhm, coolness und Wahrheit und andere Fragen der europäischen Sprach-Kultur
Jürgen Trabant..141

Die Autoren..155

Quellennachweis..157

Im Spannungsfeld zwischen Wissenschaft und Öffentlichkeit: Die Informationsgesellschaft und ihr wachsender Ethikbedarf

Wolfgang Bergsdorf

Gesellschaftliche und technologische Entwicklungen suchen nach Bezeichnungen, und irgendwann obsiegt dann eine Epochenbezeichnung über konkurrierende Begriffe. Heute ist die „Informationsgesellschaft" oder die „Wissensgesellschaft" in aller Munde. Solche Termini sind immer problematisch, weil sie aus der komplexen Vielfalt der gesellschaftlichen Rahmenbedingung eine einzige Dimension herausgreifen, um sie semantisch zur Epochenbezeichnung zu erhöhen. Und dennoch sind solche Bezeichnungen notwendig, weil sie die im Strom der Zeit vom zeitgenössischen Bewußtsein kaum merklichen Veränderungen auf einen Nenner bringen.

Natürlich will ein Begriff wie „Informationsgesellschaft" oder auch „Wissensgesellschaft" früheren Epochen nicht unterstellen, daß Informationen und Wissen in ihnen keine Rolle gespielt hätten. Aber die ständig wachsende Verwendungshäufigkeit des Terminus „Informationsgesellschaft" zeigt die Zentralität an, die der Information in unserer pluralistischen, von Globalisierungsängsten geschüttelten Wohlstandsgesellschaft zukommt. Zu Arbeit und Kapital tritt als dritte Quelle der Wohlstandswertschöpfung die Information hinzu, die anders als die beiden ersten Quellen mit Hilfe der Informationstechnologien auf sich selbst angewandt und so unerschöpflich gemacht werden kann. So hoffen jedenfalls die euphorischen Vordenker der Informationsgesellschaft.

Die Begriffe Informationsgesellschaft oder auch Wissensgesellschaft haben aber auch noch eine andere Dimension, die als großes doppeltes Versprechen gedeutet werden kann. Die Zentralität der Informationen - oder im Plural: des Wissens - als ultimative Ressource nährt die Illusion, daß das Spannungsfeld von Wissenschaft und Öffentlichkeit aufgehoben werden könnte. Moderne Gesellschaften haben die Öffentlichkeit als Methode der Problemreduktion erfunden, um ihren Mitgliedern die Chance zu geben, sich über alles zu unterrichten, worüber sie sich aus unmittelbarem Erleben kein eigenes Urteil bilden können. Wissenschaft hingegen ist die systematische Anstrengung, das verfügbare Wissen auf allen Gebieten in der Breite und in der Tiefe zu erweitern und miteinander zu verknüpfen. Wissenschaft benötigt Internationalität wie die Lunge Luft zum Atmen. Öffentlichkeit braucht Lokalität und Regionalität. Nationale Medien sind die Ausnahme, nicht die Regel. Öffentlichkeit ist hochselektiv, es gibt zwar Kriterien der Selektion, die bestimmen, welche Chance ein Thema hat, öffentlich zu werden, aber der Zufall spielt eine bedeutende Rolle. Wissenschaft hingegen ist systematisch, jeder Beliebigkeit abhold. Aber dennoch wird die Informationsgesellschaft etwas Neues bringen beziehungsweise, sie hat bereits Novitäten erzeugt.

Eines Schriftstellerlobes konnte sich ein Journalist erfreuen, der kürzlich schrieb, am Ende des 20. Jahrhunderts verfügten kleine Jungs über mehr Informationen über die Welt als Voltaire, Kant und Goethe zusammen. Der kürzlich verstorbene Andrzej Szczypiorski beurteilte mit etwas hinterhältiger Ironie den Urheber dieser Feststellung als „gescheit", weil er seine Beobachtung ohne Triumph verkündet habe. Er machte auf eine Selbstverständlichkeit aufmerksam, die wir im täglichen Durcheinander aus dem Blickwinkel verlieren, die aber dennoch eine gefährliche und rätselhafte Warnung bildet.

Tatsächlich wissen wir heute über die Welt bei weitem mehr als vor 200 oder 100 Jahren. Wissenschaft und Technik haben für eine Explosion des Wissens gesorgt, deren Ende sich in keiner Weise andeutet. Neun von zehn Wissenschaftlern, die jemals gelebt haben, sind unsere Zeitgenossen. Das hat zur Folge, daß das verfügbare Wissen sich alle 10 Jahre in den verschiedenen Disziplinen verdoppelt. So z. B. enthält eine beliebige Werktagsausgabe der *New York Times* mehr Informationen, als dem durchschnittlichen Europäer des 17. Jahrhunderts in seinem ganzen Leben zur Verfügung standen. Aber daß wir heute klüger seien als unsere Väter, Großväter oder Urgroßväter, das wagt niemand zu behaupten, nicht einmal der von Andrzej Szczypiorski gelobte Journalist.

Aber wir wissen mehr als unsere Väter und Großväter, und dieses Wissen verdanken wir der Ubiquität und Omnipräsenz der Medien. Die Allgegenwart der Medien ist der Grund dafür, daß die Medien in der heraufkommenden Wissensgesellschaft mehr noch als zuvor als ihr zentrales Nervensystem Geltung beanspruchen können. Die explosionsartige Vervielfältigung der technisch erreichbaren Informationsmöglichkeiten verlangt vom Mediennutzer ein viel größeres Maß an souveräner Entscheidungskompetenz. Aufklärung heute kann deshalb verstanden werden als eine Befreiung von den Fesseln fremdbestimmter Kommunikation. Die Transparenz des Mediensystems und seine Inpflichtnahme durch ethische Mindestnormen ist deshalb die erste Forderung der Rezipienten an die Medienproduzenten.

Die technologische Modernisierung der Medien und ihre Globalisierung verschärft das Spannungsverhältnis zwischen journalistischer Praxis und den Anforderungen der Medienethik. Jedem, der sich als Konsument oder gar Produzent mit Medieninhalten beschäftigt, drängt sich die Frage auf, ob künftig allein der Markt die Moral definiert, ob allein die Botschaft, die beim Publikum ankommt - gemessen an Einschaltquote oder Auflagenhöhe - die moralischen Standards der Informationsgesellschaft bestimmen soll. Es geht um die Möglichkeiten und Begrenzungen der Verantwortung der Produzenten von Medienangeboten ebenso wie um den verantwortlichen Umgang mit Medieninhalten bei den Konsumenten. Diese Fragen sind auch deshalb von einer zwingenden Aktualität, weil unsere mittlerweile 18jährigen Erfahrungen mit dem dualen System der Rundfunkordnung in Deutschland Zweifel haben entstehen lassen, ob Markt und Qualität deckungsgleiche Größen sein können.

In drei Schritten soll die Thematik erschlossen werden. Zunächst soll erläutert werden, was mit dem Ausdruck „Informationsgesellschaft" gemeint ist. Dann soll - zweitens - untersucht werden, ob diese Informationsgesellschaft andere oder neue ethische Maßstäbe verlangt. In diesem Zusammenhang verdient auch die Frage eine gründlichere Prüfung, womit so etwas wie eine Spezialethik für Journalisten begründet werden könnte oder ob die Ethik der Kommunikation, wie sie seit Jahrtausenden Geltung beansprucht, lediglich der technisch vergrößerten Reichweite der Kommunikatoren angepaßt werden muß. Schließlich soll riskiert werden, einige Aussagen über die Rolle der Theologie im Spannungsfeld zwischen Wissenschaft und Öffentlichkeit zu treffen.

I.

Das - glaube ich - wird der wichtigste Effekt der Informationsgesellschaft sein: Die Verabschiedung der Relevanz des Alltagswissens. Weil Erfahrung im Sinne von tradierter Erfahrung sehr stark an Bedeutung verlieren wird, muß das Leben zu einem permanenten Prozeß des Umlernens werden. Wir kennen schon heute die Formel bei Begrüßungen von Berufsanfängern: "Nun vergessen Sie alles, was Sie auf der Schule oder in der Uni gelernt haben". Die Globalisierung der Märkte und - als ihre Voraussetzung - die Globalisierung der Informationsnetze sorgt einerseits dafür, daß sich die Galaxie des abendländischen Wissens mit Lichtgeschwindigkeit ausdehnt und dieses Wissen zudem überall zur Verfügung steht, so daß das menschliche Gedächtnis nicht länger herausgefordert wird. Andererseits entscheidet die Schnelligkeit des Wandels, die Sensibilität für Zeitdifferenzen über die Chancen auf dem Markt, so daß heute niemand wissen kann, was er morgen wissen muß, um sich wirtschaftlich zu behaupten.

Die Welt der Informationsgesellschaft wird beherrscht von dem Triumvirat Hardware, Software und Mensch. Hardware ist nicht länger ein Produkt aus Eisen, sondern eine millionenfache Wiederholung winziger Siliciumtransistoren. Das Milliardengeschäft namens Software ist eine logische Abstraktion, die von den Zeiten und Räumen der Maschinen prinzipiell absieht, um sie in der Theorie, aber auch nur in ihr, zu beherrschen (Friedrich Kittler). Hardware und Software sind unschlagbar im Suchen, Speichern, Rechnen. Aber der Mensch ist unschlagbar im Bewerten, in der Interpretation und in der Herstellung des Kontexts. Die Sintflut der Daten, die sich täglich über uns ergießt, bietet keinen Sinn. Sinn ergibt sich erst aus dem Kontext und dieser kann nur vom Menschen hergestellt werden.

Sowohl die Produzenten wie die Distributoren wie auch die Rezipienten medialer Angebote haben sich in der Informationsgesellschaft der Herausforderung zu stellen, aus der Flut von Informationen jene herauszufiltern, die relevant sind für die eigene Lebensführung, für die politische Willensbildung, für die kulturelle Orientierung. Das „Neue" der Informationsgesellschaft besteht nicht in einer grundsätzlich veränderten Qualität im Vergleich zur modernen Massenkommunikation, sondern in einer veränderten Quantität der Informationsdichte, die der einzelne Journalist wie auch der einzelne Rezipient zu bewältigen haben. Eine qualitative Veränderung allerdings ist in der Re-Individualisierung der Massenmedien zu sehen. Die technischen Möglichkeiten der Datenkompression, der Digitalisierung und des interaktiven Zugriffs ermöglichen dem Nutzer der Multimedia-Angebote eine enorme Steigerung seiner Souveränität als Konsument. Jeder wird künftig sich seine Information, Bildungs- und Unterhaltungsprogramme nach seinen speziellen Bedürfnissen und Interessen zusammenstellen können. Das Grundgesetz der Massenkommunikation lautete: Einer druckt oder sendet, viele lesen, hören oder sehen das Gleiche. Das neue Grundgesetz von Multimedia heißt: Jeder wird sein eigener Programmdirektor, jeder entscheidet selbst, welchen Inhalten er die knappe Ressource seiner Aufmerksamkeit zuwendet.

Die explosionsartige Vervielfältigung und die globale Verfügbarkeit des Informations- und Unterhaltungsangebotes und die daraus erwachsene Selektionsnotwendigkeit verschärfen die Frage nach den Entstehungsbedingungen der gesellschaftlichen Konstruktion von Wirklichkeit. Hinter dieser nur scheinbar akademischen Frage verbirgt sich eine ganze Reihe von offenen Problemen, unter denen der Zusammenhang von Gewaltdarstellungen im Fernsehen und Kriminalitätserwartungen des Publikums nur ein Problem ist. Welche konkrete politische Bedeutung diese Frage hat, haben die amerikanischen Kommunikationsforscher George Gerbner und Larry Gross schon vor 15 Jahren in einer interessanten Untersuchung aufgezeigt. In einer Studie über Gewaltdarstellungen im Fernsehen und Gewaltvorstellungen des Publikums haben die Forscher herausgefunden, daß Personen, die viel fernsehen (heavy viewers) (täglich mehr als 3 Stunden) etwa zehnmal häufiger Furcht hatten, selbst ein Opfer von Gewalt zu werden, als Zuschauer, die wenig oder gar nicht fernsehen.

Der Politikwissenschaftler Robert D. Putnam hat diese These von der wirklichkeitsverzerrenden Wirkung eines hohen Fernsehkonsums kürzlich bestätigt gefunden. Mit zunehmender Dauer des Fernsehkonsums nimmt die Bereitschaft zum überindividuellen Engagement, zum Vertrauen in Institutionen oder Mitmenschen und auch zur Teilnahme an Wahlen ab. Putnam behauptet: Je mehr man fernsieht, desto weniger Vertrauen hat man zu Institutionen und Personen. Je mehr man Zeitung liest, desto größer ist das Vertrauen generell.

Da das Entspannungsbedürfnis auch künftig im Vordergrund der medialen Nutzungsmotive stehen wird, kann der Liebhaber von Action- oder Science Fiction-Programmen künftig noch mehr solche Programme erleben, die er schon kennt, noch häufiger das erfahren, was er schon weiß. Das Ergebnis ist eine gesteigerte Selbstbezüglichkeit, die der Bamberger Soziologe Gerhard Schulze als Kaspar Hauser-Syndrom bezeichnet. Der passive Nutzer von Multimedia gerät in die Nachbarschaft des kommunikativ total isolierten Menschen. Er begegnet sich nur noch selbst, und er wird wenig Grund haben, dies zu ändern, wenn er sich nach einiger Zeit dabei wohlfühlt, in der „Stallwärme des eigenen Ichs" (Gerhard Schulze) zu sitzen. Der stets anregende Blick über den Rand des ohnehin geschrumpften Tellers wird dem passiven Nutzer von Multimedia schwer fallen.

Dies dürfte allerdings auch für einen Teil der aktiven Nutzer gelten, die sich den neuen Möglichkeiten gezielt zuwenden und über ihre Computer immer wieder im Internet miteinander kommunizieren. Der Kommunikationszweck gilt dem Hauptinteressengebiet, dessen Wissensbestände so enorm erweitert werden können. Multimedia holt den entfernten Partner so nah heran, daß er tatsächlich nah zu sein scheint. Diese Umschichtung von Nah- und Fernkontakten verdichtet das Hauptsächliche und vernichtet gleichzeitig das Nebensächliche, das in der persönlichen Kommunikation von Gesicht zu Gesicht für Überraschung sorgt.

Zunächst wird Multimedia eine Theorie bestätigen, die wir schon bisher aus der Kommunikationswissenschaft kennen: die Wissenskluft-Theorie der Wissenskluft- Forschung. Heinz Bonfadelli und Ulrich Saxer, die Schweizer Initiatoren, werden interessante Arbeiten schreiben können. Schon bei der Konsumtion von Fernsehprogrammen fanden sie heraus: Fernsehen macht die Klugen klüger und die Dummen dümmer. Diejenigen, die über eine aktive Intelligenz verfügen, werden die neuen Informations- und Kommunikationsmöglichkeiten nutzen, um ihren Wissensvorsprung auszubauen. Wer sich eher passiv und selbstbezüglich den neuen perfektionierten Medien zuwendet, wird nicht mehr von mehr wissen, sondern nur mehr desselben. Diese Wissenskluft wird auf absehbare Zeit nicht nur eine Kluft zwischen Intelligenten und weniger Intelligenten, aktiven und eher passiven Nutzern sein, sondern auch eine Kluft zwischen Jüngeren und Älteren.

Deshalb ist auf den Erwerb von Kompetenz im Umgang mit dem multimedialen Angebot besondere Aufmerksamkeit zu lenken. Dazu gehört, die Fundamente unseres kulturellen Erbes freizulegen, und das ist die Schriftlichkeit. Unsere Kultur und auch unsere Religion lebt von der Schriftlichkeit. „Man muß lesen, Céleste" hat Marcel Proust seine Haushälterin ermahnt. Nur durch Lesen können Menschen sich selbst begegnen, sich ihrer selbst vergewissern und Selbstvertrauen und Vertrauen zu anderen entwickeln. Nur so können in der Postmoderne Orientierungsprobleme abgebaut werden.

II.

Die Neophilie, die Neugier also, ist - darauf macht Otto B. Roegele immer wieder aufmerksam - als anthropologische Grundkonstante das mächtigste Motiv menschlicher Kommunikation. Unter den Lebewesen ist es allein der Mensch, der sich seiner geschichtlichen Herkunft bewußt sein kann und seine Zukunft gestalten will. Deshalb ist er auf Signale der Stabilität wie der Veränderung seiner Lebenswirklichkeit angewiesen. In den modernen Großgesellschaften fällt den Medien die Aufgabe zu, die Bürger über das zu unterrichten, was für ihre politische Meinungsbildung von Belang ist. Journalismus ist deshalb in allererster Linie Vermittlertätigkeit. Seine Aufgabe ist eine öffentliche Aufgabe. Seine professionellen Privilegien wie z.B. Quellenschutz, Auskunftsrechte sind treuhänderisch wahrgenommene Vorrechte. Journalisten haben deshalb eine größere Verantwortung für die Inhalte ihrer Botschaften als die Partner der persönlichen Kommunikation, weil sie Schlüsselpositionen innehaben im Netzwerk des Massenkommunikationssystems. Der journalistische Beruf ist auf die Vermittlungsleistung spezialisiert. Er muß seinen Ehrgeiz darin sehen, Information, Orientierung und öffentliche Debatte im Vorfeld der Entscheidung ebenso wie danach zustande zu bringen. Je komplexer die Wirklichkeit, desto stärker ist der Konsument von Medienbotschaften darauf angewiesen, daß die Verwaltung seiner Neugier durch die Medien in den Bereichen funktioniert, die sich seiner unmittelbaren Beurteilungsfähigkeit entziehen. Deshalb ist die wichtigste Verpflichtung des Journalisten sein Bemühen um Richtigkeit und Vollständigkeit seiner Mitteilungen.

Weil die Lebenszeit des Menschen begrenzt ist, gerät Aufmerksamkeit zur knappsten aller Ressourcen. Daraus ergibt sich als zwingende Verpflichtung des Journalisten die Trennung von Belangvollem und Belanglosem, gegen die gerade in unserer postmodernen Zeit der Beliebigkeit so häufig verstoßen wird.

Die für die traditionellen Massenmedien entwickelten ethischen Grundsätze gelten grundsätzlich auch für die künftige Informationsgesellschaft. Sie müssen allerdings spezifiziert werden. Die für jene gegebenen klaren Bedingungen, wie etwa die eindeutige Verantwortlichkeit des Chefredakteurs oder des Intendanten einer Rundfunkanstalt, zerfließen unter dem Ansturm der Informationsflut digitalisierter Daten.

Natürlich gilt das Grundgesetz und damit die von ihm repräsentierte Wertordnung auch für die technisch veränderte Welt in Deutschland. Vor allem Art. 5 GG bleibt als Garantie der Freiheit der Meinungsäußerung von zentraler Bedeutung. Er hat die Meinungsvielfalt sicherzustellen. Die Vielfalt der Meinungen wird als zwangsläufige Folge der globalen Vernetzung ohnehin realisiert werden. Einen durchsetzbaren Anspruch auf objektive Information allerdings gibt es nicht und kann es nicht geben. Jeder hat vielmehr das Recht, sich des weltweiten Netzes zu bedienen und darin seine Meinung ohne Verpflichtung zur Objektivität darzustellen. Es fehlt insoweit jedes Aufsichtsorgan und auch jeder Rechtfertigungszwang für mangelnde Objektivität.

Gleichwohl bewegen sich auch die neuen Dienste nicht in einem rechtsfreien Raum. Was offline strafbar ist, bleibt auch online strafbar. Die grenzüberschreitende Vernetzung läßt es jedoch zumindest als problematisch, in der Regel sogar als unmöglich erscheinen, die Verursacher etwaiger Rechtsverstöße zu fassen. Der einzelne Staat als Ordnungsmacht und Sanktionskraft stößt daher bei Rechtsverstößen sehr schnell an seine Grenzen. Internationale Abkommen benötigen dagegen viel, möglicherweise zuviel Zeit bis zum Vertragsabschluß, um als Basis gemeinsamen staatlichen Handelns wirksam werden zu können. In der Vergangenheit haben sowohl die Vereinten Nationen wie auch die UNESCO - was kaum in das Bewußtsein der Öffentlichkeit gedrungen ist - ethische Grundsätze für journalistische Verantwortung kodifiziert, die jetzt - im Blick auf die globalisierten Netze - vervollständigt werden müssen. Unabhängig davon, ob und wann dies gelingt, werden die Produzenten und die Rezipienten künftig stärker als in der bisherigen Medienordnung auf ihre eigene Einsichten zurückgeworfen und müssen selbst bestimmen, welche Informationen sie entweder anbieten oder in Anspruch nehmen wollen.

Gefragt werden sowohl die Fähigkeit des Umgangs mit den neuen Technologien wie auch die Kompetenz zur Einordnung der durch diese Technologien vermittelten Informationen und schließlich Urteilskraft zur inhaltlichen Auseinandersetzung mit den Angeboten der neuen Technologien.

Die notwendige Vermittlung der vorgenannten Fähigkeiten bedeutet daher zunächst vor allem eine ungeheure Herausforderung unseres traditionellen Bildungswesens. Während dieses noch davon ausgeht, dem Lernenden Wissen linear, logisch und monomedial durch den Lehrer im Prinzip über ein Frage-Antwort-Verhältnis zu vermitteln, können die Lernenden heute auch über die Computer und CD-Roms umfangreiches Wissen erwerben. Sie können dabei ihre persönlichen Interessen viel stärker als im klassengebundenen Unterricht wirksam werden lassen. Es genügt heute nicht, Wissen zu erwerben, vielmehr muß auch die Fähigkeit entwickelt werden, das verfügbare Wissen zu organisieren, um es für einen selbstgewählten Zweck nutzen zu können.

Dies bedeutet nicht Verzicht auf umfassende Bildung. Im Gegenteil: wer sich ohne ausreichende Bildung der Informationsflut aussetzt, läuft Gefahr, darin zu ertrinken. Gebildete werden sich in den Informationsquellen zurechtfinden, sie ausnutzen, auswählen und im Interesse eines gesetzten Zieles in Anspruch nehmen.

Das Grundgesetz stellt an die Spitze der Grundrechte die Würde des Menschen. Aus ihr ergibt sich seine Freiheit, im Rahmen der Gesetze eigenverantwortlich zu handeln. Dies ist der grundlegende Wert auch unserer Kommunikationsordnung. Ähnlich hat auch der Päpstliche Rat für die Sozialen Kommunikationsmittel in seiner im Juni 2000 veröffentlichten „Ethik der Sozialen Kommunikation" festgestellt: „Der Mensch hat eine unveräußerliche Würde und Bedeutung. Sie darf nicht im Namen kollektiver Interessen geopfert werden". Dieses erste Prinzip hat der Päpstliche Rat durch ein zweites ergänzt: „Das Wohl der Menschen läßt sich nicht unabhängig vom Gemeinwohl der Gemeinschaft verwirklichen, der sie angehören". Dieser hohen Einschätzung des Wertes und der ethischen Verpflichtung verbunden mit der Einsicht in die begrenzten Wirkungsmöglichkeiten gesetzlichen Rechts würde es entsprechen, wenn Anbieter und Nutzer der neuen Technologien sich im Interesse höherwertiger Güter wie insbesondere des Jugendschutzes und anderer ethischer Standards Selbstregulierungen auferlegen. Je besser solche Selbstregulierungen ihren Zweck erfüllen, um so geringer wird der Regulierungsbedarf durch Gesetzgeber.

Dies verlangt, den Blick über den Tellerrand der nationalen Betrachtung zu heben und sich mit den Vorzügen anderer Medientraditionen zu beschäftigen. Von dem angelsächsischen Journalismus ist die stärkere Faktenorientierung zu lernen und die medieninterne Organisation journalistischer Selbstkontrolle. Das professionelle Selbstverständnis englischer und amerikanischer Journalisten ist meilenweit von der hierzulande vorhandenen üblichen Meinungsdominanz entfernt und orientiert sich an der Hauptaufgabe des Mediensystems, das Publikum mit zuverlässigen Informationen zu versorgen. An der französischen Medienordnung können wir Deutschen lernen, welche Qualitätssteigerung Medieninhalte erfahren können, wenn der trennende Graben zwischen Literatur und Journalismus, zwischen Wissenschaft und Medien nicht so unüberbrückbar ist wie bei uns. Bildschirmpräsenz ist dort sehr viel weniger als bei uns Voraussetzung für Bestsellererfolg. Dort zählt mehr als bei uns die Idee und der Stil.

Von der italienischen Presse können wir lernen, wie der traditionelle Bildungskanon eines Landes - den Zeitgeist ignorierend - weitergegeben wird und dies in einer sorgfältig gepflegten Sprache, die unerschrocken selbst am Konjunktiv festhält, der in Deutschland nur von sehr anspruchsvollen Zeitungen genutzt wird.

In seinen Reflexionen über journalistische Kardinaltugenden schreibt Wolf Schneider, langjährige Leiter der Hamburger Journalistenschule, seinen Schülern und Kollegen ins Stammbuch:

„Es sind vor allem diese hauptberuflichen Skandaljäger, die sich gern zur vierten Gewalt stilisieren; sie sitzen zumal beim Spiegel, beim Stern, bei der TAZ und bei den politischen Fernsehmagazinen. Dem Bürger das Optimum an Information zu liefern, betrachten sie eben nicht als ihre zentrale Aufgabe. Sie sind es, die das nicht *wollen*, was die meisten ihrer Kollegen nicht *können*: sauber informieren.

Worin zeigt sich solches Unvermögen zur klaren Information? Was fehlt der Mehrzahl der Journalisten - denen also, die sich nicht als vierte Gewalt, nicht als Skandaljäger oder Weltverbesserer verstehen und insofern den Dienst am Bürger doch leisten können sollten? Es fehlt ihnen vor allem an fünferlei: Sachkenntnis, Weltkenntnis, Mißtrauen, Rückgrat - und an der Liebe zu ihren Lesern oder Hörern."

Diese Stichworte erklären sich von selbst, denn sie sind die auf den Journalismus bezogenen Adaptionen der christlichen Kardinaltugenden Klugheit, Mäßigung, Tapferkeit und Gerechtigkeit. Nur die fünfte der Schneiderschen journalistischen Kardinaltugenden, die Liebe zum Leser, Hörer und Zuschauer, bedarf einiger Worte der Kommentierung. Sie wendet sich gegen die Gleichgültigkeit der Journalisten gegenüber dem begrenzten Aufnahmevermögen des Publikums. In Mißachtung des Rezipienten durch Journalisten, die Schneider vor allem an einer unverständlichen oder komplizierten Sprache festmacht, erkennt er die journalistische Ursünde des Hochmuts genau so wie in der angemaßten Missionarsrolle wie im eifrigen Kommentieren ohne Sachkenntnis. Er verlangt für journalistische Texte schlichteste verfügbare Wörter in durchsichtig gebauten Sätzen. Er meint: „Ein Journalist, der gelesen werden und auch insoweit seine Informationspflicht erfüllen will, sollte entweder schreiben wie Luther oder Brecht, das heißt einfach und prall, oder wie Lessing, Lichtenberg oder Büchner, das heißt brillant und transparent zugleich". Natürlich weiß auch Wolf Schneider, daß diese Ziele im journalistischen Alltag nicht zu erreichen sind, aber das Streben danach, jedenfalls das Bemühen um Klarheit und Transparenz, sollte dem Journalismus nicht abhanden kommen.

Die christlichen Kardinaltugenden oder auch ihre auf den Journalismus bezogenen Adaptionen bieten Instrumente, die Wirklichkeit so zu sehen wie sie ist und diese Sicht auch kommunikativ durchzusetzen. Wahrheit schwebt ja nicht irgendwo. Sondern Wahrheit ist das Sichzeigen und Erkennen von Wirklichkeit. Josef Pieper lehrt, „aus der so ergriffenen Wahrheit leben und wirken - darin liegt das Gute des Menschen, darin besteht sinnvolles menschliches Leben. Jeder, der als Mensch zu leben begehrt, ist auf Nahrung der Wahrheit angewiesen. Auch die Gesellschaft lebt - und das geht ja unmittelbar Publizisten an-, von der öffentlich präsent gemachten und präsent gehaltenen Wahrheit." Die Präsenz der Wahrheit wird nur durch die Ordnung der Sprache (Josef Pieper) ermöglicht. Mit Ordnung der Sprache ist nicht primär ihre formale Perfektion gemeint. Vielmehr soll diese Formulierung die Notwendigkeit hervorheben, so zu sprechen und zu schreiben, daß die Wirklichkeit möglichst unentstellt und möglichst unverkürzt zu Wort kommt.

Also: wir benötigen keine *neue Ethik* für die Informationsgesellschaft, sondern eine Rückbesinnung auf die ins Journalistische gewendeten Kardinaltugenden, die nichts anderes darstellen als lebenspraktisch bewährte Grundforderungen für einen zivilen Umgang der Menschen einer Gesellschaft.

III.

Erlauben Sie mir abschließend einige Bemerkungen zur Rolle der Theologie in der Informationsgesellschaft. Odo Marquard hat gerade wieder bei Reclam ein Bändchen mit dem Titel „Philosophie des Stattdessen" herausgebracht, in dem er beschreibt, wie der technologische und wissenschaftliche Fortschritt unsere Wirklichkeit immer beherrschbarer macht. „Doch gerade dadurch wird immer klarer, daß wir Menschen nie alles beherrschen werden. Unverfügbar bleiben die Kontingenzen, also Geburt, Tod, Schicksalsschläge. Darum braucht gerade die moderne Expansion der Wirklichkeitsbeherrschung die „Kontingenzbewältigungspraxis" der Religion. Sie stirbt durch die erfolgreiche Aufklärung und dem daraus gespeisten technologischen Fortschritt nicht nur nicht ab, sondern ganz im Gegenteil: „Je aufgeklärter die moderne Welt wird, desto unentbehrlicher wird die Religion". Überall in der Welt ist der Bedeutungszuwachs der Religion zu beobachten, nur nicht in Europa. Das Ausscheren Europas aus dem globalen Trend der Revitalisierung der Religionen ist interessant und verdient verstärkte Erklärungsanstrengungen. Botho Strauß, einer der brillantesten Schriftsteller unseres Landes, sagte kürzlich in einem Interview: „Alles, was heute ans Transzendente und Theologische rührt, verabscheut unsere kritische Spaßintelligenz. Daß der Gedankenreichtum, der über Jahrhunderte hinweg in der Theologie versammelt ist, heute so gut wie nie in die intellektuelle Auseinandersetzung geholt wird, halte ich für ein großes Versäumnis. Ich präzisiere lediglich ein Detail aus einer transzendenten Gestimmtheit. Diese ist gegenwärtig kaum noch mitteilbar. Ich bezweifle, daß das auf Dauer so bleiben wird." (Die Zeit, 31.05.00)

Dies ist ein hoffnungsvoller Zweifel, der durch unsere Wahrnehmung von der Behandlung des Religiösen durch die Medien vorläufig noch nicht gedeckt wird. Theologie, Religion, Kirche als Themen medialer Berichterstattung spielen in unseren Medien nur eine marginale Rolle. Und wenn sie thematisiert werden wie z. B. die Schwangerschafts-Konfliktberatung, dann werden sie zumeist in einer für die katholische Kirche negativen Weise thematisiert. Ich glaube, es ist schon richtig, wenn der Päpstliche Rat für die sozialen Kommunikationsmittel feststellt: „Die Medien ignorieren religiöse Ideen und Erfahrungen oder drängen sie ins Abseits; sie behandeln Religionen mit Verständnislosigkeit, vielleicht sogar Verachtung, als ein Objekt der Neugier, das keine ernsthafte Beachtung verdient; sie fördern auf Kosten des überlieferten Glaubens religiöse Modetorheiten; sie wägen die Angemessenheit von Religion und religiöser Erfahrung nach weltlichen Maßstäben und begünstigen religiöse Ansichten, die dem weltlichen Ge-

schmack entsprechen, sie versuchen, die Transparenz in die Grenzen des Rationalismus und Skeptizismus einzuschließen."
Auf der anderen Seite spricht der Päpstliche Rat im gleichen Dokument von den Fehlperzeptionen auf Seite der Kirche gegenüber den Medien, die als Selbstkritik der Kirche zu verstehen ist. Im Wortlaut: „Die Religion macht sich von den Medien ein ausschließlich verurteilendes und negatives Bild; sie kann nicht verstehen, daß vernünftige Maßstäbe einer guten Medienpraxis wie Objektivität und Unparteilichkeit eine Sonderbehandlung für institutionelle Interessen der Religion ausschließen können; sie bietet religiöse Botschaften auf eine emotionale, manipulative Art an, als handelte es sich um Konkurrenzerzeugnisse im Überangebot eines Marktes; sie gebraucht die Medien als Instrumente für Kontrolle und Vorherrschaft; sie übt unnötige Heimlichtuerei und verstößt andererseits gegen die Wahrheit; sie spielt die Forderung des Evangeliums nach Umkehr, Buße und einer Besserung des Lebens herunter, während sie an deren Stelle eine farblose Religiosität setzt, die den Menschen wenig abverlangt; sie unterstützt Fundamentalismus, Fanatismus und religiöse Exklusivität, Haltungen, die Verachtung und Feindseligkeit gegenüber anderen nähren."
Das sind interessante, selten gehörte Töne der Kirche, die Beachtung verdienen. Sie fordern alle, die mit der Kirche fühlen, auf, mit alten Gewohnheiten zu brechen und neue Wege einer modernen, unserer Medienrealität angemessenen Öffentlichkeitsarbeit zu gehen. Kardinal Ratzinger – wo er Recht hat, hat er Recht – hat kürzlich festgestellt, daß die Krise des Ethos, in der wir leben, alles andere ist als eine akademische Frage von Letztbegründungen ethischer Theorien, sondern eine ganz praktische Angelegenheit. Er verweist auf Kolakowski, der auf seinem Denkweg sehr nachdrücklich darauf aufmerksam gemacht hat, daß die Streichung des Gottesglaubens, wie immer es man auch drehen und wenden mag, letztlich dem Ethos seinen Grund wegnimmt. Wenn die Welt und der Mensch – so Ratzinger – „nicht aus einer schöpferischen Vernunft kommen, die ihre Maße in sich trägt und in die Existenz des Menschen einträgt, dann bleiben nur noch Verkehrsregeln menschlichen Verhaltens übrig, die noch ihrem Nutzwert zu entwerfen und zu begründen sind. Es bleibt nur das Kalkül der Wirkungen, das was man teleologisch Ethik oder Proportionalismus nennt. Wenn es um das Kalkül der Wirkungen geht, dann gibt es die Unberührbarkeit der Menschenwürde nicht mehr, weil nichts mehr in sich gut oder böse ist." Soweit Ratzinger. (Rhein. Merkur Nr. 36, 2000)

Normalerweise sind es religiös engagierte Laien, wie Ernst Wolfgang Böckernförde, die diese Zusammenhänge aufdecken. Hierzu und zu anderen großen Themen unserer Zeit hätte die Theologie Wichtiges und Wesentliches beizutragen. Als Teil der universitas litterarum bezieht sich die Theologie auf die anderen Wissenschaften. Als Instanz kirchlicher und konstruktiver Reflexionen des Glaubens bezieht sie sich auf die Kirche und die Lebenswelten des heutigen Christentums. Als Wissenschaft vom Christentum bietet sie in der modernen, funktional hochdifferenzierten und religiös pluralistisch verfaßten Gesellschaft Orientierungshilfen. Dies gelingt allerdings nur dann, wenn sie öffentlicher wird. Die Theologie kann und muß öffentlicher werden. Sie darf den Gang in die Öffentlichkeit nicht scheuen. Das allerdings verlangt Beharrlichkeit, Gelassenheit, Selbstbewußtsein und Mut. Erlauben Sie mir abschließend ein Zitat von Ernst Moritz Arndt, das eine ziemlich genaues Gespür für das Wesen der Öffentlichkeit verrät. Er schrieb: „Wo Freiheit ist, muß, wer öffentlich auftritt, sich auch öffentlich behandeln und mißhandeln lassen. Diese Stärke des Gemüts, diese Tugend muß er haben. Mag er das nicht, so setze er sich in der Werkstatt hin und nähe Schuhe und Röcke."

Die Bedeutung der geschichtlichen Erfahrungen für die Einstellung der Menschen in der ehemaligen DDR zur deutschen Nation

Reimund Blühm

Die Fragestellung

Am Ende seines Buches „Der Ernstfall", das 1995 erschienen ist, nennt Dieter Wellershoff als eine der beiden wesentlichen Erfahrungen, die er dem Krieg verdanke, den er überlebt habe, den „Zusammenbruch einer kollektiven Identität, die als mörderisches Wahngebilde kenntlich wurde, und das Glück, das darin lag, die weltanschauliche Obdachlosigkeit als Freiheit zu erleben." (S.316). „Zusammenbruch der kollektive Identität" - das kann hier nur bedeuten, daß die Person sich nicht mehr dadurch bestimmt weiß, mit anderen der großen Einheit der Nation anzugehören. Das begründet Freiheit, daß zum Verständnis der eigenen Person nicht unbedingt das Bewußtsein gehört, der deutschen Nation anzugehören, und daß sich niemand an eine bestimmte Weltanschauung binden muß. Diese Einstellung hat in der alten Bundesrepublik vorgeherrscht, auch bei den Generationen, die nicht von den Erfahrungen des Krieges geprägt waren. So hatte auch in der Zeit der Vereinigung mit der DDR für die meisten Menschen in Westdeutschland das Bewußtsein, zur deutschen Nation zu gehören, keine große, für viele nur eine geringe oder gar keine Bedeutung.

Zweifellos hatte auch in Ostdeutschland die Generation, die vom Krieg geprägt war, einen Zusammenbruch ihrer früheren Einstellung zur deutschen Nation und ihrer weltanschaulichen Bindung erlebt. Dennoch ergab sich zur Zeit der staatlichen Vereinigung, daß das Bewußtsein, zur deutschen Nation zu gehören, für den überwiegenden Teil der Menschen in der DDR große Bedeutung hatte. Diese Einstellung gehört zum Umfeld des Rechtsextremismus in Ostdeutschland. Nicht selten wird sie in dessen Nähe gerückt. Das ist unzutreffend; der stellt eine Perversion einer positiven Einstellung zur eigenen Nation dar. Aber auch weil sie ein Teil des Umfelds des Rechtsextremismus ist, ist es notwendig und sinnvoll zu versuchen, diese Einstellung in Ostdeutschland zu erkennen und zu verstehen, welche Gründe sie hatte und welche Probleme sich bei der Vereinigung der beiden deutschen Staaten für sie ergaben. Nach meiner Erkenntnis haben geschichtliche Erfahrungen dazu geführt, daß die deutsche Nation für die meisten Menschen in Ostdeutschland eine große Bedeutung hatte und sicherlich auch heute noch hat. Die Menschen sind durch die Zeit bestimmt, die sie erlebt haben. Diese Erfahrungen muß man zur Kenntnis nehmen, um ihre Einstellung zu verstehen. Sie sollen darum im folgenden beschrieben und erläutert werden.

Ein Blick auf die Verfassung der DDR

Wer als Deutscher in der DDR wohnte und deren Staatsangehöriger war, hatte sich entsprechend dem Verfassungs- und Staatsrecht als DDR-Bürger zu verstehen. Der Bezug zur deutschen Nation, zum deutschen Volk oder zu den Deutschen wurde in der Verfassung der DDR in der Fassung von 1974 getilgt. Es gab nur zwei Ausnahmen. In Artikel 20, in dem die gleichen Rechte und Pflichten der Bürger gewährleistet wurden, war allgemein von Nationalität die Rede und in Artikel 40 von sorbischer Nationalität.

Aus der Definition der DDR in der Verfassung von 1968 „Die Deutsche Demokratische Republik ist ein sozialistischer Staat deutscher Nation" war 1974 die Fassung „Die Deutsche Demokratische Republik ist ein sozialistischer Staat der Arbeiter und Bauern" geworden. 1974 war der Artikel 8 der Verfassung von 1968 gestrichen worden: „Die Deutsche Demokratische Republik und ihre Bürger erstreben...die Überwindung der vom Imperialismus der deutschen Nation aufgezwungenen Spaltung Deutschlands, die schrittweise Annäherung der beiden deutschen Staaten bis zu ihrer Vereinigung auf der Grundlage der Demokratie und des Sozialismus". Dafür hieß es in Artikel 6 jetzt, daß die DDR „immer und unwiderruflich mit der Union der Sozialistischen Sowjetrepubliken verbündet" und ein „untrennbarer Bestandteil der sozialistischen Staatengemeinschaft" sei. Außerdem erfolgten eine Reihe von Umbenennungen in der Weise, daß anstelle des Wortes „deutsch" jetzt „Deutsche Demokratische Republik" eingesetzt wurde, wie z. B. „Akademie der Künste der DDR". In der vierbändigen Ausgabe von „Meyers Neuem Lexikon" von 1978 waren dem Artikel „Deutschland" sieben Zeilen eingeräumt. Auch die bekannte Tatsache, daß die Nationalhymne nicht mehr gesungen wurde, gehört in diesen Zusammenhang.

Das alles geschah, um die Möglichkeit auszuschließen, unter Berufung auf die Verfassung ein Weiterbestehen der deutschen Nation, die beide deutsche Staaten umfaßt, zu konstatieren, hielt die Bundesrepublik doch unbeschadet der Politik der Ostverträge und der Zustimmung zu der Schlußakte der Konferenz über Sicherheit und Zusammenarbeit in Europa (KSZE) in Helsinki an der Aussage fest, die deutsche Nation bestünde weiter. Sich auf die Zugehörigkeit zur deutschen Nation zu berufen, wurde nun in der DDR als Zustimmung zu der westdeutschen Politik verstanden, die auf die Wiedervereinigung und damit nach ihrem Sprachgebrauch auf die Annexion der DDR gerichtet war.

Diese Änderung der Verfassung wurde von der Volkskammer, ohne daß es eine Aussprache darüber in der Öffentlichkeit gegeben hatte, beschlossen. So fühlten sich denn auch die meisten Menschen weiterhin als DDR-Bürger und als Deutsche. Das Bewußtsein, daß es eine deutsche Nation gäbe, zu der beide Staaten gehörten, blieb, wie sich bei der Vereinigung zeigen sollte, lebendig.

Die Orientierung auf die deutsche Nation als ein Kontinuum der Geschichte und als Kompensation der Unterdrückung

Es war keine Phrase, wenn die Errichtung der sozialistischen Gesellschaftsordnung in der offiziellen Darstellung als revolutionärer Vorgang bezeichnet wurde. Für fast alle Menschen in Ostdeutschland bedeutete das eine grundstürzende Veränderung ihrer Lebensverhältnisse. So wenig Zustimmung der in der DDR praktizierte Sozialismus in der ideologischen Auseinandersetzung in der Welt auch fand, so real wirkte er sich auf die in der DDR lebenden Menschen aus. In der alten Bundesrepublik haben nach meinen Erfahrungen nur wenige den Systemcharakter der sozialistischen Gesellschaftsordnung in der DDR erkannt, aus der sich die Nötigung, sich einzufügen und anzupassen, ergab. Mit wenigen Ausnahmen waren alle Menschen in ihrer Existenz an Landwirtschaftliche Produktionsgenossenschaften, Produktionsgenossenschaften des Handwerks, volkseigene Betriebe oder andere staatliche oder kollektive Einrichtungen gebunden. Jeder war darauf angewiesen, daß ihm eine Wohnung zugewiesen wurde. Die alle Produktion und alle Produktionsgüter bestimmende Planwirtschaft schränkte die Möglichkeit, Bauten instand zu setzen oder neu zu errichten, weitgehend ein. Die Kinder waren in das sozialistische Bildungssystem eingebunden. Auch von ihnen wurde vor allem Anpassung erwartet, weniger persönliche Überzeugung erwartet.

Die überlieferte Werteordnung schien aufgehoben zu sein. Bei Versammlungen oder in der Schule nicht die Wahrheit zu sagen oder zumindest die Unwahrheit hinzunehmen, war das Normale. Wer sich anders verhielt, mußte sich für unnormal halten. Die christlichen Grundanschauungen wurden verdrängt. Auch wenn die Bindung an die Kirchen schon gelockert war, waren sie immer noch wirksam gewesen. Die in den Familientraditionen verwurzelten Rituale wurden mehr oder weniger gewaltsam ersetzt. Am wirksamsten geschah das durch den Ersatz der Konfirmation durch die Jugendweihe. Das umfassende sozialistische Plansystem und die weitgehende Reglementierung des gesellschaftlichen Lebens führte dazu, daß die Bestimmungen häufig ignoriert wurden und die meisten Menschen im Bewußtsein lebten, daß ihnen jederzeit Übertretungen vorgehalten werden konnten. In diesem System des realen Sozialismus war die Tätigkeit des Staatssicherheitsdienstes ein integrierender Bestandteil und an sich eher eine Randerscheinung.

Die Menschen in Ostdeutschland erlebten, wie die Sowjetunion den Staat, zu dem sie gehörten, als Siegermacht politisch und wirtschaftlich in vollständiger Abhängigkeit hielt. „Von der Sowjetunion lernen, heißt siegen lernen" und ähnliche Losungen standen im krassen Gegensatz zu der offenkundigen Rückständigkeit und Stagnation der gesellschaftlichen Verhältnisse, in die das eigene Dasein verwoben war und förderten die Überzeugung, daß es trotz der Niederlagen und Verbrechen der jüngsten Vergangenheit gerechtfertigt war, auf die deutsche Nation und ihre Bedeutung für die Wissenschaft, den technischen Fortschritt und die Kultur stolz zu sein.

Die marxistisch - leninistische Ideologie verlor immer mehr ihr kritisches Potential und damit an Anziehungskraft; sie diente vor allem zur Stabilisierung des staatlichen Systems und zur Rechtfertigung des politischen Kurses, den die Parteiführung aus Gründen der Opportunität steuerte. Die Widersprüche zwischen dem ideologischen Anspruch und der Realität wurden im Laufe der Jahre immer krasser und höhlten die geschichtliche Legitimation des sozialistischen Staates zunehmend aus. Wer unter den Tausenden, die täglich auf dem Weg zur Arbeit in die benachbarten chemischen Großbetriebe waren, empfand es überhaupt als Widerspruch, daß an der Fassade des Bahnhofs in Weißenfels oben ein Transparent mit der Losung angebracht war „Der

Marxismus ist allmächtig, weil er wahr ist" und darunter die Leuchtschrift „Intershop" anzeigte, hier würden Waren aus der Wirtschaft des Klassenfeindes gegen konvertierbare Währung angeboten.

Angesichts dessen bot die Besinnung auf die deutsche Nation, deren Fortbestand auch in der DDR nicht vollständig überdeckt werden konnte, den Ausblick auf ein Kontinuum der Geschichte, der das herrschende System relativierte. Damit ergab sich die Möglichkeit, die immer wieder erlebte Ohnmacht zu kompensieren, wenn auch nur im eigenen Bewußtsein oder in Kommunikation mit einigen anderen, denen man vertraute. Das konnte, mußte aber nicht mit einer inneren Option für das politische und gesellschaftliche System der Bundesrepublik verbunden sein. Jedenfalls war der Grad der Option sehr unterschiedlich.

Wie wurde die deutsche Nation in Ostdeutschland verstanden?

Fragt man, was die Menschen unter der deutschen Nation verstanden, so kann die Antwort nur lauten: Sie war zunächst einfach die Alternative zur DDR, in der man lebte, ob man wollte oder nicht. Dazu trug auch der Vergleich mit den polnischen, ungarischen und mit Einschränkung auch mit den tschechischen und slowakischen Nachbarn bei, die sich ganz selbstverständlich immer zuerst zu ihrer Nation bekannten und für die ein Begriff wie der einer sozialistischen Nation höchstens von sekundärer oder dekorativer Bedeutung war. Im Gegensatz dazu war in der DDR eine Berufung auf die deutsche Geschichte zur Begründung eines einigermaßen ideologiefreien Nationalbewußtseins nicht möglich.

Darüber hinaus war die Nation für die Menschen vor allem ein Hort geschichtlicher Erinnerungen und Erfahrungen und ein Kumulationsraum gemeinschaftsstiftender Traditionen. Bedenkt man, daß Erinnerungen, Erfahrungen und Traditionen immer mit Interpretationen verbunden sind, wird klar, daß die älteren Menschen in der DDR als Folge der erlebten Umbrüche verschiedenen und gegensätzlichen Interpretationen der deutschen Geschichte ausgesetzt waren.

Ein anderer Impuls für die Ausbildung eines untergründigen Nationalbewußtseins wurde von der einseitigen Geschichtsinterpretation im Bildungssystem der DDR ausgelöst, die in allen Bereichen des Bildungssystems, in den Medien und im staatlichen und gesellschaftlichen Leben in der DDR verbreitet wurde und dem Ziel diente, die DDR als Staat der Arbeiter und Bauern geschichtlich zu begründen.

Je schwächer die DDR wurde und je deutlicher zu erkennen war, daß ihr System nicht reformfähig war, um so stärker wurde die Hoffnung auf eine nationale Alternative. So war es kein Zufall, daß die Zeile aus Bechers Nationalhymne „Deutschland, einig Vaterland" 1990 wieder eine Perspektive zu bieten schien und ebenso auf Spruchbändern in den Demonstrationszügen wie von Ministerpräsident Modrow nach seiner Rückkehr aus Moskau am 1. Februar zitiert wurde.

Die Rolle der informellen Erzählgemeinschaften

Für die Entstehung eines alternativen Geschichtsbildes hatten neben einer familiären Kommunikation informelle Erzählgemeinschaften eine große Bedeutung. In ihnen wurden geschichtliche Erfahrungen weitergegeben und interpretiert. Das habe ich in den Jahren, in denen ich im kirchlichen Dienst das besondere Vertrauen der Menschen besaß, immer wieder erlebt. Ihre Basis war die Familie oder kleine Gruppen, die durch Freundschaft oder langjährige gemeinsame Arbeit verbunden waren. Solche Erzählgemeinschaften konnten sich aber auch spontan bilden, wenn sich herausstellte, daß es Gemeinsamkeiten in den Lebenserfahrungen und ihrer Interpretation gab. Kennzeichnend für sie war ihr hermetischer Charakter. Dazu führte nicht nur der unausgesprochene Wille, sich von dem Herrschaftssystem abzusondern, das als fremd empfunden wurde, sondern auch die Erfahrung, was man erlebt und „durchgemacht" hatte, anderen, die ähnliche Erfahrungen nicht gemacht hatten, nicht vermitteln zu können. Dazu gehörten vor allem Leiderfahrungen wie Gefangenschaft, Vertreibung, das Sterben naher Angehöriger, vor allem von Kindern, und, wenn die Kommunikation aufgelockerter oder vertrauter wurde, Vergewaltigungen. Ich habe den Eindruck, daß nicht genug berücksichtigt wird, welche Folgen es haben mußte, daß diese Erfahrungen in den vierzig Jahren, in denen die DDR bestand, mit wenigen literarischen Ausnahmen tabuisiert waren.

In den Erzählgemeinschaften wurden Einstellungen und Werturteile bewahrt und weiter vermittelt. Diese bestanden selbständig unterhalb der marxistisch-leninistischen Partei- und Staatsdoktrin, die überall gelehrt und oft äußerlich vertreten wurde; es kam aber auch zu oberflächlichen Vermischungen. Diese Subkultur bestand keineswegs nur bei Menschen außerhalb der staatstragenden Partei, sie reichte bis weit in die SED hinein.

Zu den Erfahrungen im Krieg, in der Gefangenschaft, bei der Flucht oder Vertreibung und bei der Besetzung durch die Sowjetarmee kamen zunehmend die Erfahrungen bei der Arbeit und im Leben im sozialistischen System. Das Entscheidende für unseren Zusammenhang ist, daß sie meistens mit Fremdbestimmung zu tun hatten und die Selbstachtung in Frage stellten.

Die so entstandenen Geschichtsbilder waren sicherlich selten einheitlich, schon gar nicht im Sinne einer wissenschaftlichen Theorie. Entscheidend für ihre Akzeptanz war, daß sie als eine Bestätigung der eigenen Erfahrungen aufgefaßt werden konnten. Hier sind zweifellos kritische Anfragen an die dabei vorherrschenden Motive erforderlich. Für unseren Zusammenhang ist die Tatsache wichtig, daß Geschichtserfahrungen, wie auch immer sie interpretiert werden, oft das Fundament von Lebensanschauungen bilden. Sicherlich kann dadurch der Horizont verengt werden. Dadurch können aber auch ideologisch bestimmte Geschichtsinterpretationen abgewehrt werden, die angeboten oder aufgenötigt werden. Das war in der DDR in großem Maße der Fall.

Das Frustrationserlebnis nach der Vereinigung

Ein bedeutender Teil der Bevölkerung der DDR erwartete, als sie von den Zwängen der SED-Diktatur frei geworden war, nun in einem Land zu leben, in dem ein deutsches Nationalbewußtsein nicht nur möglich, sondern als Begründung der staatlichen Identität erwünscht war. Genährt worden war diese Erwartung durch politische Reden z.B. am „Tag der deutschen Einheit" am 17. Juni, aber wohl noch mehr durch Fernsehübertragungen von wichtigen politischen oder sportlichen Ereignissen wie z.B. den Länderspielen der Fußballnationalmannschaft der Bundesrepublik, an denen viele emotional teilnahmen und bei denen das Deutschlandlied erklang. Diese Erwartung wurde jedoch durch die Erfahrungen im Zusammenhang der Vereinigung mehr und mehr enttäuscht. Die Ostdeutschen erlebten, daß ein erheblicher Teil der intellektuell und politisch maßgeblichen Kräfte in der alten Bundesrepublik Deutschland die Vereinigung eher widerwillig hinnahmen, weil sie dadurch eine Veränderung des Demokratieverständnisses befürchteten. Die deutsche Nation war bei ihnen nur im Zusammenhang der Verbrechen in der Zeit des Nationalsozialismus im Blick, im übrigen wurde sie von ihnen als überlebt betrachtet.

Die Ostdeutschen, die sich gegenüber vielfältigen Zwängen behauptet hatten und für die der Weiterbestand der deutschen Nation existentielle Bedeutung als Alternative zur Integration in die sozialistische DDR gehabt hatte, stellten fest, daß ihre Erfahrungen bei diesen Intellektuellen kaum Interesse fanden und diese auch von den Verhältnissen in der DDR und deren Geschichte nur wenig wußten und wissen wollten. Ich verweise auf Heinrich August Winklers Darstellung im Zweiten Band seines Werks „Der lange Weg nach Westen. Deutsche Geschichte vom „Dritten Reich" bis zur Wiedervereinigung" (München 2000, S.630-639). Besonders aufschlußreich ist darin der Verweis auf die Stellungnahme von J. Habermas in der „Zeit" vom 10. Mai und Richard Schröders Widerspruch drei Wochen später, ebenfalls in der „Zeit". Die kühle Distanz, mit der von manchen Wortführern im politischen Diskurs in Westdeutschland über die Bedeutung der Vereinigung und der deutschen Nation geurteilt wurde, stieß viele Menschen in der ehemaligen DDR ab.

Inferioritätsbewußtsein als Nährboden für die rechtsextreme Ideologie

Diese emotionalen Belastungen mußten um so schwerer sein, als die nach der Vereinigung einsetzende Arbeitslosigkeit die Selbstachtung von Generationen erschütterte. Wenn auch das Ende der DDR vielfach begrüßt wurde, herrschte nun das Bewußtsein vor, die eigene Arbeit und Lebensleistung würde in dem Land, dem sie sich nun zugehörig fühlen sollten, mißachtet: „Wir sind wieder die Unterdrückten, sozial und politisch." Es kann nicht bezweifelt werden, daß die Schulderklärungen wegen der Ermordung der Juden und der anderen Verbrechen in der Zeit des Nationalsozialismus, mit denen die ehemaligen DDR-Bürger nun im neuen Staat konfrontiert werden, nicht selten in den Komplex von Ressentiments aufgenommen werden. In der DDR gehörte das Gedenken an die „Opfer des Faschismus" zur Legitimation des Staates. Die Verfolgung und Vernichtung der Juden wurde nur am Rande beachtet. Im Vordergrund stand die Interpretation der DDR als Ergebnis der Überwindung des Faschismus. Auf diesem Hintergrund kann die Betonung der deutschen Schuld bei den Menschen, die ihre Sozialisation in der DDR erfahren hatten, das Ressentiment verstärken: „Wir haben nicht wie andere Menschen in anderen Ländern eine Nation als Raum, der uns Geborgenheit und Selbstachtung gibt."

Es kann nicht übersehen werden, daß unter dem Einfluß rechtsextremistischer Agitatoren aus dem Ressentiment „In diesem Staat gelten wir nichts" die Ideologie werden kann: „Wir Deutschen werden immer als die Schuldigen behandelt." Diese Kumulation von Ressentiments bestätigt und verstärkt das oft zumindest schon latent vorhandene Inferioritätsbewußtsein. Ein solches Bewußtsein der Unterlegenheit bildet sich bei Menschen heraus, die lange unterdrückt worden sind. In den Gebieten Ostdeutschlands, die Jahrhunderte hindurch überwiegend grundherrschaftlich strukturiert waren, ist das seit vielen Generationen eingewurzelt und durch die Diktaturen der jüngeren Geschichte noch besonders tief eingeprägt. Dieses mit Ressentiments „aufgeladene" Inferioritätsbewußtsein ist ein Nährboden für die Bereitschaft zur Übernahme autoritärer Ideologien, sind diese doch vor allem als Kompensation dieses Komplexes aufzufassen.

"Redet ihr nur, wir denken uns unser Teil!"

Als Erbteil einer langen Geschichte der Unterdrückung haben viele Menschen in Ostdeutschland als Grundhaltung die Praxis übernommen, man widersetzt sich nicht der „Obrigkeit", weil man dann unterliegen würde, aber man verbirgt das eigene Denken vor ihr. „Die da oben machen sowieso, was sie wollen, wir denken uns unser Teil". Das war auch in der Zeit der Unterdrückung in der DDR eine verbreitete Lebensmaxime und diese Einstellung ist auch heute noch lebendig. Das wird bleiben, so lange das gesellschaftliche System der Bundesrepublik als fremd empfunden wird.

Das in den Jahrhunderten der Unterdrückung entstandene habituelle Mißtrauen gegen die Obrigkeit richtet sich heute gegen alle, die in der Öffentlichkeit das Wort führen. Die Abneigung vieler Menschen in Ostdeutschland gegen diejenigen, denen sie sich als „kleine Leute" im Reden und im Umgang mit dem Wort unterlegen und ausgeliefert fühlen, bildet einen besonderen Akzent des charakterisierten Inferioritätsbewußtseins. Die älteren Menschen haben es erlebt, wie von ihnen in ihrem Leben immer wieder gefordert worden ist, sich auf eine neue Staatsform einzustellen und eine neue Weltanschauung als unumstößliche, verläßliche Wahrheit zu übernehmen und für diese Staatsdoktrin und Weltanschauung zu arbeiten, zu kämpfen und womöglich auch zu sterben. Die Erfahrungen der ideologischen Zusammenbrüche haben dazu geführt, daß denen, die heute für bestimmte Anschauungen oder Programme werben, mit Skepsis begegnet wird: „Redet ihr nur, wir denken uns unser Teil!"

Darum täuschen sich die Agitatoren und Politiker oft, wenn sie annehmen, es hätte womöglich an ihrer Argumentation oder Werbetechnik gelegen, wenn die Leute nicht übernommen haben, was sie „rüberbringen" wollten. So wirksam moderne Werbeträger auch vordergründig sind, sollte doch gerade in Ostdeutschland immer mit einer beträchtlichen Differenz zwischen den Aussagen der Politiker, der veröffentlichten Meinung und dem Bewußtsein der Bevölkerung gerechnet werden.

Das Klassenkampfdenken wirkt weiter

Dabei spielt eine Rolle, daß einige Grundüberzeugungen aus der marxistisch-leninistischen Lehre, die das ganze Bildungssystem der DDR beherrschte und durchdrang, in das Bewußtsein wohl der meisten ehemaligen DDR-Bürger eingegangen sind und nach der Vereinigung eher bestätigt als abgebaut worden sind. Das gilt auch für viele, die in Opposition zum Regime standen und der deutschen Nation einen hohen Wert beigemessen hatten. Dazu gehören vor allem die Lehre vom Klassenkampf und manches vom Wesen und den Wirkungen des Kapitalismus, das der gegenwärtigen Erfahrung entspricht. Das Klassenkampf-Denken drückt sich heute in der Neigung zum Schwarz-Weiß-Denken aus und in der zumindest latenten Feindschaft gegen diejenigen, die wirtschaftliche Machtpositionen einnehmen.

Im Blick auf die Machtstruktur war es verlogen, wenn die DDR als ein Staat der Arbeiter und Bauern bezeichnet wurde; denn es herrschte in Wahrheit eine konspirative Gruppe, die ihrerseits wieder im Dienst einer Großmacht stand, für die ihre Ideologie längst zur Fassade geworden war. Aber die Bezeichnung hatte doch insofern ihr Recht, als der bürgerliche Mittelstand in der DDR beseitigt worden war und die Sprache und Denkweise der Arbeiter und Bauern die gesellschaftliche Kommunikation viel mehr bestimmten als das in der alten Bundesrepublik der Fall war.

Viele Politiker und Publizisten aus der alten Bundesrepublik lassen schon durch ihre Ausdrucksweise erkennen, wie abgehoben sie von der Lebenswelt und Denkweise derer existieren, die sie mit ihren Worten erreichen wollen. Sprachliche Mißgriffe machen das deutlich. Wer die Anwesenden auf einem Platz in einer ostdeutschen Kleinstadt oder in einer Plattenbausiedlung mit „Meine Damen und Herren" anredet, kann sein Manuskript einstecken und nach Hause gehen. Heikel ist es auch, Dritten gegenüber oder in einem scheinbar objektiven Zusammenhang von „den Leuten" zu sprechen. Im Bewußtsein älterer Menschen befinden sie sich, wenn so von ihnen gesprochen wird, sofort hinter einer Klassenschranke. „Die Leute sollen...", so sprach der Gutsbesitzer oder der Hauptmann. Damit wird der pseudoaufklärerische Erziehungsanspruch in den Charakter einer Befehlsstruktur überführt, in der die einen bestimmen und die anderen gehorchen. Das Inferioritätsbewußtsein wird gestärkt; was Zivilcourage und demokratisches Handeln ermöglicht, die Konstituierung von selbstverantwortlichen Personen, wird gehemmt.

Folgerungen

Was kann geschehen, um mit denen in Ostdeutschland ins Gespräch zu kommen, die der Demokratie, wie sie in der alten Bundesrepublik ausgebildet worden ist, mit Vorbehalten gegenüberstehen, insbesondere mit denen, die national gesinnt sind und für manche Losungen der Rechtsextremen Verständnis haben. Das Gespräch mit Gewalttätern und Ideologieträgern ist in der Regel unmöglich, um so wichtiger ist es, ihr Umfeld zu immunisieren. Der Drang zu belehren und zu erziehen, ein deutsches Grundübel, ist in Ost und West verbreitet. Ermahnungen, die den Anspruch moralischer Überlegenheit geltend machen, gehen ins Leere. Nichts verhindert Vertrauen so nachhaltig wie intellektueller Hochmut.

Wichtiger als ermahnende Reden sind Verstehen und die Erfahrung von Vorbildern. Verstehen schließt Wahrnehmung der anderen Geschichte ein und die Bereitschaft, die vorhandene eigene Sicht der Geschichte und die eigenen Auffassungen zu überprüfen und zu erweitern. Vorbilder, wo sind sie zu finden? Wenn als Maxime des Umgangs miteinander Toleranz empfohlen wird, stellt sich die Frage ein, wo Beispiele praktischer Toleranz zu finden sind. Wird in der gesellschaftlichen Auseinandersetzung nicht jede Schwäche sofort ausgenutzt, um den anderen niederzudrücken? Ist Toleranz überhaupt der richtige Begriff für den Umgang der Menschen miteinander? In Goethes „Maximen und Reflexionen" steht: „Toleranz sollte eigentlich nur eine vorübergehende Gesinnung sein; sie muß zur Anerkennung führen. Dulden heißt beleidigen."

Gleichgeschlechtliche Partnerschaft und Ehe - Reflexionen über den Sinn einer überkommenen Institution -

Johann Braun

Oberflächenstruktur und Tiefendimension rechtlicher Regelungen

Die beiden Regierungsfraktionen SPD und Bündnis 90/Die Grünen haben im Juli 2000 den Entwurf eines Gesetzes zur Beendigung der Diskriminierung gleichgeschlechtlicher Gemeinschaften - kurz: Lebenspartnerschaftsgesetz - im Bundestag eingebracht. In der Sache soll dadurch die gleichgeschlechtliche eingetragene Lebenspartnerschaft der Ehe weitgehend gleichgestellt werden. Im Anwendungsbereich des BGB ist etwa vorgesehen, daß die meisten der auf die Ehe zugeschnittenen Vorschriften für entsprechend anwendbar erklärt oder daß im wesentlichen inhaltsgleiche Vorschriften neu geschaffen werden. Die außerhalb des BGB geplanten Änderungen gehen in die Legion. Nach taktischer Aufspaltung des Entwurfs in einen Teil, welcher der Zustimmung des Bundesrates bedarf, und einen Teil, welcher dieser Zustimmung nicht bedarf, sind beide Teile am 10. 11. 2000 mit den Stimmen der Koalitionsfraktionen angenommen worden. Wegen der Zustimmungsbedürftigkeit wesentlicher Regelungen und der mangelnden Exekutierbarkeit allein des zustimmungsfreien Teils dürfte sich das Procedere aber noch eine Zeitlang hinziehen.

Bereits im Vorfeld hat das Vorhaben eine Vielzahl engagierter Stellungnahmen ausgelöst - zu Recht: denn es geht dabei um Fragen, die das Selbstverständnis der Gesellschaft in ganz anderer Weise berühren als viele andere Projekte. In der Öffentlichkeit wird die Gleichstellung homosexueller Partnerschaften mit der Ehe nicht selten offensiv gefordert. Das geht so weit, daß die bestehenden Regelungen zum Schutz von Ehe und Familie allen Ernstes mit der früheren strafrechtlichen Diskriminierung homosexueller Betätigung, ja selbst mit nationalsozialistischen

Verfolgungsmaßnahmen verglichen werden, von denen man sich, so wird suggeriert, allein durch die Öffnung der Ehe für Homosexuelle angemessen distanzieren könne. Die Gleichstellung von homosexueller Partnerschaft und Ehe erscheint dabei als ein zutiefst *humanes* Anliegen, das im Zuge der Entwicklung zu einer liberalen Gesellschaft längst überfällig ist. Zugleich wird dieser Schritt aber auch als *verfassungsrechtlich* geboten behauptet. Zur Begründung der Gleichstellung wird unter anderem vorgebracht, daß es gegen den Gleichheitssatz, ja sogar gegen die Menschenwürde verstoße, homosexuellen Partnern Regelungen vorzuenthalten, die auf Ehegatten Anwendung finden. Das ist freilich ein zweischneidiges Schwert. Denn würde Art. 6 I GG, der Ehe und Familie unter den besonderen Schutz der staatlichen Ordnung stellt, tatsächlich gegen die Verfassung verstoßen, wäre diese Vorschrift also eine verfassungswidrige Verfassungsnorm, gäbe es nach den Regeln der Logik zwei Wege zur Lösung dieses Konflikts: nicht nur die Gleichstellung homosexueller Partnerschaften mit der Ehe, sondern auch die ersatzlose Streichung dieser Vorschrift und aller einfachrechtlichen Normen, die sich als Ausprägung des besonderen Schutzes von Ehe und Familie darstellen. Da ein derartiger Schritt bisher noch von niemand angeregt worden ist, darf man schließen, daß die verfassungsrechtlichen Argumente, die gegen die überkommene Regelung vorgebracht werden, letztlich ebenfalls rechtspolitischer Natur sind und das Recht dabei nur in rhetorischer Absicht ins Spiel gebracht wird. Das „richtige Ergebnis" steht für den, der so argumentiert, offenbar aus anderen Gründen bereits fest.

Wer demgegenüber die exklusiv für Eheleute geltenden Regelungen gegen ihre Aufweichung verteidigt, hat es schwer. Seit einiger Zeit kann man beobachten, daß das Verständnis für den Sinn dieser Exklusivität in einem geradezu atemberaubenden Tempo schwindet. Dazu nur eine Notiz am Rande: Als der Verfasser dieser Zeilen im Sommersemester 1989 im Rahmen einer familienrechtlichen Vorlesung die bereits damals in Gang befindliche Diskussion über die rechtliche Anerkennung gleichgeschlechtlicher Partnerschaften darstellte, reagierten die meisten Studenten mit ungläubigem Staunen. Heute ist die Situation bereits eine völlig andere. Gegen die Vorstellung, daß alle sexuellen Verhaltensweisen einander gleichwertig seien, wagt mittlerweile kaum jemand mehr öffentlich Stellung zu nehmen. Die Folge davon ist, daß alle personenrechtlichen Verbindungen, bei denen es gelingt, sie im wesentlichen auf ein sexuelles Verhältnis zu reduzieren, ebenfalls als gleichwertig erscheinen.

Wäre die Rechtsdogmatik nur mit der Oberflächenstruktur der gesetzlichen Vorschriften befaßt und gälte die professionelle Sorge des Juristen allein den technischen Details, könnten all diese Veränderungen des Rechtsbewußtseins für den Rechtspraktiker auf sich beruhen. Tatsächlich jedoch ist eine solche Beschränkung bei werthaltigen und symbolträchtigen Vorschriften überhaupt nicht möglich. Die rechtstechnische Regelung ist hier aufs Engste mit unseren rechtlichen Vorverständnissen verwoben und kann losgelöst davon weder angewendet noch verstanden werden. Die Vorstellungen von dem, was das Gesetz richtigerweise zu leisten hat, bilden gewissermaßen die Tiefendimension, von der das Gesetz selbst nur die Oberfläche darstellt. Ebenso wie diese Vorstellungen bereits die rechtspolitische Diskussion beeinflussen, spielen sie auch in die Auslegung der gesetzlichen Vorschriften hinein. Etwas anderes anzunehmen wäre gerade im vorstehenden Zusammenhang kaum angezeigt. Wenn es Bundestagsabgeordnete gibt, die sich im Hinblick auf gleichgeschlechtliche Partnerschaften in aller Öffentlichkeit unverhohlen zu der Absicht bekennen, ihre für vordringlich gehaltenen Ziele „an der Verfassung vorbei" ins Gesetz zu bringen, wäre es wenig realistisch zu erwarten, daß die Anwendung eines solchen Gesetzes von Werthaltungen und Überzeugungen, die sich aus praeterlegalen Quellen speisen, frei ist. Auch aus rechtspraktischer Sicht erscheint es daher sinnvoll, daß wir uns im folgenden einmal kritisch mit den Vorverständnissen befassen, die der Rechtsetzung und Rechtsanwendung hier notwendig vorgelagert sind. Ziel dieser Überlegungen ist es, einen funktionalen Standpunkt zu gewinnen, von dem her die aktuelle Entwicklung nach ihrem gesellschaftlichen Sinn befragt werden kann.

Ein Gedankenexperiment

Wenn die als selbstverständlich vorausgesetzten Maßstäbe unseres Denkens ins Gleiten geraten, ist es im allgemeinen nicht leicht, eine Verständigungsbasis zu finden. Rechtsvergleicher richten den Blick gewöhnlich auf andere Rechtsordnungen, die mit ähnlichen Problemen konfrontiert sind. Wenn dabei zugleich die Erfahrungen miteinbezogen werden, die mit abweichenden Regelungen langfristig gemacht werden konnten, ist dies zweifellos hilfreich. Andernfalls dient dieses Vorgehen mehr der Vergewisserung, wohin der Trend der Zeit geht, ohne etwas darüber auszusagen, wie er zu bewerten ist. Die Rechtsphilosophie, deren Hilfe wir uns im folgenden bedienen wollen, stellt ein weniger aufwendiges, aber nicht weniger wirksames Verfahren zur Verfügung: das Gedankenexperiment. Rechtsphilosophische Gedankenexperimente sind Szenarien, in denen fiktive Gesellschaftsmodelle versuchsweise durchgespielt werden. Die Staatsutopien und Staatsromane der Neuzeit sind voll von Beispielen dieser Art, in denen Alternativen zur jeweils bestehenden Gesellschaftsordnung einem Positiv- oder Negativtest ausgesetzt werden. Die Einsichten, die sich auf diesem Weg gewinnen lassen, sind gelegentlich erhellend.

Machen wir die Probe aufs Exempel, indem wir uns einen Augenblick in *Aldous Huxleys* „Brave new world" von 1932 versetzen. In diesem Buch wird eine Gesellschaft dargestellt, in der sowohl die Erzeugung als auch die Erziehung von Kindern vollständig sozialisiert ist. Während sich diese beiden Aufgaben herkömmlich in privater Hand befinden - bei der Erziehung trifft dies, wie man weiß, nur noch teilweise zu -, wird der benötigte Nachwuchs in *Huxleys* fiktiver Wohlstandsgesellschaft streng nach Bedarf in staatlichen Laboratorien *in vitro* erzeugt, und die Aufzucht erfolgt, wiederum orientiert an gesellschaftlichen Erfordernissen, im größeren Verband durch staatliche Erzieher. *Huxley* schildert all dies sehr eindringlich, um dem Leser die Manipulationen vor Augen zu führen, denen die Menschen in einer so beschaffenen Gesellschaft ausgesetzt wären. Nach seiner Auffassung war dies das beste Plädoyer für eine freie Gesellschaft nach herkömmlichem Muster. Das war vielleicht ein wenig zu optimistisch gedacht; denn der Gedanke einer perfekt verwalteten Welt übt auf viele eine seltsame Faszination aus. *Fichte*, der gemeinhin als Philosoph der Freiheit gilt, fühlte sich von einer staatlich organisierten Reproduktion des Nachwuchses keineswegs abgeschreckt, wenn er über den Staat der Zukunft einmal schrieb: „Eine andere *Kinderfabrik* kann der Staat nicht anlegen - hier bleibt Natur -, wohl aber eine andere *Bildungsfabrik*." Man spürt förmlich das Bedauern über die Grenze, die der menschlichen Macht hier noch gesetzt ist; denn „dort" - gemeint ist: bei der Erzeugung von Kindern - hat nach *Fichte* „bisher die Natur zu weit gegriffen …".

Im vorstehenden Zusammenhang interessiert indessen etwas anderes: nämlich wie sich das Verhältnis homosexueller Partnerschaften zur Ehe in einer solchen Gesellschaft darstellt. Die Antwort liegt auf der Hand: das Problem, das uns gegenwärtig befaßt, stellt sich hier überhaupt nicht mehr. Denn „wer mit wem und wie", dies ist, wenn der eigentliche „Ernstfall" der geschlechtlichen Liebe nicht mehr eintreten kann, so gleichgültig wie die Frage, ob man Tee oder Kaffee, Wein oder Bier bevorzugt. Wie die Erfahrung lehrt, kann man zwar auch Geschmacksdifferenzen zu weltanschaulichen Verschiedenheiten hochstilisieren. Aber kein vernünftiger Mensch wird davon die Ausgestaltung mietrechtlicher, erbrechtlicher, steuerrechtlicher oder sonstiger Regelungen abhängig machen wollen. Bei *Huxley* findet dies seinen sinnfälligen Ausdruck darin, daß die Ehe in seiner utopischen Gesellschaft nicht mehr existiert. Es gibt nur noch rasch wechselnde Sexualbeziehungen, die der Erhaltung und Steigerung der allgemeinen Lebens- und Einsatzfreude dienen; mehr ist nicht erforderlich. Daß dies kein willkürlicher Einfall ist, zeigt ein Rückblick auf *Fichte*. Dieser zog lange vor *Huxley* aus der von ihm vorgeschlagenen Vergesellschaftlichung der Erziehung bereits den Schluß, daß dabei, „wie es scheint, die Familie gänzlich zugrunde" geht. Ehe und Familie sind demnach, anders als die Freundschaft, ihrem institutionellen Sinn nach auf die Reproduktion von Nachwuchs bezogen.

Ob *Huxley* mit seiner Annahme, daß jedenfalls die Sexualität als solche in einer derartigen Gesellschaft eine Chance hätte, recht hat, erscheint, nebenbei bemerkt, keineswegs ausgemacht. Die Expertokraten, die eine solche Gesellschaft lenken und leiten würden, dürften sich bei ihren Entscheidungen weniger von den individuellen Wünschen der Betroffenen als vielmehr von gesellschaftlichen Erfordernissen leiten lassen, also davon, ob eine ansonsten zweckfreie Sexualität der Gesellschaft eher nützt oder schadet. Über diese Frage kann man wahrscheinlich geteilter Auffassung sein, ebenso wie auch darüber, ob die Liebe die Menschen eher glücklich oder unglücklich macht. *Schopenhauer*, auch in solchen Dingen ein unbestechlicher Realist, rechnete unter die Vorzüge des Alters nicht zuletzt diesen, daß es den Menschen von der Last des Geschlechtstriebs befreit. Gesellschaftsveränderer, denen der gentechnologische Zugriff offensteht, werden daher vielleicht einem funktionsgerechten geschlechtslosen Arbeitsmenschen den Vorzug geben vor einem von seinem Sexualtrieb abhängigen und dadurch unberechenbaren Triebmenschen. In einer anderen Utopie, in *George Orwells* „1984", werden wir überdies darüber belehrt, daß Diktatoren dem Sexualtrieb ihrer Untertanen meist noch aus einem anderen Grund ablehnend gegenüberstehen: Sie spüren, daß hier der somatische Kern des auf sich selbst bezogenen Individuums liegt, das sich allen obrigkeitlichen Plänen eigensinnig zu widersetzen vermag. Kurz: streicht man im Rahmen des Gedankenexperiments, das wir hier anstellen, auch noch die Sexualität selbst, so fallen alle Fragen, die mit der Homosexualität zusammenhängen, noch aus einem ganz anderen Grund weg. Aber wir brauchen unsere Phantasie gar nicht so weit schweifen zu lassen. Ein Blick auf *Huxleys* „Schöne neue Welt" zeigt auch so, daß in einer Gesellschaft, in der Kindererzeugung und -aufzucht sozialisiert sind, der Unterschied von Hetero- und Homosexualität gleichgültig geworden ist.

Individualismus und Institutionalismus

Halten wir daher fest: Wenn es einen sachlichen Grund gibt, Ehe und homosexuelle Partnerschaft nicht gleich, sondern unterschiedlich zu behandeln, kann er nur darin gefunden werden, daß der Ehe und nur ihr bis auf weiteres eine der wichtigsten gesellschaftlichen Aufgaben anvertraut ist, nämlich durch Zeugung und Aufzucht von Kindern dafür zu sorgen, daß morgen auch noch eine Gesellschaft existiert. Aber dies allein genügt nicht; hinzukommen muß, daß die Gesellschaft überhaupt an ihrer biologischen Fortexistenz interessiert ist. Wo die Zukunftsperspektive fehlt, muß auch die Ehe gleichgültig werden. Wo jedoch eine Gesellschaft auch *noch morgen da sein will* und die Sorge dafür gleichzeitig *privater Initiative* überlassen hat, muß sie, so scheint es, die Institution, in der sich die Reproduktion der Gesellschaft vollzieht, in ihrem eigenen Interesse anders behandeln als sonstige Verbindungen mehrerer Personen.

Diese einfachen Zusammenhänge sind in den letzten Jahrzehnten bei vielen in Vergessenheit geraten. Sicher nicht ohne Grund. Zum einen sind bevölkerungspolitische Überlegungen wegen des Mißbrauchs, der damit betrieben worden ist, seit langem negativ besetzt. Zum andern jedoch findet seit geraumer Zeit eine Flucht aus der überregulierten staatlichen Ehe in nichteheliche Lebensgemeinschaften statt, die daher in beachtlichem Maße an die Stelle der regulären Ehe getreten sind. Daß die Ehe nicht auf alle Zeiten hinaus mit der rechtlichen Erscheinungsform identifiziert werden kann, die sie in Deutschland durch das Personenstandsgesetz von 1875 erhalten hat, ist daher abzusehen. Die Fragen, die sich daraus ergeben, können im vorstehenden Zusammenhang auf sich beruhen. Was hier interessiert, ist allein, was der Gesellschaft die Ehe - mag diese geregelt sein wie auch immer - wert ist bzw. was sie ihr im Interesse ihrer Selbsterhaltung wert sein muß.

1. Unzulänglichkeit einer individualistischen Betrachtung

Unseren bisherigen Überlegungen läßt sich bereits entnehmen, daß die in der öffentlichen Diskussion verbreitete ausschließlich *individualistische Betrachtungsweise* den Kern des Problems verfehlt. Wer nur auf die rechtliche Behandlung der beteiligten Individuen selbst abstellt und nach überindividuellen Zwecken nicht fragt, kann vor dem Hintergrund des Gleichheitssatzes nur zu dem Ergebnis kommen, daß eine Verschiedenbehandlung hetero- und homosexueller Lebenspartner unter sonst gleichen Umständen nicht zu rechtfertigen ist. Wenn etwa nach § 569a I BGB der überlebende Ehegatte nach dem Tod seines Partners in den Mietvertrag eintreten darf, warum, so kann man aus dieser Perspektive mit Recht fragen, darf dies nicht auch der überlebende Partner einer homosexuellen Lebensgemeinschaft? Aus einer individualistischen Sicht betrachtet, ist nicht einzusehen, warum dem homosexuellen Partner eine solche Möglichkeit versagt sein soll. Oder wenn Ehegatten ihre steuerliche Belastung nach Maßgabe des Splittingverfahrens (§ 26b EStG) mindern können, warum dann die Partner einer homosexuellen Verbindung nicht ebenfalls? Auch hier gilt: Wenn man die Frage ausschließlich aus der Sicht der beteiligten Personen selbst beurteilt, läßt sich kein Grund finden, der es rechtfertigen könnte, den einen Fall anders zu behandeln als den anderen. Die überkommene Regelung, die Ehepartner scheinbar grundlos persönlich begünstigt, erscheint dann als ungerechtfertigt.

2. Instituts- und individualbezogene Regelungen

Der Sache näher kommt man allein dann, wenn man die Möglichkeit in Betracht zieht, daß Regelungen, die für Ehegatten gelten, nicht auf deren persönliche Verhältnisse, sondern auf das *Institut der Ehe* abzielen. Um mit dem letzten Beispiel anzufangen: Wenn Ehegatten deshalb in den Genuß des steuerlichen Splitting kommen, um ihnen die Basis für die Gründung und Unterhaltung einer Familie mit Kindern zu schaffen, warum, so kann man dann umgekehrt fragen, sollte das Splitting dann auch homosexuellen Partnern zugute kommen, bei denen dieser Grund nicht vorliegen kann? Welches Interesse sollte der Staat haben, eine Beziehung finanziell zu unterstützen, aus der niemals eigene Nachkommen hervorgehen können? Was könnte es rechtfertigen, Sexualbeziehungen allein deshalb finanziell zu fördern, weil sie dauerhaft sind? Die erforderlichen Mittel müßten zu einem beträchtlichen Teil von Steuerpflichtigen (und zwar auch von homosexuellen Steuerpflichtigen!) aufgebracht werden, die, aus welchen Gründen auch immer, keinen dauerhaften Sexualpartner gefunden haben. Wie sollte man ihnen begreiflich machen können, daß sie eine Lebensform mitfinanzieren sollen, aus der sich für die Gesellschaft unter keinem denkbaren Gesichtspunkt ein ähnlicher Nutzen ergeben kann wie aus einer Ehe? Könnten sie nicht mit mehr Recht geltend machen, daß sie eine Unterstützung viel nötiger hätten, weil ihnen die aus mancherlei Gründen schon per se vorteilhafte Vergünstigung einer dauerhaften Lebenspartnerschaft versagt geblieben ist? Entsprechende Einwendungen drängen sich auf bei der geplanten Mitversicherung gleichgeschlechtlicher Lebenspartner in der Kranken- und Pflegeversicherung, bei ihrer Einbeziehung in die Hinterbliebenenrente, bei der vorgesehenen Begünstigung nach dem Bundesbesoldungsgesetz, dem Bundesumzugskostengesetz, dem Bundestrennungsgeldgesetz, bei der Erbschaftssteuer usw. In all diesen Fällen geht es um die Gewährung finanzieller Vorteile, für die es im Verhältnis zu Ehegatten nachvollziehbare Gründe gibt, im Verhältnis zu gleichgeschlechtlichen Lebenspartnern jedoch nicht.

Bei dem in der öffentlichen Diskussion vielfach herausgestellten Mietbeispiel fällt die Beurteilung weniger eindeutig aus. Darin zeigt sich, daß nicht alle Fälle über den gleichen Kamm geschoren werden können. Denkbar wäre hier zunächst eine Regelung, nach der das Eintrittsrecht des überlebenden Ehegatten *diesem selbst* kontinuierliche Lebensbedingungen ermöglichen soll; denkbar wäre jedoch auch, daß damit im Interesse eventuell vorhandener *Kinder* für gleichbleibende Verhältnisse gesorgt werden soll. Bei einem individualrechtlichen Gesetzeszweck wären homosexuelle Lebenspartner in derselben Lage wie überlebende Ehegatten, so daß es willkürlich erschiene, ihnen ein Eintrittsrecht zu versagen. Anders dagegen verhielte es sich, wenn mit diesem Eintrittsrecht vor allem der institutionelle Schutz der Familie bezweckt wäre. In diesem Fall wäre die Beschränkung des Eintrittsrechts auf Ehegatten nicht zu beanstanden. Freilich bliebe es dem Gesetzgeber insoweit freigestellt, den Gesetzeszweck umzudefinieren. Diese rechtspolitische Frage kann im vorstehenden Zusammenhang indessen auf sich beruhen. Aus § 569a II BGB, der das Eintrittsrecht auch einem hausangehörigen Familienangehörigen einräumt, ist nämlich bereits *de lege lata* zu ersehen, daß der Zweck des § 569a BGB sich im Institutionenschutz nicht erschöpft. Schon aus diesem Grund stellt es daher auch keinen Widerspruch zu dem gebotenen Schutz der Ehe dar, wenn homosexuellen Lebenspartnern in dem vorgelegten Entwurf ebenfalls ein Eintrittsrecht eingeräumt wird.

3. Typisierter Schutz der Ehe
Von einer ungerechtfertigten Benachteiligung gleichgeschlechtlicher Lebenspartner kann nach all dem sinnvollerweise nur da die Rede sein, wo eine exklusiv für die Ehe geltende Regelung keinen erkennbaren Bezug zur Familie mit Kindern aufweist. Dabei ergibt sich freilich eine praktische Schwierigkeit. Die für die Ehe vorgesehenen Regelungen und der damit verfolgte gesellschaftspolitische Zweck sind nämlich rechtlich weitgehend voneinander entkoppelt. So kommen z.B. steuerliche und andere finanzielle Vorteile nach geltendem Recht nicht nur solchen Ehegatten zugute, die Kinder haben oder jedenfalls anstreben, sondern auch kinderlosen Doppelverdienern, die die Ehe allein wegen der damit verbundenen finanziellen Vorteile eingegangen sind. Die staatliche Ehe setzt weder Zeugungsbereitschaft noch -fähigkeit voraus. Das könnte die Frage nahelegen, ob die Forderung nach Gleichstellung homosexueller Partnerschaften dann nicht jedenfalls aus diesem Grund als berechtigt erscheint. Auch von Diskussionsteilnehmern, die sonst nicht durch philosophische Kenntnisse glänzen, wird in diesem Zusammenhang gern auf eine Äußerung *Kants* verwiesen, wonach zur Rechtmäßigkeit der Ehe nicht erforderlich sei, „daß der Mensch, der sich verehelicht, diesen Zweck [nämlich Kinder zu erzeugen] sich vorsetzen *müsse*", weil sonst, „wenn das Kinderzeugen aufhört, die Ehe sich zugleich von selbst auflösen" würde. Wenn aber, so kann man fragen, die für die Ehe geltenden Regeln von der Frage der Kindererzeugung abstrahieren, warum soll dies dann bei homosexuellen Partnerschaften nicht ebenfalls möglich sein?

Darauf ist zweierlei zu erwidern. Einmal dürften die Wenigsten, die so argumentieren, es wirklich als wünschenswert oder auch nur hinnehmbar ansehen, daß von Staats wegen eine Zeugungspflicht statuiert würde. Auch wenn Menschen*rechte* heute als unverzichtbare Grundlage einer humanen Gesellschaft angesehen werden - auf Menschen*pflichten* glauben die meisten bisher verzichten zu können. Das gilt namentlich für den Bereich, um den es hier geht; denn dieser ist noch immer mit einem Tabu belegt, an das zu rühren sich wenig empfiehlt. Allein ein jüdischer Philosoph wie *Hans Jonas* kann unbefangen von der im Interesse der Menschheit bestehenden „Pflicht" sprechen, „ein Kind zu zeugen", ohne befürchten zu müssen, deshalb geächtet zu werden.

Zum andern aber muß der Gesetzgeber notgedrungen typisierende Regelungen treffen, die auch solche Fallgestaltungen erfassen, auf die der gesetzliche Regelungszweck an sich nicht zutrifft. Solange die Typik dominiert - was nicht zuletzt eine *quaestio facti* ist -, ist daran im Prinzip nichts auszusetzen. Allerdings kann die Legitimation einer solchen Regelung im gleichen Maße fragwürdig werden, wie im Zuge nachträglicher Veränderungen die untypischen Sachverhalte überhand nehmen. In einem solchen Fall wird es dann aber nur selten als geboten erscheinen, die zum Schutz einer bestimmten Institution geschaffene Regelung auf ganz anders geartete Beziehungen auszudehnen. Näherliegend ist es vielmehr, daß den sich häufenden untypischen Fällen der institutionelle Schutz entzogen wird. Nicht eine unbesehene Ausdehnung der für die Ehe vorgesehenen Regelungen auf alle möglichen Partnerschaften sollte daher das Ziel sein, sondern die möglichste Beschränkung dieser Regelungen auf solche Ehen, die der zugrunde gelegten Typik entsprechen. Wo dies nicht beachtet wird, kann es - wie geschehen - dahin kommen, daß einerseits vorgeschlagen wird, homosexuellen Partnerschaften einen Splittingvorteil von 40000 DM einzuräumen, während gleichzeitig gefordert wird, den Splittingvorteil von Ehegatten zwecks Förderung beiderseitiger Erwerbstätigkeit auf 27000 DM zu begrenzen. Was in einer derart verkehrten Welt auf der Strecke bleibt, ist nicht das Recht dieser oder jener Gruppe, sondern der Rechtsgedanke überhaupt.

Ausblick

Die institutionelle Betrachtungsweise der Ehe, wie sie für *Marx* einmal selbstverständlich war, stößt in der Öffentlichkeit heute auf wenig Verständnis. Während der Individualismus in der Philosophie längst im Rückzug begriffen ist, befindet er sich im Bereich des Rechts noch immer auf dem Vormarsch. Gegenwärtig bemühen sich organisierte Interessen nach Kräften, die bürgerliche Ehe sturmreif zu schießen und auf das Niveau einer beliebigen sexuell bestimmten Lebensgemeinschaft zu reduzieren. Widerspruch dagegen hat es schwer. Wer dem Trend der Zeit entgegentritt, muß gewärtigen, als rückständig, als jemand, der „noch nicht so weit ist", wie die „fortschrittlichen Kräfte" bereits sind, gebrandmarkt zu werden. *Bernd Rüthers*, der in der Frankfurter Allgemeinen Zeitung vorsichtig daran zu erinnern gewagt hat, daß der Staat „im eigenen Existenzinteresse gefordert und verpflichtet [sei], Ehe und Familie zu schützen und zu fördern", mußte sich von einem Redakteur dieser Zeitung daraufhin vorhalten lassen, daß er bei diesen Ausführungen nicht „bei klarem Kopf" gewesen sei. Daß es den Trend zur Nivellierung aller Lebenspartnerschaften gibt, beweist indessen noch nicht, daß er richtig ist. Womöglich zeigt sich darin auch nur, daß wir in einer Zeit leben, der alle Instinkte abhanden gekommen sind, die eine Gesellschaft zum Überleben braucht.

Sicher ist daher allein, daß wir Zeugen eines Prozesses sind, in dem eine Institution, der bisher die Zukunft der Gesellschaft anvertraut war, bis in die Grundfesten erschüttert wird. Die symbolische Abwertung der Ehe dürfte auf das Reproduktionsverhalten nicht ohne Einfluß bleiben; denn ideelle Anerkennung ist mindestens ebenso sehr ein Motiv menschlichen Handelns wie die Aussicht auf materielle Vorteile. Wenn die Gesellschaft durch gesetzliche Änderungen signalisiert, daß ihr Verhaltensweisen, auf die sie zu ihrem Fortbestand angewiesen ist, nicht mehr bedeuten als andere, auf die sie ohne weiteres verzichten kann, dürfte dies die Bereitschaft zur Übernahme der mit der Elternschaft verbundenen Belastungen schwerlich erhöhen. Zu vermuten ist vielmehr, daß die Fahrt in eine von Generationenkonflikten geprägte Zukunft dadurch weiter beschleunigt wird.

Bisher ist nur die Gleichstellung „*monogamischer*" gleichgeschlechtlicher Partnerschaften ins Auge gefaßt worden. Vor dem Hintergrund, daß die überkommene Monogamie auf der Basis der christlichen Religion beruht, die den Geschlechtsverkehr nur im Rahmen einer heterosexuellen und auf Lebenszeit angelegten monogamischen Ehe für zulässig erklärt, ist das offenbar sinnwidrig. Es dürfte daher auf längere Sicht kaum möglich sein, die monogamische Ehe für Homosexuelle zu öffnen, ohne damit gleichzeitig ihren historisch gewachsenen Kern zu zerstören. Zu meinen, daß die Einführung einer „Homosexuellenehe" das Institut der Ehe im übrigen unberührt lasse, erscheint naiv. Wenn dem überkommenen Ehemodell erst einmal die gedankliche Grundlage entzogen worden ist, die nach wie vor in der Religion wurzelt, dürften uns noch ganz andere Lebensformen ins Haus stehen, gegen die es dann den überkommenen institutionellen Schutz nicht mehr gibt.

Vielleicht brauchen wir diesen Schutz irgendwann einmal nicht mehr, weil in Zukunft auseinander wächst, was seit unvordenklichen Zeiten zusammengehört: Sexualität und Fortpflanzung. Solange es so weit nicht ist, darf freilich auch in diesem Zusammenhang an *Hegel* erinnert werden, der den Selbstverwirklichungsprozeß der absoluten Freiheit, die glaubt, über alle Institutionen nach freiem Belieben disponieren zu können, einmal als die „Furie des Verschwindens" charakterisiert hat. Dieses Diktum ist bei denen, auf die es gemünzt ist, noch nie gut angekommen. Denn das Vorrecht der jetzt lebenden Generation ist es von jeher gewesen, sich vor der folgenden zu blamieren.

Es ist schon viel zuviel geschehen

Ein Interview mit Erwin Chargaff zur Bundestagsdebatte über Gentechnik und Biomedizin
Das Gespräch führte Jordan Mejias.

Hier spricht eine Legende, hier erhebt seine warnende Stimme einer der Urväter der Genforschung. Seinen Kollegen mag es vorkommen, als melde sich da einer, entrückt und kaum mehr vernehmbar, aus einem längst verflossenen Zeitalter. Erwin Chargaff selbst gesteht ein, daß seine Verbindung zur neuen Zeit der Biotechnologie und ihren Koryphäen brüchig geworden ist. Aber die Lehren, die er aus der Erfahrung eines glanzvollen Forscherlebens zieht, sind gar zu leicht nicht einmal vom hypermodernen Tisch zu fegen. Der Fortschritt als Schrecken ist kein Topos für seine Nachfolger. Sollten wir also auf einen altersweisen Chemiker hören, der aus der Distanz nun klarer die Gefahren sehen will als wir, die wir mitten unter ihnen stehen? Es entbehrt nicht der Melancholie, wenn der greise, sechsundneunzig Jahre alte Mann alle Versprechungen schließlich in einem Gespräch, das unmittelbar nach der Bundestagsdebatte zur Biomedizin in seinem New Yorker Appartement stattfand, mit einem einzigen Wort entkräftet: Warum?

Die Bundestagsdebatte hat klare Fronten geschaffen nicht zwischen den Parteien, sondern zwischen Befürwortern der neuen Technologien und ihren Skeptikern. Wo hätten Sie sich im Spektrum der Disputanten am wohlsten gefühlt?

Ich bin wahrscheinlich besonders reaktionär in dieser Hinsicht, denn ich meine seit langem, daß die Molekularbiologie über die Stränge schlägt und Sachen tut, die sie nicht verantworten kann. Sie begeht eine Art Verbrechen. Ich bin tatsächlich der Meinung, daß schon viel zuviel geschehen ist und es allmählich Zeit wird, ein anderes Licht auf die Vorgänge zu werfen. Ganz in meinem Sinn gesprochen hat vor kurzem seltsamerweise Bundespräsident Rau. Ich würde fast sagen, es hätte von mir sein können, was ich da über seine Rede gelesen habe. Ein Glück, daß immerhin in Deutschland die Gegenstimmen so vernehmlich geworden sind, daß eine Bundestagsdebatte anberaumt wurde. In Amerika ist das ziemlich undenkbar.

Warum sind die Amerikaner, deren Biotechnologen doch energischer als alle andern in die Zukunft stürmen, so uninteressiert an einer breiten Diskussion?

Weil sie viel mehr unter der Fuchtel der Großindustrie stehen, der Pharmaindustrie und aber auch der Ärzte, die, selbst wenn sie nicht glauben, daß sie etwas Gutes tun, ein schönes Honorar bekommen. Die Naturwissenschaft ist Teil der Marktwirtschaft geworden. Sie hat alle Merkmale des Kapitalismus übernommen, der aber nur existieren kann, wenn er sich beständig vergrößert und erneuert. Der unentwegte Drang zur Innovation, das Gefühl, nichts auf der Welt sei gut genug und müsse kontinuierlich verbessert werden, ist eine Krankheit. Mit frommem Augenaufschlag wird dann behauptet, alles drehe sich nur um eine bessere Bekämpfung von Krankheiten.

Aber es gab doch Fortschritte in der Molekularbiologie, von denen wir auch heute schon profitieren. Denken Sie an die neuesten Meldungen aus der Krebsforschung.

Ich bin gar nicht so sicher, daß unsere Fortschritte so groß sind. Es gibt gewiß medizinische Fortschritte, und es wird sie hoffentlich weiterhin geben, aber es darf dabei nicht zu Umwälzungen kommen. Bei der Embryonenforschung könnte man ja sagen, nun gut, ein toter Embryo ist eine Leiche, und eine Leiche pflegen wir zu begraben. Wenn aber jemand daherkäme, der vorschlüge, die Leichen und ihre Organe industriell zu verarbeiten, gäbe es sicher Proteste.

Jetzt geht es aber nicht einmal um tote Embryonen, sondern um lebende und darum, wann der Mensch Mensch wird.

Das Leben beginnt mit der Befruchtung.

Und mit der Befruchtung empfängt der neue Mensch auch seine Würde?

Mir gefällt das Wort „Würde des Menschen" nicht besonders gut. Es sollte eine grundlegend menschliche Reaktion sein, daß man diese Geheimnisse nicht obduziert. Wir leben in einer Zeit, in der Geheimnisse weiter Geheimnisse bleiben, aber dennoch zerschnitten und in dünnen Scheiben verkauft werden wie Salami. Davon profitiert nicht die Menschheit, sondern vor allem die Pharmaindustrie und alle beteiligten Ärzte.

Könnten, trotz wirtschaftlicher Zwänge, nicht doch ein paar Vorteile für den Menschen dabei herauskommen?

Das kann schon sein. Aber gewisse Sachen tut man einfach nicht. Wenn ich auf den Geschmack gekommen wäre, meine Mutter aufzuessen, hätte ich nachher auch nicht sagen können, es hat mir geschmeckt, also war es mein gutes Recht, das zu tun. Wir haben uns gegen den Kannibalismus gewandt, halbwegs zumindest, aber jetzt herrscht ein kapitalistischer Kannibalismus vor. Alles, was verkauft werden kann, kommt unters Messer und wird zerteilt und zerstückelt, und dazu trompetet man jeden zweiten Tag eine große Entdeckung heraus. Man sollte das Nobelpreiskomitee dazu bringen, keine Forschung dieser Art mehr auszuzeichnen.

Auch die deutsche Nobelpreisträgerin Christiane Nüsslein-Volhard hat angezweifelt, daß die genetische Neuerschaffung des Menschen bevorstehe. Aber sie plädiert dennoch für die Forschung an embryonalen Stammzellen und gegen ein Verbot der Präimplantationsdiagnostik.

Schauen Sie, wir leben schon darum in einer schrecklichen Zeit, weil es notwendig ist, über solche Dinge zu reden. Wir meinen, was nicht verboten sei, müsse automatisch erlaubt sein. Ich bin gar nicht dafür, daß Verbote ausgesprochen werden. Aber da das Leben ein Geheimnis ist und auch bleiben wird, da wir immer noch nicht sagen können, was Leben ist, sollte man vorsichtig damit umgehen. Unsere Zeit ist so grauslich, daß Newton, lebte er heute, die Schwerkraft patentiert hätte, und wir müßten dafür zahlen, daß wir gehen können.

Wie soll die nicht immer schöne, neue Welt der Biotechnologie ohne Verbote funktionieren?

Es wäre mir lieber, wenn Verbote nicht notwendig würden, aber ich nehme doch an, daß man zum Beispiel festlegen muß, was mit Embryonen geschehen darf. Nämlich sehr wenig. Auch im Reagenzglas werden Embryonen ja aus lebenden Organen erzeugt. Es ist nicht so wie beim Kuchenbacken. Ich bin da lieber rabiat. Bestimmte Forschungsrichtungen müssen sehr genau beobachtet und geregelt werden, denn wie ich aus langer Erfahrung weiß, läuft Forschung immer Gefahr auszuarten. Ein Mensch wird sicher bald geklont werden. Aber was ist ein geklonter Mensch? Er ist ein Sklave, er ist nicht frei gezeugt, er ist eine Konstruktion. Darf man ihn umbringen? Gelten für ihn alle Gesetze? Ich weiß es nicht. Vielleicht ist er auch patentierbar, denn er ist wirklich mehr Erfindung als Entdeckung. Es ist schade, daß es soweit gekommen ist. Wir hätten ruhig noch hundert Jahre warten sollen.

Sie haben aber auch nicht mit Ihrer Arbeit gewartet. Konnte man damals die bioethische Problematik noch nicht vorausahnen?

Die Bioethik ist ja erst aufgekommen, als die Ethik verletzt wurde. Bioethik ist ein Ausweg, all das zuzulassen, was ethisch nicht erlaubt ist. Man kann aber Ethik und Moral nicht suspendieren, weil es der Forschung guttäte. Als ich angefangen habe, war Forschung geradezu lächerlich bukolisch. Es gab keine Streitfragen, keine ethischen Probleme. In der medizinischen Fakultät an der Columbia-Universität konnten noch nicht einmal Patente angemeldet werden. Jetzt patentieren Doktoranden schon ihre Ideen, bevor die Doktorarbeit fertig ist.

Hätten Sie nie etwas tun können, was Sie dann aber nicht in Angriff nahmen, weil Sie es ethisch nicht verantworten konnten?

Keine Spur, nein.

Können Sie sich heute Kollegen vorstellen, die aus ethischen Gründen von etwas Machbarem Abstand nähmen?

Nein. Ich kann mich da kaum mehr auf meine Erfahrung stützen, denn ich komme nicht mehr viel mit Wissenschaftlern zusammen, und sie kommen nicht zu mir, um mich um Rat zu fragen. Der Ton im Labor hat sich unerhört verändert. Es war anfangs tatsächlich bukolisch, wie eine freudige Angelpartie. Die Sprünge, die man jetzt macht, sind dagegen schreckenerregend. Ich muß über Sachen lesen, von denen ich noch vor einem Jahr nicht geträumt hätte. Niemand wird Wissenschaftler wie zu meiner Zeit, als der Beruf zwar ehrbar, aber nicht sehr gut bezahlt war und man in Ruhe gelassen wurde. Jetzt arbeiten Studenten schon so, als wären sie in einem Pharmaunternehmen tätig.

Worin soll eine Welt, die sich auf keinen Wertekanon mehr einigen kann, ihre bioethischen Richtlinien verankern?

Für die meisten Menschen ist die Empfängnis, um es noch einmal zu sagen, ein Geheimnis, für mich ein mysteriöses Geheimnis, also ein doppeltes Geheimnis. Denn es ist etwas geschehen, was nicht mit unserer Art von Forschung zu erklären ist, auch nicht mit der Molekularforschung. Ein lebendes Wesen kann nicht das Leben erforschen. Der Naturforscher Goethe hätte wohl Bundespräsident Rau zugestimmt. Wir sind an der Grenzlinie zwischen dem Erforschbaren und Nichterforschbaren angekommen.

Reden Sie von einer absoluten Grenze oder nicht doch eher von einer Grenze, die sich mit den Erkenntnissen der Wissenschaft verschiebt, mithin nicht auf immer und ewig von Bestand sein muß?

Ich wäre sehr erstaunt - und würde fast darauf wetten, wenn ich noch dabeisein könnte, meinen Gewinn zu kassieren -, wenn es keine immer bestehende Grenze gäbe. Im Fall der Molekularbiologie befindet sich die Grenze dort, wo die Frage des Lebens akut wird. Zudem gibt es viele Sachen, die man wissen möchte, aber nicht sollte. Man muß unterscheiden zwischen wahren Argumenten und frommen Lügen. Die Heilung von Krankheiten ist ein Argument, für das ich nicht sehr empfänglich bin.

Sie reden nicht gern von der „Würde des Menschen". Können Sie mit der „Ehrfurcht vor dem Leben" etwas anfangen?

Ja, ich vertrete da eine nichtreligiöse Position, die mit gewissen Religionen übereinstimmt.

Was befürchten Sie, wenn es diese Ehrfurcht nicht mehr gäbe?

Daß wir in eine Lage kommen, welche die heutige in Amerika noch übertrifft, also daß jedes Argument finanziellen Überlegungen weichen muß.

Andrea Fischer hat zur Präimplantationsdiagnostik in der Debatte die Frage gestellt, warum manche Eltern nicht den Mut aufbringen sollten, ein Kind mit einer Behinderung anzunehmen. Ist die Hoffnung auf soviel Edelmut realistisch?

Sie hat recht. Vielleicht wäre das behinderte Kind ein Genie geworden. Wir sind so unerhört wehleidig geworden. So wie der Mensch nicht geboren wird, um reich zu sein, wird er es auch nicht, um gesund zu sein. Gesundheit ist angenehm, aber kein Argument. Menschen leben jetzt länger, aber wie leben sie länger? Und warum?

Tempi - Bildung im Zeitalter der Beschleunigung

Leo J. O'Donovan

I.

Vielleicht hängt die Faszination der großen Musik, die unser Herz ebenso bewegt wie unseren Intellekt, damit zusammen, daß sie uns die schöne Illusion vermittelt, wir seien die Herren der Zeit. Adagio und lento - so steht es in den Noten, und die Zauberhand von Sir Georg Solti oder der kleine Finger von Claudio Abbado macht, daß die Welt ruhig wird, ganz ruhig und leise, um dann wieder allegro, allegro ma non troppo, presto und prestissimo furios die Zeit zum luxurierenden Überschwang zu bringen. Am Ende steht ein großes Rauschen, wir haben Abbado, den Herrn über die Tempi bewundert und mit ihm die Herrschaft über die Geschwindigkeiten genossen. Nun spenden wir Beifall. Nach dem großen Applaus sinken wir wieder zurück in den Rhythmus des Alltags, unser Herz schlägt wieder normal. Doch es ist ein unruhiges Herz. Ein unruhiges Herz, das sich, wie der große Augustinus wußte, nach Ruhe sehnt: „Unruhig ist unser Herz, bis es ruht in dir, oh Gott!"

Gott hat *alle Zeit der Welt*, er ist der wahre Herr der Zeit, denn er hat die Welt und die Zeit gemacht. Wenn wir von der Ewigkeit Gottes sprechen, davon, daß die Zeit bei ihm *aufgehoben* ist, im doppelten Sinn des Wortes, nämlich gleichzeitig *bewahrt* und *suspendiert,* dann sprechen wir von etwas, das größer ist als unser Geist, der sich Ewigkeit nicht wirklich vorstellen kann.

Wir haben nicht *alle Zeit der Welt*, wir haben „70, wenn's hoch kommt 80 Jahr", so steht es in der Bibel, und alle Menschen wissen das auch.

In Münster in Westfalen, wo ich eine gewisse Zeit meines Lebens als Student und Doktorand von Karl Rahner verbringen durfte, lebte bis 1996 der Philosoph Hans Blumenberg. Er hielt den Hiatus zwischen der *Weltzeit* und unserer *Lebenszeit* für eine elementare Kränkung. Weltzeit und Lebenszeit sind auf dramatische Weise ungleich groß. In unserem Bewußtsein erstrecken wir uns von Alpha bis Omega, vom Urknall bis zum Wärmetod der Welt, wenn wir in unseren Theorien nicht sogar wie Stephen Hawking auf alle Begrenzungen der Zeit verzichten. Im Kopf wäre die Welt in Ordnung, wenn ihre Zeit sich gleich weit erstreckte wie unser Leben. Beide müßten im Grunde *koextensional* sein.

Daß der Lauf der Welt nach unserem Tod ungerührt seinen Fortgang nimmt, das will uns nicht passen. Was die Sache wirklich schlimm macht ist, daß wir es *die ganze Zeit schon* wissen müssen. Aus der unendlichen Ressource der Weltzeit - *alle Zeit der Welt* - haben wir nur eine endliche Spanne, und je länger wir leben, um so kürzer erscheint sie uns. Je knapper die Frist wird, um so größer wird die Menge dessen, wofür wir keine Zeit mehr haben werden.

Dieses Bewußtsein, daß Lebenszeit und Weltzeit auf dramatische Weise ungleich groß sind, - das hat Hans Blumenberg richtig gesehen - ist eine reichlich strömende Quelle von Beschleunigung.

Jetzt könnte ich natürlich sofort von der größten Verheißung der Religion sprechen, die darin besteht, daß uns *die Zeitangst* genommen wird, weil unser Leben in die Zeit Gottes münden darf. Von dieser Verheißung will ich auch nicht schweigen. Vorher aber will ich noch ein paar Gedanken zum Begriff der Beschleunigung anfügen.

Die Kluft zwischen Lebenszeit und Weltzeit ist so alt wie die Menschheit. Doch in diesem und dem vorigen Jahrhundert kommen neue und *zusätzliche Beschleunigungsfaktoren* hinzu. Schnelle und immer schnellere Veränderungen, Erfindungen und bessere Technik helfen uns, die Natur zu beherrschen, Verkehrstechnik erschließt den Raum und die Zeit. Bis schließlich das Internet uns anbietet: Du kannst *jederzeit überall* sein. All das verdichtet sich zu einer Grunderfahrung von Beschleunigung, die zunehmend unser Bewußtsein einfärbt. Hier ein Zitat:

„Wir erklären, daß sich die Herrlichkeit der Welt um eine neue Schönheit bereichert hat: die Schönheit der Geschwindigkeit... Wir stehen auf dem äußersten Vorgebirge der Jahrhunderte... Warum sollten wir zurückblicken, wenn wir die geheimnisvollen Tore des Unmöglichen aufbrechen wollen. Zeit und Raum sind gestern gestorben. Wir leben bereits im Absoluten, denn wir haben schon die ewige, allgegenwärtige Geschwindigkeit erschaffen."

Das ist aus einem berüchtigten profaschistischen Text, den Sie vielleicht kennen, aus Marinettis „Manifest des Futurismus". Er ist schon 91 Jahre alt! Aber diese Zukunftsrhetorik klingt uns vertraut in den Ohren. Beschleunigung macht futuristisch.

Das Tempogefühl, jenes Presto-Prestissimo, hat objektive Ursachen. Zwischen der Erfindung des Rades, das mit Muskelkraft bewegt wurde, und der Erfindung künstlicher Antriebsmethoden liegen ein paar tausend Jahre. Seit aber die Werkzeuge nicht nur unsere körperliche Arbeit erleichtern, sondern seit die Werkzeuge den Werkzeugen helfen, wird die Kurve der Erfindungen immer steiler. Die Erfindung des Computers schließlich hat uns ein Super-tool geschaffen. „*Zeit und Raum sind gestern gestorben.*" In Echtzeit sind wir jederzeit überall, und dies in einer neuen Realität, von der wir manchmal noch sagen, sie sei virtuell, die aber unser Leben zunehmend bestimmt.

Der Computer liefert vor allem Daten. Daten in nur noch mathematisch erfaßbarer Menge. Da reden wir schnell von „Wissen" und von der „Wissensgesellschaft", und plötzlich sehen wir: mit dem Wissen ist es wie mit der Zeit: Das Wissen, das die neue Welt der Daten uns anbietet und das Wissen, das wir in unserem endlichen Leben verkraften können - sie sind auf dramatische Weise ungleich groß. *Weltwissen und Lebenswissen klaffen auseinander.*

Der Wunsch, Weltzeit und Lebenszeit möchten auf göttliche Weise koextensional sein, sich gleich weit erstrecken, war schon immer unerfüllbar, jedenfalls in unseren *„70, wenn's hoch kommt 80 Jahr(en)"*. Doch daß es sich mit dem Wissen *genauso* verhält, ist relativ neu.

Bis etwa zur Mitte des 18. Jahrhunderts gab es noch den Typus des Universalgelehrten. Den Menschen erschien es als ein vernünftiges, durchaus erreichbares Ideal, daß ein Einzelner umfassend gebildet sein könnte, das heißt, daß er *alles weiß, was es zu wissen gibt*. Bis zum Anfang des 18. Jahrhunderts waren ca. 700 Tierarten bekannt. Hundert Jahre später unterschied man schon 1700 Arten von Schlupfwespen. Seitdem die *Menge des Wißbaren* exponentiell gewachsen ist, beschäftigt Pädagogen und Bildungstheoretiker die Frage, wie die richtige Antwort auf diese neue *condition humaine* aussieht.

Enzyklopädien und Lexika wurden geschaffen. Da man nicht mehr alles wissen *kann*, *muß* man es auch nicht. Ultra posse nemo tenetur heißt eine alte scholastische Weisheit. Sollen impliziert Können. Was man nicht können kann, muß man nicht müssen müssen. Allenfalls muß man *wissen, wo es steht* und wo man nachschlagen kann.

Inzwischen aber ist klar: Mit dem Wissen verhält es sich wie mit der Zeit. Zeit und Wissen sind so unendlich groß und unsere eigene Kapazität so unendlich klein, daß zum Drama von Weltzeit und Lebenszeit *das Drama von Weltwissen und Lebenswissen* hinzutritt.

Ich muß gestehen, daß ich mich *nicht* für beides gleichermaßen interessiere. Ein Wissen, das keinen Bezug mehr zum Menschen hat, Karl R. Poppers „objective knowledge", ein objektives Wissen, das vielleicht schon nicht mehr von Menschen produziert, sondern von Maschinen hervorgebracht ist, interessiert mich sehr viel weniger als *Lebenswissen*. Es ist das Wissen, das mir und meinen Mitmenschen hilft, unser Leben zu meistern. So lautet meine grundlegende Perspektive, die alle weiteren Überlegungen zur Bildung bestimmt: *Wie kann aus Weltwissen Lebenswissen gemacht werden?*

Die durch die neuen Kommunikationstechnologien hervorgerufene Explosion der Datenmenge und die Zukunft entscheidenden Techniken, sie zu beherrschen und zu nutzen, hat zum Schlagwort von der *Wissensgesellschaft* geführt. Was heißt eigentlich Wissen? Von Wissen können wir doch erst dann sprechen, wenn wir die *objektiven* Daten zu *unseren* Daten gemacht, wenn wir sie aus einer unendlichen Menge mit Hilfe von wegweisenden Strukturen und mit dem Blick auf die Ziele, die uns wirklich interessieren, herausgegriffen haben.

Der Begriff Wissensgesellschaft enthält also einen Imperativ. Wissenschaftsgesellschaft ist ein programmatischer Begriff. In ihm ist das Programm enthalten, aus Daten Wissen, aus Weltwissen Lebenswissen zu machen. *Was ist es, was wir wissen wollen sollen?* Das ist die entscheidende Frage der Zukunft.

II.

Von einem anderen Beschleunigungsfaktor habe ich noch nicht gesprochen. Das ist der Beschleunigungsfaktor Markt.

Es bietet sich an, den Markt und seinen Motor, den Wettbewerb, der den Schnellsten prämiert und Beschleunigung erzeugt, zu vergleichen mit der Evolution des Lebens in der Natur. Offenbar ist der Markt eine Installation, die deswegen so erfolgreich ist, weil er mit dem Prinzip des „survival of the fittest" das Gesetz der Evolution in der Natur imitiert. Es gibt freilich einen *Unterschied* zwischen beiden Welten, der Welt des Lebens und der Welt des Marktes. Beide Systeme stehen gleichsam unter verschiedenen Vorzeichen. Das Oberkriterium der natürlichen Evolution ist das Überleben – das *Leben*. Der Markt dagegen folgt dem Gesetz des *Return on investment*. Sein Oberkriterium ist der Gewinn.

Auch beim Markt gibt es den Wettbewerb um Fitneß, der nach bestimmten Gesetzen der Selbstorganisation alles zu steuern scheint. Schon Adam Smith sprach von der „invisible hand", einer unsichtbaren Hand, die den Markt steuert. Offenbar ist diese Methode der Selbststeuerung, das heißt eigentlich der *Verzicht auf Methoden*, jeder Methode der planwirtschaftlichen Steuerung, also *der Methode der Methode*, überlegen. Daher hat auch der Wettbewerb den globalen Wettbewerb gewonnen. Damit meine ich den kalten und heißen Krieg zwischen Marktwirtschaft und Planwirtschaft, der ja schließlich auch ein Wettbewerb war.

Nach dem Ende des machtgestützten planwirtschaftlichen Ökonomismus erleben wir nun die weltweite Anerkennung der Marktwirtschaft. Sie wird zähneknirschend auch von denen akzeptiert, die sie einst bekämpft haben. Die Beschleunigung nimmt weiter zu. Der Übergang von der Agrargesellschaft zur Industriegesellschaft dauerte hier bei uns, wo er zuerst stattfand, einige Generationen. Seitdem geht aber alles viel schneller. Es gibt Beispiele, aus einigen Regionen Malaysias und Indonesiens, wo der Weg von der Steinzeit bis zur Industriegesellschaft in *einer* Generation zurückgelegt werden mußte.

Nicht alle Gesellschaftsordnungen lassen sich das gefallen. Die von oben befohlene Industrialisierung des persischen Schah-Regimes hat die Gegenkräfte des fundamentalistischen Islam mobilisiert und ihnen zum politischen Sieg verholfen. Das Beispiel des Iran ist für uns deswegen besonders interessant, weil sich an ihm so gut studieren läßt, zu was für einer Zerreißprobe es kommen kann, wenn die Tempi, die unterschiedlichen Geschwindigkeiten nicht beachtet werden.

Wenn es tatsächlich so etwas gibt, wie eine innere Evolution der Wirtschaft, dann produziert die Wirtschaft ihre Geschwindigkeit *aus sich heraus*. Die Produktionszyklen und der Warenumlauf werden immer kürzer. Metaphorisch sprechen wir von der so-und-so-vielten *Computergeneration* und erwarten, während wir auf unserem gerade neu eingerichteten Gerät ins Internet einsteigen, schon die nächste Generation. Wir registrieren also die Tatsache: Computergenerationen und Menschengenerationen sind ungleich lang.

Auch das Marketing sorgt dafür, daß die Zeiten des Warenumlaufs immer kürzer werden. Daß wir ständig neue Autos brauchen, Autos *der neuen Generation*, hängt nicht damit zusammen, daß die älteren Autos technisch überholt wären. Oft ändert sich nur das Design.

Wenn es am Markt früher darum ging, die sogenannten Grundbedürfnisse: Essen, Kleidung, Wohnung zu befriedigen - und wenn es schon immer ein Beschleunigungsfaktor war, der Erste zu sein, der diese Bedürfnisse befriedigt, so kommt nun etwas Neues hinzu. Es geht weniger um die Befriedigung von Bedürfnissen, als um die *Entdeckung* neuer Bedürfnisse, vielleicht sogar um die *Erfindung* neuer Bedürfnisse. Der Warenumlauf, der Produktionszyklus und der *Return on Investment* werden immer kürzer. Wenn aber die Geschwindigkeit so hoch wird, daß wir nicht nur das uns wohlbekannte Gefühl haben, daß *alles fließt* (Heraklit), daß morgen *einiges* und übermorgen *anderes* und in einigen Jahren entsprechend *viel* anders sein wird als heute, wenn wir vielmehr das Gefühl haben: Morgen ist *alles* anders, dann sprechen wir von einer Revolution.

Offenbar stehen wir nach der Erfindung des Computers, der Etablierung des Internet und den vielen kommunikationstechnologischen Neuerungen mitten in einem solchen revolutionären Qualitätssprung. Ich nenne nur die Verschmelzung von Gentechnologie und Kommunikationstechnologie, die Nanotechnologie, die Verbindung von Hirnforschung und Datenmanagement.

Offenbar ist diese neue Kommunikationstechnologie ein Werkzeug von nie da gewesener Qualität, ein Super-tool, das alle funktionalen Systeme optimieren kann. Dieses leistungsstärkste aller Werkzeuge hat das beschleunigende System der Marktwirtschaft noch einmal beschleunigt: Wir erleben *eine Beschleunigung der Beschleunigung*.

III.

Daß nun in dem eng zusammenhängenden Komplex von Wirtschaft, Wissenschaft und Technik alles schneller geht, müßte noch kein Qualitätssprung sein. Das qualitativ bisher nicht Dagewesene ist etwas anderes: Während früher das marktwirtschaftliche System meist *nur ein Segment* unseres Lebens betraf, nämlich die Produktion und Distribution von Waren und Dienstleistungen, so erleben wir neuerdings *Übersprungeffekte* im großen Stil. Ganze Lebensbereiche, die früher nicht unter Wettbewerbsgesichtspunkten betrachtet wurden, werden nun nach marktwirtschaftlichen Prinzipien um- und durchorganisiert.

Wir Amerikaner haben traditionell ein sehr positives Verhältnis zu marktwirtschaftlichem Denken. Industrie und Marktwirtschaft haben den Menschen im Westen das Leben erleichtert, den Hunger besiegt, Krankheiten zurückgedrängt. Es wäre zynisch, das zu vergessen. Daher vertrauen wir dem Markt und sind schnell bereit, alles der Steuerung seiner unsichtbaren Hand anzuvertrauen.

Früher als in Deutschland sind bei uns die Medien privatisiert worden, die sich, dem klassischen Oberkriterium *Return on Investment* folgend, ausschließlich an den Bedürfnissen ihrer Kunden orientieren. In Deutschland gab es in den öffentlich-rechtlichen Sendeanstalten einen Ansatz, der zunächst frei war von dem Zwang, schwarze Zahlen zu schreiben. Inzwischen sind private Radio und Fernsehanstalten gegründet, und es gibt auch in Deutschland einen echten Medienmarkt. Die öffentlich-rechtlichen Sender liegen im Wettbewerb mit den Privaten und machen ein marktgerechtes Programm. Sie gleichen ihre Produkte an. Wohin führt uns die „unsichtbare Hand"?

Zu meiner Studienzeit in Münster war in Deutschland auch zu beobachten, wie der Sport, der hauptsächlich von Amateuren betrieben wurde, sich langsam kommerzialisierte. Das Post- und Telefonwesen, die Bahnen wurden inzwischen marktwirtschaftlich umstrukturiert. Die bildende Kunst, die ihre großen Aufträge Jahrhunderte lang von der öffentlichen Hand, dem Fürsten oder der Kirche erhielt, hat längst alle Raffinessen des Marketing in ihren Betrieb aufgenommen.

Am deutlichsten sind die Übersprungeffekte im Bereich der Freizeit und der Kultur zu beobachten. Die *freie Zeit* war doch wohl einmal diejenige, in der der Mensch frei von Zwängen und Pflichten, die ihm der Kampf ums Dasein auferlegte, spielen und feiern konnte. Das deutsche Wort „*Feierabend*" für die Zeit nach der Arbeit drückt diesen Gegensatz sehr schön aus. Wo einmal das *Andere der Arbeit* war, regiert nun das Gesetz von Angebot und Nachfrage. Urlaub und Freizeit werden von der Unterhaltungs- und der Tourismusindustrie nach allen Regeln der Kunst vermarktet.

Die Landwirtschaft, bei uns schon lange industriell betrieben, war in good old Germany zwar immer auch eine Ökonomie. Die Landwirtschaft war vor ihrer Kommerzialisierung *aber auch* einmal eine *Lebensform* mit eigenen kulturellen Prägekräften.

Gibt es überhaupt noch Lebensbereiche, die nicht durch marktförmiges Denken imprägniert und bestimmt werden?

Dies alles erzähle ich Ihnen nicht, um für den „American way of life" Reklame zu machen. Es liegt ja auch auf der Hand, welche Verluste eine Industrialisierung aller Lebensbereiche mit sich bringt. Jürgen Habermas, bei uns nicht unbekannt, spricht von einer „Kolonialisierung der Lebenswelt". Ich will nicht in eine Diskussion eintreten, in der die Vision eines ungebremsten Liberalismus als universelles Organisationsprinzip für alle Lebensbereiche dem Konzept der *sozialen* Marktwirtschaft gegenübergestellt wird, wie Sie es in Ihrer europäischen und deutschen

Tradition praktizieren. Mir geht es nur darum, festzuhalten, *daß* es diese Übersprungeffekte vom enger begrenzten Feld der Warenproduktion und -distribution und der Dienstleistung auf das Leben insgesamt *gibt,* soweit dieses Leben funktional organisiert wird.

Es ist klar, daß es *nicht die Marktwirtschaft allein* ist, die für Übersprungeffekte sorgt. Es mußte erst das Super-tool hinzukommen, der Computer, der mit der entsprechenden Software wirklich in der Lage ist, alles zu funktionalisieren, zu optimieren, effizienter zu machen und natürlich auch schneller.

Ich ziehe eine Zwischenbilanz der Beschleunigungsfaktoren:

● Das Lebenszeit-Weltzeit-Dilemma Hans Blumenbergs, das durch die Antwort der Religion entschärft werden kann, wird ohne diese Antwort zu einem *existentiellen Beschleunigungsfaktor.*

● Die Marktwirtschaft enthält in sich den Motor des Wettbewerbs. Auch er beschleunigt. Die Kurve der *Beschleunigung* wird mit der Industrialisierung *immer steiler.*

● Marktwirtschaft plus neuer Kommunikationstechnologie verschärfen noch einmal das Tempo und sorgen für Übersprungeffekte in alle Lebensbereiche.

IV.

Und nun meine These:
Nach dem Ende der obskuranten Totalitarismen der NS-Ideologie und mancher religiösen Fundamentalismen und nach dem Scheitern einer totalitären planwirtschaftlichen Ideologie steuern wir auf einen *universalen Funktionalismus* zu, von dem wir befürchten müssen, daß er auf neuartige und vielleicht raffiniert *subjektlose* Weise totalitär wird.

Gibt es noch weiße Flecken in der Landkarte unseres Lebens, die (noch) nicht funktionalistisch regiert werden? Gibt es Exklaven, die nicht beherrscht sind vom Kalkül des Nutzens?

Gott sei Dank gibt es sie noch. *Noch* können wir sehen, daß es auch anders geht. Vielleicht ist die Familie eine solche Exklave? Ich kenne noch Familien, in denen erfahren werden kann, daß Menschen auch dann etwas wert sind, wenn man von ihnen keinen Nutzen mehr hat. Die Beziehung zwischen Eltern und Kindern wird gewiß manchmal bestimmt von Nützlichkeiten und psychologischen Mechanismen, die man funktional beschreiben könnte. Aber das, was uns in der Familie trägt, ist die *Liebe,* die einfach da ist und nicht wirklich erklärt werden kann. Die Liebe ist gleichsam trans-funktionalistisch. Sie ist *die* trans-funktionalistische Gegenkraft.

Ich kenne aber auch schon Familien, in denen bis in die persönlichen Beziehungen hinein funktionalistisch und marktförmig gedacht wird: Wenn es nur um das Haushaltsgeld ginge, wäre die Sache wohl in Ordnung. Aber wenn Strichlisten darüber geführt werden, wer wie lange auf die Kinder aufgepaßt hat und wie viel Zeit er oder sie für die gemeinsame Haushaltsführung eingesetzt hat, dann hat der Ökonomismus auch die Familie ergriffen. Mein Eindruck ist: Der Ökonomismus, besser der *ökonomistische Funktionalismus* und das marktförmige Denken sind dabei, die letzten weißen Flecken in unserer Gesellschaft zu erobern.

Ich hoffe, Sie sehen in mir keinen theologischen Weltfremdling. Wie könnte ich sonst Präsident einer der großen amerikanischen Universitäten sein, deren Bedeutung auch und vor allem auf ihrem wirtschaftswissenschaftlichen Department beruht? In den Unterrichtsräumen und auf manchen Fluren in Georgetown stehen frei benutzbare Internet-Anschlüsse. Ich bin weit davon entfernt, ein Gegner der Marktwirtschaft und des Computers zu sein, und wenn es richtig ist, daß das Spiel von Angebot, Nachfrage und Wettbewerb in der Tat das beste und differenzierteste Steuerungssystem *für alle Funktionssysteme* ist, dann bin ich auch kein fundamentalistischer Gegner des Funktionalismus. Die Marktwirtschaft ist *das beste Wirtschaftssystem, das wir je hatten.* Ich möchte nur nicht, daß der Funktionalismus totalitär wird.

Adam Smiths „unsichtbare Hand" *ist nicht die Hand Gottes.* Es ist vielmehr eine Hand ohne Körper, eine Hand ohne Kopf, es ist eine *subjektlose* Hand. Das ist die Differenz, auf die es mir ankommt.

Es ist eine Differenz ums Ganze. Und es geht ums Ganze. Wo es ums Ganze geht, ist der Verdacht, jemand wolle sich des Ganzen bemächtigen, durchaus berechtigt. Sicher wäre ein losgelassener und von der neuen Kommunikationstechnologie beschleunigter Markt der New Economy, der keine anderen Kriterien mehr kennt als den Return on Investment, ein *Totalitarismus gänzlich neuer Art.* Kein machtbesessener Nachfolger Hitlers wäre zu fürchten, sondern die „*unsichtbare Hand", die nicht die Hand Gottes ist.* Die Verselbständigung von Sachzwängen oberhalb der politischen Entscheidungsmöglichkeiten ist eine Gefahr, die wir sehen müssen. Wenn wir die Politik überhaupt erhalten wollen, dann müssen wir der *Funktionalisierung aller Lebensbereiche* Grenzen setzen.

Dabei kommt es ganz entscheidend auf die Frage an, ob es gegenüber dem Funktionalismus überhaupt noch *ein Außerhalb* gibt. Noch nie war diese Frage nach dem *Außerhalb des Funktionalismus,* so dringlich. Gibt es so etwas wie ein „Prinzip der Unterbrechung", eine Aufhebung des Nutzenkalküls?

V.

Ja, es gibt dieses Prinzip der Unterbrechung, die Aufhebung des Nutzenkalküls seit mehr als 2.500 Jahren. Es ist für mich die wichtigste Tradition, die auch die Antwort auf meine persönlichen Lebensfragen bereit hält. Es ist die Tradition, deren Anfänge man in Deutschland neuerdings mit dem Begriff „*jüdische Aufklärung*" bezeichnet. Mir gefällt der gedankenlose Bindestrich-Begriff: jüdisch-christlich eigentlich nicht, weil er das Mißverständnis möglich macht, wir wollten das Judentum vereinnahmen. Aber diesmal geht es tatsächlich um etwas, das wir ohne Zweifel dem Judentum verdanken.

Israel hat zunächst sich selbst und dann die Menschheit darüber aufgeklärt, daß selbstgemachte Götter keine Götter sind. Überall da, wo das menschliche Handeln auf die Grenzen des Machbaren stößt, neigen wir Menschen dazu, unsere Interessen über die Grenzen der Realität hinaus zu verlängern. So entstehen Gottheiten, deren Haupteigenschaft ist, *funktional nützlich* zu sein. Daß sie ihre Existenz diesem ihrem funktionalen Nutzen verdanken, das hat Israel früh durchschaut. Die neuzeitliche Religionskritik von Feuerbach, Marx, Freud, entlarvt abermals diesen Projektionsvorgang aber seltsamerweise so, als hätte es nie eine *jüdische Aufklärung* gegeben.

Wer in der Antike eine Seereise antrat, opferte dem Poseidon. Der Bauer, der eine gute Ernte erhoffte, fing eine Wechselwirtschaft von Tausch und Opfer mit der Fruchtbarkeitsgottheit an. Für Krankheit, für Liebe, kurzum für jedes menschliche *Interesse* gab es eine göttliche *Adresse.* Und die Religionskritik der *jüdischen Aufklärung,* vorgetragen durch Propheten wie Jesaja, Ezechiel, Amos und im Grunde durch das ganze Alte Testament, entlarvt diesen Mechanismus der nützlichen Götter.

Der Gott Israels ist etwas *radikal anderes.* Er ist nicht die Verlängerung menschlicher Bedürfnisse, nicht eine Funktion *in* der Welt, er hat vielmehr die Welt geschaffen. Er ist nicht umstandslos der Name für den Nutzenkalkül, also das, was *wir* vielleicht aus *unserer Sicht* das Gute nennen. Er steht außerhalb und über dem Nutzenkalkül und ist daher auch selbst nicht kalkulierbar. Er ist geheimnisvoll und widersprüchlich. Seine Zeichen sind *Zeichen des Widerspruchs:* „Der Dornbusch, der brennt, aber nicht verbrennt", „die Jungfrau, die ein Kind bekommt", „der Löwe, der bei dem Lamm liegt".

Das neue und andere an diesem Gott war auch, daß er empirisch nicht vorgewiesen werden kann. Um seine Einzigkeit und Andersartigkeit zu sichern, darf es von ihm auch kein Bildnis geben, seine Präsenz zeigt sich vielmehr durch *große Zeichen des Vorbehalts*.

Das Zeitzeichen für Gott ist der Tag, an dem keine Zwecke verfolgt werden, an dem der Nutzenkalkül suspendiert ist, an dem keinerlei Arbeit getan werden darf: der Sabbat.

„An diesem Tag sollst du keinerlei Arbeit tun".

Arbeiten heißt Zwecke verfolgen. Die Welt der Arbeit ist die Welt des Funktionalismus. Der Tag des Herrn aber ist der Tag der großen Aussparung. Er ist herausgesprengt aus dem Kontinuum der Zeit und dem Kontinuum der Zwecke. All dies gilt auch für den Sonntag, der den Sabbat des Alten Testaments beerbt und durchaus auch für den Freitag des Islam. Der Tag es Herrn ist die große Auszeit, eine Installation gegen die Normalzeit, in der die Kräfte der Beschleunigung am Werk sind.

Seit mehr als 2500 Jahren machen Juden Erfahrungen mit dieser *anderen Zeit,* der *Zeit des anderen Gottes,* seit zweitausend Jahren die Christen und seit vierzehnhundert Jahren die Muslime. Ja, auch die Muslime mit ihrem heiligen Freitag gehören zur großen monotheistischen Familie, die alle sieben Tage feiert.

Wie sehen nun unsere Erfahrungen aus? Es lohnt sich, sie etwas näher zu inspizieren: Was tun wir eigentlich, wenn wir nicht arbeiten? Wir spielen, feiern, luxurieren... Autoren wie Huizinga, Hugo Rahner und Gadamer sehen im Spiel einen Hinweis auf die transzendentale Struktur des menschlichen Lebens. Der Tag des anderen Gottes wird gesteigert durch das "heilige Spiel" des Gottesdienstes. Indem er den Schöpfer allen Lebens preist, verläßt der feiernde Mensch das Gravitationsfeld seines Ich. Im Gebet überantwortet er sich und seine Zwecke seinem Gegenüber. In diesem Sinne betont das Konzil zu recht, daß die Eucharistie ein Gipfel des christlichen Lebens ist. (In einem anderen Sinne ist natürlich die tätige Liebe, die in der Hingabe des eigenen Lebens ihr höchstes Beispiel hat ein noch größerer Gipfel.)

Streng genommen können wir niemals wirklich *nichts tun*. Was aber geschieht konkret, wenn wir nicht arbeiten, aber auch nicht nichts tun können?

Der kurze Horizont des gebückten Arbeiters weitet sich zum Gesichtsfeld des Müßigen, der nun Zeit hat, sich und seine Sachen zu bedenken. Der Sabbat ist der Tag der Nachdenklichkeit. Nach-Denken, das heißt wohl, im Geiste die Ereignisse der vergangenen Woche, die Geschehnisse der verstrichenen Zeit nachzufahren, diese Erfahrungen zu beurteilen und zu verwerten. Zusammenhänge werden oft nur erkennbar, wenn man auf Abstand geht. So entsteht eine *parteiliche memoria*. Wir bewerten unsere Taten. Was schlecht war, werden wir das nächste mal besser machen.

Der Sabbat als eine Zeit des Nach-Denkens ist auch die *Zeit der großen Fragen*. Etwa der Frage nach dem Woher. Woher komme ich? Woher kommen *wir*? Wie hat alles angefangen? So blicken wir zurück. Dann aber drehen wir den Blick und blicken nach vorne. Jetzt sollte ich besser vom Sonntag reden, dem ersten Tag der Woche an dem alles in österliches Licht getaucht ist. Es ist der Tag der Auferstehung, der prospektive Feiertag der Zukunft. Jetzt fragen wir uns nach den Zielen, dem großen Ziel unseres Lebens und nach den kleinen der nächsten Woche. Bestimmte Fehler werden wir nicht mehr machen. Aber da sind Probleme zu lösen und wir denken uns Lösungen aus. Auf die Lösung wären wir gewiß nicht gekommen, wenn wir nicht aus der

Umzingelung pausenloser Arbeit befreit worden wären. Für die Lösung brauchen wir Abstand, den freien Kopf. Wir brauchen den Sonntag. Der Sabbat und der Sonntag, das sind die Tage, an denen die guten Ideen sich einstellen, der Tag von Innovation und Erfindung.

So könnte man sich fragen, ist dieser Tag wirklich ein Tag ohne Nutzen? Der deutsche Dichter Thomas Mann hat in seinem Roman „Joseph und seine Brüder" ein wunderbares Wort gefunden, das hier sehr gut paßt: Es geht um das *„Übernützliche"*. Der Sonntag ist „übernützlich", trans-funktional.

Aber nun sehen wir etwas Überraschendes: im Sabbat gibt es so etwas wie ein *transfunktionalistisches Paradox*- nennen wir es *„das Sabbatparadox"*: Die Aufhebung des Zwangs zur Nützlichkeit gibt dem Nutzenkalkül ein positives Vorzeichen, ermöglicht die Frage nach dem Nutzen des Nutzens und eröffnet eine lange Perspektive. Die Auszeit, die die kurze Zeit der Arbeit unterbricht, wird zur Agentur der langen Zeit.

Tempi, Tempi! Wir leben von verschiedenen Geschwindigkeiten. Manchmal ist es richtig, Tempo zu machen: Presto, prestissimo! Manchmal ist das Mittel der Wahl, auf die Bremse zu treten und manchmal müssen wir heraustreten in den *Sabbatraum*. Es geht um nichts weniger als um die Rettung des Subjekts, um die Rettung der Freiheit. Doch das Subjekt ist keine Monade. Der Sabbat ist dem ganzen Volk geschenkt, der ganzen Gemeinde einen privaten Sabbat und Sonntag gibt es nicht. Für uns alle kommt es darauf an, daß wir uns nicht einem Konformismus der Beschleunigung unterwerfen. Ein eindimensionaler *Beschleunigungskonformismus* vernichtet den Reichtum des Lebens.

Das Sabbatparadox ist eine kulturelle Erfahrung, die auch erklärt, warum der Fortschrittsgedanke in der jüdisch-christlichen Hemisphäre so folgenreich geworden ist. Keine andere Kultur hat sich als so innovativ erwiesen. Das gilt auch für Wissenschaft und Technik. Im Vergleich der Kulturen fällt auf, daß es viele ausdifferenzierte Gesellschaften und Hochkulturen gegeben hat. Aber es ist die jüdisch-christlich geprägte Kultur gewesen und phasenweise auch die islamische, in der die moderne Zivilisation möglich wurde.

Der vorweltliche Gott, dessen Tag der Sabbat ist und der Sonntag, er sorgt dafür, daß diejenigen, die darauf aus sind, seinen Willen zu erforschen und zu tun, sich immer wieder vom Ist-Zustand abstoßen. Die Welt, wie sie ist, *ist nicht alles*, die Welt muß verändert werden. Die Schemata des Bestehenden werden transzendiert, der Exodus aus dem Sklavenhaus des Bestehenden ist eine Grundfigur christlicher eschatologischer Praxis.

Noch einmal: Wir fürchten nicht den Funktionalismus, wir sind sogar funktionalistisch gesehen besonders erfolgreich, aber wir sind dagegen, daß die Welt des Funktionalismus absolut gesetzt wird und deshalb sind wir erfolgreich. Daher ist, wenn es denn tatsächlich die Gefahr eines funktionalistischen ökonomistischen Totalitarismus gibt, die monotheistische Tradition der Unterbrechung von einer überraschend aktuellen Kostbarkeit.

So hat der Sabbat zwei Gesichter:

Der Sabbat, der Sonntag, ist der Tag der Unterbrechung, an dem sich die Frommen versammeln. Für sie ist er das Zeitzeichen Gottes. Sie treten ein in den Garten der Erinnerung und des Eingedenkens. Sie gehen auf Abstand zur Welt des funktionalen Nutzens. Die großen Fragen unseres reichen aber endlichen Lebens werden bedacht, Erlösung wird ausgerufen, die Zeitangst verschwindet, Trost wird gespendet, Gott wird gepriesen. Das ist das eigentliche, das fromme Gesicht des Sonntags.

Das zweite Gesicht des Sabbats wird sichtbar, wenn man erkennt, wie positiv sich die Installation des Transfunktionalen auf die funktionale Welt auswirkt. Daher verteidigen diesen Tag auch die klugen Ökonomen als den Tag des übernützlich Nützlichen. Die Klugheit der Ökonomen besteht nämlich darin, daß sie erkannt haben, daß der Schritt heraus aus dem Alltag der Arbeit den Zielen des Unternehmens mehr nützt als ein gedankenloses Weitermachen im immer Gleichen. Sie wissen vielleicht gar nicht, daß diese Klugheitsregel ein monotheistisches Erbe ist.

Wer auf Innovationen, auf Kreativität aus ist, der muß den Sabbat und den Sonntag verteidigen. Der Nutzen des Übernützlichen hat auch diese säkulare Seite. So ist es im Grunde sehr leicht, für den Sonntag/Sabbat zu argumentieren. Wenn wir sehen, daß die Unterbrechung des absoluten Funktionalismus funktional nützlich ist, dann treffen sich die Frommen mit den Pragmatikern. Und warum sollten die Pragmatiker nicht fromm und die Frommen nicht pragmatisch sein? Uns Amerikanern jedenfalls ist dieser Gedanke nicht fremd. Wir sind transökonomische Ökonomen und transfunktionalistische Funktionalisten. Ich diskutiere übrigens nicht über Ladenschlußzeiten, die es bei uns nicht gibt. Aber die Mehrheit der Amerikaner geht am Sabbat oder Sonntag in eine Kirche oder Synagoge.

VI.

Was bedeutet der Sabbat, die Einsicht in das Paradox des Sonntags, seine übernützliche Nützlichkeit für unsere Bildungsinstitutionen?

Was bedeutet eine transfunktionalistische Herangehensweise für das Bildungswesen angesichts der neuen Herausforderungen? Wenn wir darin übereinstimmen, daß die unsichtbare Hand des Marktes nicht automatisch die Hand Gottes ist, dann kann eine *besinnungslose* Industrialisierung des Bildungswesens nicht das Mittel der Wahl sein.

In Europa findet, seit Tony Blair Bildung als „Megathema" ausgerufen hat, eine sehr grundsätzliche Debatte statt. Sie ist zweifellos ausgelöst durch reale Probleme. Da ist die Globalisierung der Märkte, die zu einem weltweiten Wettbewerb geführt hat, und da ist - damit zusammenhängend - das Problem der Arbeitslosigkeit. Viele Politiker haben die Bildung als Rohstoff für ein Land erkannt, das sonst keine Bodenschätze hat und waren sehr schockiert, als die TIMSS-Studie zum Vorschein brachte, daß ihr Land in einem internationalen Vergleich in den naturwissenschaftlichen und mathematischen Fächern einen hinteren Rang einnahm. In der Wirtschaft mangelt es an Software-Spezialisten. So legt sich eine Fragestellung nahe, die sich etwa so anhört: „Wie kann das Ausbildungssystem an die durch schnellen Wandel und harte Konkurrenz gekennzeichneten Bedürfnisse des Beschäftigungssystems angepaßt werden?" Der Bundesverband deutscher Banken faßt das Pensum der Bildungsreform in dem folgenden programmatischen Text zusammen, mit dem er zu einem Bildungssymposion einlädt:

„Die Arbeitswelt verändert sich grundlegend. Mehr und mehr liegt der Schlüssel zu wirtschaftlicher Leistung in Bildung und Wissen. Damit ist das deutsche Bildungssystem gefordert: Welche Inhalte müssen Schulen und Universitäten vermitteln und welche institutionellen Reformen sind notwendig, damit Deutschland auf dem Weg in die New Economy nicht den Anschluß verliert?"

Schon die Fragestellung macht eindeutig die Schule zum Vorfeld der Wirtschaft. So könnte es einen Streit geben zwischen denen, die an traditionellen Bildungsinhalten- und Strukturen festhalten wollen und denen, die Schule zum Zubringer des Beschäftigungssystems machen wollen - ein Streit zwischen Modernisierern und Traditionalisten. Vielleicht stehen wir vor einem Verdrängungswettbewerb zwischen neuen und traditionellen Schulfächern, oder mindestens doch zwischen den harten und den sogenannten „weichen" Schulfächern, die bei den neuen Verfahren der Qualitätssicherung durch den Rost fallen müßten.

Was müßte in diesem Streit ein kluger Modernisierer vorbringen? Ein Modernisierer, der die Schule zur Funktion des Wirtschaftslebens machen will? Dem *klugen Modernisier*er würde zunächst etwas auffallen, was mit unserem Thema, also mit den unterschiedlichen Geschwindigkeiten zusammenhängt. Es gibt nämlich mindestens zwei Tempi: das Tempo der Wirtschaft und das Tempo unseres Lebens.

Computergenerationen mögen in immer kürzerem Abstand aufeinander folgen, Warenumlaufzeiten und Produktionszyklen immer kürzer werden, deswegen wird kein Kind und kein Jugendlicher schneller erwachsen. Unsere Gattungsgeschichte hat uns unsere Lebenszeit zugemessen. Sie ist ein Rahmen, der nicht oder doch nur in Maßen verändert werden kann. Zwar leben wir, dank des medizinischen Fortschritts im Durchschnitt so lange wie noch nie in der Geschichte der Menschheit. Aber Kindheit und Jugend - wir können sie nicht beschleunigen!

So wird ein kluger Modernisierer, der zunächst nichts anderes will, als die Schule zur Funktion der Wirtschaft zu machen erkennen, daß bei einer hohen und wahrscheinlich noch weiter steigenden Wandlungsgeschwindigkeit der Ökonomie, die Arbeitswelt, in die ein Jugendlicher eintreten wird wenn er die Schule verläßt, eine ganz andere sein wird, als die, mit der er es derzeit zu tun hat. So wird er unterscheiden zwischen einem Faktenwissen von hoher Durchlaufgeschwindigkeit und dem, was bleibt.

In der Bildungsdebatte ist eine Metapher anzutreffen, die beim ersten Hören eindrucksvoll glitzert. Ich meine die Rede von der „Halbwertzeit des Wissens", die angeblich immer kürzer wird, weil das Wissen angeblich immer schneller veraltet. Hier wird das Wissen mit Produktionszyklen verwechselt. Natürlich gibt es ein Wissen, das schnell veraltet. Zum Beispiel Gebrauchsanweisungen für Wegwerfgeräte, deskriptive Daten, die Prozesse beschreiben, die sich schnell wandeln, die Einwohnerzahl von Kairo, Telefonbücher. Aber wie schnell veraltet das kleine Einmaleins oder das periodische System der Elemente?

Basiswissen, Dispositionswissen und die sogenannten Schlüsselkompetenzen veralten so gut wie gar nicht. Daher wird sich unser Modernisierer auf sie konzentrieren. Was aber ist eine Schlüsselkompetenz?

Sind mathematische Kenntnisse Schlüsselkompetenzen oder Basiswissen? Über die Bedeutung von Mathematik und Logik sind sich immer alle einig. Wer nicht Naturwissenschaftler oder Techniker werden will, für den reicht es aber wohl, wenn er gut rechnen kann. Logik ist aber auch ein Gegenstand, der eng mit der Sprache verbunden ist.

Das Verständnis für den Umgang mit der eigenen Sprache, ihrer Grammatik ihren Metaphern und Bildern wird auch in fünfzig Jahren noch nicht veraltet sein. Auch nicht die Kenntnis anderer Sprachen. Wir Amerikaner und die ganze Familie der englisch sprechenden Länder haben es da leicht, wir sprechen die lingua franca schon als unsere Muttersprache, aber für alle anderen ist es in einer globalen Wirtschaft immer wichtiger, Englisch zu können. Die Europäer, die immer besser zusammenkommen, sollten auch ihre Nachbarn verstehen, das heißt auch die Sprache des anderen sprechen. Das alles würde doch ein kluger Modernisierer bedenken. Lernen unter dem Gesetz des schnellen Wandels ist Lernen für die longue dureé. Lernen für die lange Dauer hieße für ihn neben dem Erwerb der nachhaltigen Wissenstypen vor allem *das Lernen zu lernen*. Dies erscheint ihm, weil er sie sein Leben lang wird brauchen können, die entscheidende meta-kognitive Schlüsselkompetenz zu sein.

Zum Lernen gehört eine Menge: Konzentrationsfähigkeit, Fleiß und das handwerkliche Beherrschen von Lernhilfen. Zum erfolgreichen Lernen gehören auch bestimmte Charaktereigenschaften, wie Selbstdisziplin und die Fähigkeit zur Selbstmotivation. Lernen hat eindeutig eine soziale Dimension. Vieles, was nur im Umgang mit anderen gelernt werden kann, setzt voraus, daß zwischen Imitation und beherrschtem Konflikt ein ganzes Spektrum von Verhaltensmustern eingeübt wird, vor allem die Teamfähigkeit. Wenn Lernen mit Charaktereigenschaften zu tun hat, dann hat es auch mit Erziehung zu tun. Und eine gute Erziehung ist am Ende immer Selbsterziehung. Selbsterziehung freilich nicht nur im Eigeninteresse sondern in eine Gemeinschaft hinein und für die Gemeinschaft.

Lernen lernen setzt natürlich den selbstverständlichen Umgang mit Computer und Internet voraus. Doch darum macht sich ein kluger Modernisierer deswegen keine Sorgen, weil er erkannt hat, daß das neue Medium so viele Reize und Gratifikationen anbietet, daß es gleichsam für sich selber sorgt. Man hört die Befürchtung, daß wir demnächst in einer Gesellschaft leben werden, die gespalten ist in diejenigen, die das neue Medium zu ihrem Vorteil nutzen und einen Rest, der zurückbleibt. Ein kluger Modernisier, der, wenn er wirklich klug ist, natürlich auch eine gesellschaftliche Verantwortung spürt, wird das beobachten. Aber er weiß, daß das neue Medium als Wettbewerber so gut am Markt liegt, daß der Schule in ein paar Jahren kaum mehr die Aufgabe zufallen wird, mit seiner Bedienung vertraut zu machen. Der Computer ist daher weniger ein *Gegenstand*, als ein *Hilfsmittel* des Lernens.

Die Nachfrage des Marktes nach Software-Spezialisten - ein großes Thema der deutschen Politik - wird sich nach den bekannten Marktmechanismen von selbst befriedigen. Wenn sie knapp sind, werden sie gut bezahlt werden. Wenn sie gut bezahlt werden, wird es sie alsbald geben. Dafür muß nicht die Struktur des Bildungswesens geändert werden.

Wenn demnächst alle Schulen in Deutschland am Netz sind, ist die Bildungsreform damit keineswegs abgeschlossen. Für einen klugen Modernisierer fängt sie dann eigentlich erst an. Welche Rolle sollen Computer und Internet in Schule und Hochschule spielen?

Man wird es wissen, wenn man es ausprobiert. Einiges kann man jetzt schon sagen: Wenn die Menge des Wissens so gewaltig wächst und Vieles so schnell veraltet, wird es darauf ankommen, die Übersicht zu behalten, sich nicht vollzustopfen mit ephemerem Datenmüll. Da kommt es auf die Kunst der Unterscheidung an und auf eine gewisse *gelassene Durchlässigkeit*, auf die Kunst, auch wieder vergessen zu können.

Mit dem Computer Lernen lernen heißt freilich nicht nur, die richtige Suchmaschine im Computer in Bewegung zu setzen, es heißt auch, bestimmten Angeboten zu *widerstehen*. Im Internet findet sich viel, sehr viel Wertloses. Es spricht auch zweifelhafte Bedürfnisse an. Es ist auch ein Medium der Zerstreuung, ein Werbemittel für Überflüssiges und Kriminelles.

Ein kluger Modernisierer hält viel von einer Pädagogik, die sich am Einzelnen und seiner Fähigkeit zur Selbstbestimmung sowie zur Einbindung in die Gemeinschaft orientiert. Wenn es ihr mit der Rede vom Subjekt und seiner Freiheit ernst ist, dann müßte sie Kompetenzen ausbilden helfen, welche die finale Souveränität aller Benutzer, einfacher gesagt, ihre Freiheit gegenüber dem Medium retten.

Eine der sensationellen Fähigkeiten des Computers ist, daß er uns nicht nur über das Internet mit anderen Personen in Verbindung bringen kann, er tritt uns selber als Quasi-Person gegenüber. Weil er Interaktion simulieren kann, kommt es darauf an, die Differenz zwischen Menschen und Computern nicht zu vergessen. Die Welt der neuen Medien ist eine vernetze Welt von Welten, mit der Fähigkeit, immer neue hervorzubringen. Die Vielheit der möglichen Welten bleibt aber eingelassen in die einzige reale Welt, und am Ende ist es immer ein einzelner Kopf der vor dem Computer sitzt. Er, besser gesagt wir, müssen die Herrschaft über die Maschine behalten. Und nun die Frage: Wie würde ein kluger Modernisierer im Interesse des Beschäftigungssystems mit dem Sabbatparadox umgehen?

Was für Menschen stellt er sich vor? Wie muß die Bildung konzipiert werden, die zunächst einmal nur dem Wirtschaftsleben nützt? Natürlich würde er, die Lehre aus dem Sabbatparadox beherzigen. Er würde sich vieles leisten, was nicht den unmittelbaren Ausweis der Nützlichkeit zeigen kann. Sein optimal gebildeter Mensch würde vielleicht Gedichte schreiben, künstlerisch aktiv sein, vielleicht würde er präkolumbianische Keramik sammeln oder Fotografien der fünfziger Jahre. Seine hohe politische Urteilsfähigkeit hinge mit seinen ansehnlichen Geschichtskenntnissen zusammen. Sein Lieblingskomponist wäre Archangelo Corelli. Er selbst spielte Saxophon - manchmal wie in alten Zeiten auf der Universität mit einigen Freunden.

Auf die Herausforderungen der Beschleunigung würde ein kluger Modernisierer gleichsam *antizyklisch* reagieren, weil er weiß, daß die Widerlager und Stabilisatoren unserer Kultur zum *knappen Gut* werden und daher kostbar. Wo sich vieles so rasch und rapide verändert, muß es einen harten Kern geben, der Identität verbürgt. Gerade damit wir den Beschleunigungsdruck aushalten können, dürfen wir uns *nicht beschleunigungskonform* verhalten. Das Wirtschaftsleben braucht gefestigte, charaktervolle Führungspersönlichkeiten. Aber was ist mit der Mehrzahl der Bevölkerung? Auch sie braucht Kontinuitäten und Identität. Sie braucht das kommunitäre Gerüst der *Lebensform als Gemeinschaft* mit Werten, die sie zusammenhält. Daher ist es ist es im wohlverstandenen Interesse der Wirtschaft, daß es ein öffentliches Bildungswesen gibt, das *kompensatorisch* wirkt, weil es nicht auf den Markt des Tages blicken muß. Das öffentliche Bildungswesen und die Wirtschaft können aber nur dann komplementär wirken, wenn sie *nicht ineinander fließen*. Hier gibt es eine sinnvolle Arbeitsteilung.

Eine Wirtschaft, die kurzfristig Geld verdienen muß, schafft es nicht, für all das zu sorgen, was sie langfristig braucht. Deswegen helfen die Schulen und Hochschulen dem Beschäftigungssystem dadurch, daß sie Bildungsinhalte ausweisen, die dem Gedächtnis, der kulturellen Identität und der Erinnerung dienen, die für Kontinuität sorgen. Das Sabbatparadox lehrt, daß Musik-, Kunst- und Literaturunterricht, ja daß im Spezialfall sogar Latein und Griechisch langfristig und aufs Ganze gesehen wegen ihrer übernützlichen Potenzen auch der Wirtschaft nützen. Vielleicht sogar mehr als die Einführung eines Schulfachs Wirtschaftskunde. Solche Sabbatinhalte, Sabbaträume und Sabbatzeiten brauchen wir in unseren Schulen. Sie sind Inseln der Reflexion und der Selbstentfaltung und machen den Horizont weit. Sie nützen langfristig auch dem Beschäftigungssystem. Aber sie nützen vor allem dem Leben.

Wenn wir als Antwort auf die neue Bedrohung durch einen ökonomistisch-funktionalistischen Totalitarismus neuer Art, die monotheistische Sabbat-Tradition aufrufen, wenn wir erkennen, wie höchst aktuell *die trans-funktionalistischen Kräfte des christlichen Erbes* sind, dann sind wir keine anti-modernistischen Verächter der New Economy, dann zeigen wir vielmehr, daß wir, indem wir statt des Return on investment *das Leben* als oberstes Kriterium ansetzen, sogar für die Ökonomie übernützlich nützlich sind.

Doch lassen wir zum Schluß die Perspektive eines klugen Funktionalisten hinter uns. Es gibt ein Wissen, das mehr ist, als das Wissen um-zu! Mir hat Kants Formulierung vom "interesselosen Wohlgefallen" immer großen Eindruck gemacht. In der Betrachtung der Dinge, der Natur, nicht um sie zu beherrschen, sondern um sich an ihnen zu erfreuen, spüre ich meine Verwandtschaft mit dem, der sie gemacht hat. Uns bleibt eine ferne Erinnerung. Es ist die Erinnerung an eine alte Geschichte, in der es einen Baum gab, den Baum der Erkenntnis von gut und schlecht. Wir wohnen nicht mehr in Eden. Das ist sehr wichtig zu wissen. Aber wir wüßten immer noch sehr gerne, wie seine Früchte schmecken, nur so, um an einem göttlichen Vergnügen teilzuhaben. Ich bin überzeugt: Auch dafür gibt es eine Zeit!

Macht Wissenschaft glücklich?
Wie Wissenschaft den Menschen kränkt, und wie sie
dennoch zur Heiterkeit des Geistes beiträgt

Heinz Duddeck

Macht Wissenschaft glücklich? Eine törichte Frage? Denn Wissenschaft frage doch nur danach, wie etwas ist, was die Welt bewegt, sie im Innersten zusammenhält. Nicht nach der Befindlichkeit des Menschen, und schon gar nicht, wie er glücklich werde. Etwas eingeschränkter gefragt: Macht das aus Wissenschaft gewonnene Wissen glücklich? Auch dies eine unzulässige Frage? Denn Glücklichsein ist ein Zustand der Seele, Wissen dagegen der Ertrag von Anstrengungen des Kopfes. Glücklich, das sind doch eher die Naiven, die Leichtköpfigen, die Verliebten etwa, - sagen die Schwerköpfigen, die da angekränkelt sind von der Gedanken Blässe. Macht wissenschaftliches Wissen eher unglücklich? Oder zumindest unfähiger, glücklich zu sein? Neiden etwa deshalb die Götter, die doch die Wissenderen sind, den Menschen das Glück?

Der Mensch kann offenbar glücklich sein, sonst strebte er nicht danach. Sind dagegen Götter glücklich? Oder weniger gewagt gefragt: Ist Maria, dort wo sie heute ist, glücklich? Weil sie so wundersam helfen kann? Abermals törichte Fragen? Und warum sind Götter nicht glücklich? – Weil Glück das Leid als Pendant braucht?

Ich will davon reden, wie Wissenschaft das Selbstverständnis des Menschen kränkt und wie er sich dennoch die Heiterkeit des Geistes gewinnt. Die Heiterkeit des Geistes ist freilich noch nicht Glück, doch vielleicht die weiteste Annäherung daran, die über Wissen gewinnbar ist. Da begibt sich ein Ingenieur auf unsicheres Terrain. Dies wird kein wissenschaftlicher Vortrag. Eher eine Reflexion über die Konsequenzen wissenschaftlicher Ergebnisse. Fragen eher als Antworten. Lesefrüchte auch. Und was einem so durch den Kopf geht, wenn man – z. B. auch in Akademien – erfährt, was die Wissenschaften leisten und worauf sie zielen.

Wissenschaft und Glück

Wissenschaft lasse sich nicht mit Glück verbinden? Mitnichten. Wissenschaft, bei den Griechen die umfassender verstandene „Philosophie", begann damit, zu fragen wie man glücklich werde. Aristoteles: „Glück ist das höchste Gut. Alles was der Mensch tut, ist darauf gerichtet. Lebensziel ist nicht Tugend um ihrer selbst willen, sondern ist Glück, Eudämonie, Glückseligkeit". Dies steht bezeichnenderweise im 10. Buch der Nikomachischen Ethik. Moralisch handeln und glücklich sein, sei ein- und dasselbe. Glück gehöre in die Kategorien der Ethik, nicht zur Psychologie. Das Erkennen der Weltordnung führe zum glücklichen Seelenzustand, denn die Seele ist Spiegel und Teil des Weltganzen. Philosophie ist bei den Griechen auch die Wissenschaft vom glücklichen Leben. Und schon vor Aristoteles meint Sokrates, also Platon: Es sei unmöglich, glücklich zu sein, wenn man gegen eigene Überzeugungen handle. Deshalb werde jemand, der weiß, was richtig ist, dies auch tun. Denn niemand möchte unglücklich sein. Also müsse man nur herausfinden, was für den Menschen gut ist, dann werde dieses Wissen zum Glück führen. Dies ist für uns heute reichlich naiv. Platon hatte noch nicht Freud gelesen. Der Mensch ist viel komplexer. Der Weg vom Wissen zum tugendhaften Tun ist weit, der vom Wissen zum Glücklichsein noch viel weiter.

Titus Lucretius (97 – 55 v. Chr.), von Epikur beeinflußt und von großer Wirkung auf die Renaissance, sagt in „De rerum natura": Dem Glück und dem Seelenfrieden des Menschen stehen Götterfurcht, Aberglauben und Todesangst entgegen. Man müsse ihn durch rationales Wissen davon befreien. Die Seele sei sterblich. Es habe noch keinen Menschen gequält, tot zu sein. Wieso denn die Angst davor? – Also: Wissen befreit zum Glücklichsein?

Noch Kant definiert: „Das höchste in der Welt mögliche und ... als Endzweck zu befördernde physische Gut ist die Glückseligkeit, unter der ... Einstimmung des Menschen mit dem Gesetze der Sittlichkeit, als der Würdigkeit, glücklich zu sein" (Urteilskraft § 87). Das höchste Gut ist die Vereinigung von Tugend und Glückseligkeit.

Am Anfang der Wissenschaften, da fragten diese sehr wohl danach, wie der Mensch glücklich werde. Das Suchen nach Wissen hat die Glückseligkeit als Ziel. Aristoteles definiert drei Weisen des Glücklichseins in hierarchischer Ordnung:

1. Ein Leben der Lust und der Vergnügungen, was Sklaven und Tieren gemäß sei.
2. Ein Leben als freier, verantwortlicher Bürger in Tugend und Rechtschaffenheit, das auf Ehre zielt.

Die höchste Form des Glückes sei jedoch 3. die als Forscher und Philosoph, die Selbstbetrachtung der Seele, die intellektuelle Suche nach Wahrheit durch den Gebrauch von Vernunft. Es sei jedoch ein hinreichend Maß an Reichtum nötig, um Kontemplation zu ermöglichen. Der Gewinn von Wissen, also Wissenschaft, erzeuge Glückseligkeit. Diese Glückseligkeit ist nach innen gerichtet, nicht auf Sachen und Besitz. Sie ist ein Zustand des Geistes und der Seele.

Aristoteles fordert, daß der Staat, also die Politik, danach suchen solle, was dazu beiträgt, den Menschen glücklich zu machen. Dies steht dann auch in der Declaration of Independence der USA von 1776. Daß der Schöpfer den Menschen mit unveräußerlichen Rechten ausgestattet habe, wozu Leben, Freiheit und das Streben nach Glück gehören, und daß eine Regierung diese

Rechte zu sichern habe. Die amerikanische Unabhängigkeitserklärung ist nicht nur ein Produkt der Aufklärung, des englischen Empirismus von John Locke und Francis Hutcheson, der das sozialethische Prinzip des „größtmöglichen Glücks für die größtmögliche Zahl" einforderte. Die Unabhängigkeitserklärung greift auch auf griechisches Demokratie-Verständnis zurück: Regierungen sind nicht von Gottes Gnaden, wie Kaiser und Könige. Freilich, von allen politischen Idealen ist der Wunsch, die Menschen glücklich zu machen, vielleicht der gefährlichste, sagt Karl Popper.

Wo es Philosophen gibt, auch christliche wie Thomas von Aquin, gibt es auch das Suchen nach Glück. Die angebotenen Definitionen und Wege hierzu sind so vielseitig wie unsere 3000 Jahre alte Geistesgeschichte. Selbst der Begründer der neuzeitlichen Wissenschaften, Francis Bacon, sieht in der an das Gemeinwohl orientierten vita activa einen Weg zum Glück. Leibniz schreibt, sittliches Handeln habe das Glück zum Ziel. Wenn sich der Einzelne vervollkomme, fördere er nicht nur sein eigenes Glück, sondern auch das Glück der Allgemeinheit. Hierin steckt die Idee des Fortschritts: Dem Menschen sei es aufgegeben, die Welt zum Besseren hin zu verändern. Die Aufklärung setzt dem christlich bedingten statischen Weltbild die Theorie des Fortschritts als Weg zu größerem Glück entgegen.

Der Plan der Schöpfung, wissenschaftlich nüchterner: die biologische Evolution, sieht jedoch nicht vor, den Menschen glücklich zu machen. Wahrscheinlich auch nicht den voll Lebenslust zwitschernden gefiederten Sänger auf der Tannenspitze. Das Glücklichsein des Menschen ist ein Produkt der Kultur. Also muß der Mensch sich seine Glückseligkeit erobern.

So, dies mag genug sein, um aufzuzeigen, daß die Humanwissenschaften sehr wohl darauf aus sind, Wege zum Glück zu finden. Da ist schon so viel vom Glück die Rede, daß Ludwig Marcuse, der andere Marcuse, auch spotten darf: „Ein glückliches Leben ist ein Leben, das frei ist vom hoffnungslosen Streben nach Glück". Und Horaz (Epist. I.6.I sq) vermerkt: „Nichts zu bewundern, Numicius, ist wohl die einzige Sache, glückselig zu machen". Diogenes klingt da an: Glück ist, nichts haben zu wollen.

Parabel von wissenschaftlicher Welt und Lebenswelt

„Der Arzt stellte fest, uns werden Zwillinge geboren", sagt sie. „Komm, laß uns wie Faustus zu Demeter gehen" (Sie weiß freilich nicht, daß Faustus nicht zu Demeter, sondern zu den „Müttern der Erde" in den sizilianischen Tempeln der Kreter ging). Tief im Berg bei den Eleusischen Mysterien erscheint Demeter. „O, weise und große, allumfassende Göttin der Fruchtbarkeit gib unseren Kindern deinen Segen". Da raunt es im heiligen Gewölbe: „Ihr kommet zu guter Zeit, denn heute jährt sich mein Geburtstag, an dem die Menschen mich erdachten, zum 3.000sten Male. So seien euch zwei Wünsche gewährt." Männer sind selbst vor Göttern vorlaut. Daher beginnt er: „Laß eines unserer Kinder alles Wissen der Welt begreifen, auf daß es weise wird". – Sie sagt: „Laß mindestens eines von ihnen glücklich sein in und an der Welt, so wie sie ist".

Es gäbe auch einen Wunsch dazwischen: „Laß eines von ihnen so viel wissen, wie es braucht, die Welt mit eigenen Werken zum Besseren hin zu ändern." Daraus wäre vielleicht ein Ingenieur geworden. Da es aber nun keine Drillinge waren ...

Und als 60 Jahre vergangen sind, sagt Felicitas zu ihrem Zwillingsbruder Sophos: „Komm, laß uns zu Demeter gehen, ihr zu danken". Da raunt es wieder im heiligen Gewölbe der Erdgöttin: „So, ihr seid es. Nun, – habt ihr eure Gaben genutzet? O, ich sehe, Felicitas, du kannst mit dem Herzen denken, du hinterläßt eine goldene Spur. Warst du glücklich?" „Eigentlich ja, Göttin, doch zuweilen nicht, wenn mein Herz zerbrach am Leid in dieser Welt." – „Und du, Sophos? O, ich sehe, du bist ein großer Wissenschaftler geworden, der die Natur- und die Lebenswissenschaften als Einheit versteht. Warst du glücklich?" „Eigentlich nein, Göttin, doch zuweilen ja, wenn ich vergaß, wie die Wissenschaften den Menschen sehen." – „Ja, ja", sagt Demeter, „wo viel Wissen ist, da ist viel Grämens".

Da mir die Parabel nicht so gut wie Lessing gelingt, muß ich kommentieren. Selbstverständlich weiß auch Felicitas wie Sophos,
 – daß der so kurzlebige Mensch in die biologische Welt eingebettet ist,
 – daß er ein Produkt der biologischen Evolution ist, die auch sein Denken umfaßt,
 – daß sich das Weltall in 16 Milliarden Jahren entwickelt hat,
 – daß die Sonne in 5 Milliarden Jahren ausgebrannt sein wird und
 – daß sie dann die Erde in einem roten Feuerball vernichtet, mitsamt allen Kulturleistungen: Bach und Mozart, Dichter- und Philosophenworte, Wissenschaft und Technik und auch Mythen und Religionen.

Felicitas bringt sich dennoch, ihre 70 bis 80 Jahre Lebenszeit ganz bejahend, voll in ihre Lebenswelt ein. Sie ist dank Demeters Gaben auf natürlichste Weise – ohne den Umweg über ein Trotzdem – heiter, ja sogar glücklich und dabei ganz und gar nicht naiv. Wir jedoch hier im Saal? Waren etwa unsere Eltern bei Demeter? Also müssen wir uns schon selbst anstrengen, Heiterkeit und Glück zu finden.

Sophos hat es wegen der Wunschbitte seines vorlauten Vaters schwerer. Er weiß, was die Wissenschaft dem Selbstverständnis des Menschen angetan hat und noch immer antut. Daß z. B. alle Mythen von Weltwerdung und Lebenssinn wissenschaftlichem Fragen nicht standhalten. Sophos weiß, daß Weltall und Weltzeit den Menschen in Raum und Zeit so unendlich winzig machen. – Und er leidet daran. Obwohl doch Wissenschaft allein noch lange nicht das Ganze von Welterkenntnis ist. Er muß sich das Glück, die Heiterkeit in seiner Lebensspanne mit einem Trotzdem gewinnen. Daher Demeters: „Ja, ja, wo viel Wissen ist, da ist viel Grämens". Bei Kohelet in Prediger Salomo 1,18 heißt es in Luthers Übersetzung: „Wo viel Weisheit ist, ist viel Grämens, und wer viel lernt, muß viel leiden." Hiermit ist nicht nur die Haltung des Intellektuellen gemeint, der naive Unwissenheit für eine Voraussetzung zum Glücklichsein hält. Ein glücklicher Intellektueller, dies sei ein Widerspruch in sich. Deutsche sind hierin übrigens Weltmeister. Nietzsche vermerkt: „Wer viel Freude hat, muß ein guter Mensch sein: Aber vielleicht ist er nicht der Klügste, obwohl er gerade das erreicht, was der Klügste mit all seiner Klugheit erstrebt". Nein, hier ist mit dem Trotzdem eher gemeint: die Sinnsuche in einer Welt, deren Sinn Wissenschaft nicht erschließt. Hans Blumenfelds Fragen gehören etwa dazu. Und auch diese Verszeilen:

Zwei mal zwei gleich vier ist Wahrheit.
Schade, daß sie leicht und leer ist,
Denn ich wollte lieber Klarheit
Über das, was voll und schwer ist.

Emsig sucht ich aufzufinden,
Was im tiefsten Grunde wurzelt,
Lief umher nach allen Winden
Und bin oft dabei gepurzelt.

Endlich baut ich eine Hütte.
Still nun zwischen ihren Wänden
Sitz ich in der Welten Mitte,
Unbekümmert um die Enden.

Wilhelm Busch ist der Autor. Und er meint mit „Enden" das Woher, Wozu, Wohin des Menschen.
Und daß da in der Parabel Sophos der Wissenschaftler ist und Felicitas die Lebenswelt-Kluge, dies ist keine Geschlechter-Rollenverteilung. Einer von beiden mußte ja „mit dem Herzen denken können". Dies können Frauen halt besser.

Die Kränkungen des Selbstverständnisses des Menschen durch Wissenschaft

Zum Glück des Menschen gehört auch das Verständnis seiner selbst: Was er in dieser Welt eigentlich sei, woher er komme und wohin er gehe. Daher sei nun aufgezeigt, wie Wissenschaft das Selbstverständnis des Menschen veränderte und noch fortwährend ändert. Ich will die wesentlichen Kränkungen des Menschen durch Ergebnisse wissenschaftlichen Forschens skizzieren, die schon Sigmund Freud ausmachte. Ob es tatsächlich Kränkungen für uns Heutige sind, mag der Leser für sich selbst abwägen. Historisch jedoch führten sie zu heftigsten Reaktionen.

1. Kosmologie

Die erste Kränkung ist uns allen wohl vertraut. Sie ist der Verlust des geozentrischen Weltbildes. Sie hat ihren Anfang in der kopernikanischen Erkenntnis, daß die Erde keineswegs Mittelpunkt und einzigartig und die ganze Welt ist. Helios steigt nicht am Morgen mit feurigen Rossen aus dem Okeanos. Der Sonnengott der Inkas braucht nicht das Opfer lebender Herzen, damit die Sonne der Erde erhalten bleibt.
Da läßt freilich schon Aristarchos von Milos (310 – 230 v. Chr.) die Erde um ein Feuer kreisen und erklärt Tag und Nacht mit der Rotation der Erde um ihre eigene Achse. Weil Aristoteles eine solche Hypothese jedoch verwirft, braucht es 1800 Jahre bis zu Kopernikus. Der kannte Aristarchos Schriften. Vor Kopernikus: Da zielt das ganze Welttheater der Natur, der Gestirne, der erlebbaren Geschichtlichkeit allein auf den Menschen. Nicht nur die Erde, sondern auch er ist Mittelpunkt der Welt. Und weil er so einzig und Zentrum ist, hat er auch eine privilegierte Stellung zu Gott. Da tut die kopernikanische Kränkung weh.
Kopernikus ahnt, wie die Kirche reagieren würde. Erst auf Drängen des 25jährigen Wittenbergers George Joachim Rheticus werden die sechs Bände „De revolutionibus orbium coelestium" in Nürnberg gedruckt und gelangen 1543 wenige Stunden vor Kopernikus' Tod in dessen Hände. Andreas Ossiander aus Leipzig fügt ein eigenes Vorwort hinzu, daß dies alles nur Hypothesen seien. Kopernikus widmet die Bände vorsorglich und demutsvoll Papst Paul III, der doch ein so großer Liebhaber der Wissenschaften sei. Die Katholische Kirche toleriert zunächst Kopernikus. Sein Werk kommt erst 70 Jahre später 1616 auf den Index und bleibt da bis 1835. Martin Luther, Melanchthon und auch Calvin verurteilen Kopernikus scharf: Wer die Sonne anhält und die Erde in Bewegung setze, sei ein Narr, der die Schrift verhöhne. Giordano Bruno, der das Universum für unendlich erklärt mit vielen bewohnten Himmelskörpern, wird dafür – und weil er auch sonst die Kirche provozierte – im Jahre 1600 auf der Piazza dei Fiori in

Rom öffentlich verbrannt. Und als Galilei 1633 sagt, daß das Kopernikanische Modell kein Modell sei, sondern die Wirklichkeit, da greift die Inquisition zu. Denn diese Kränkung von Bibelwort und menschlichem Selbstverständnis ist damals – für uns heute kaum nachvollziehbar – unerträglich groß, und ganz besonders für das Welt- und Menschenbild der christlichen Kirche. Wer jedoch die wissenschaftlichen Leistungen zur Welterkenntnis als Fortschritt bewundert, ist auch damals nicht gekränkt, sondern eher euphorisch.

Diese Kränkung hat sich in den 460 Jahren bis heute mit den Ergebnissen von Astronomie, Astrophysik und Kosmologie unserer Zeit sogar noch ungeheuer verschärft. Auch Kant wußte noch nicht, daß sein gestirnter Himmel über ihm aus nicht abzählbaren Spiralnebeln, aus Milliarden von Sonnensystemen besteht und etwa 16 Milliarden Jahre alt und weit ist. Das Hubble Space Teleskop kann bereits 10 Milliarden Jahre weit in die Vergangenheit hineinsehen. Die Astronomen sehen jedoch nur das, was schon Milliarden Jahre vergangen ist, niemals das Heute. Und wenn zukünftige Teleskope 16 Milliarden Jahre tief ins All reichen, müßten sie ja eigentlich den Urknall, den punktförmigen kleinen Anfang sehen. Da ist noch viel Widersprüchlichkeit zu erklären.

Was ist da der Mensch in einem solchen Weltall? Blaise Pascal sagt schon um 1650: „Das ewige Schweigen dieser unendlichen Räume macht mich schaudern." Und wir, nach 350 Jahren und mit so viel mehr an Wissen, was sollen wir erst schaudernd sagen? Die päpstlichen Verfolger von Galilei ahnten, welche Fragen die Kirche als Folge astronomischer Erkenntnisse zu beantworten hätte: Wie hat Gott dieses Staubkorn Erde in seinem in Zeit und Raum so unendlichen Weltall überhaupt gefunden und dann noch zur rechten Zeit des Erwachens menschlichen Geistes. Und aus dieser Unendlichkeit: eine so persönliche Offenbarung den Menschen des Alten Testamentes? Und wenn wir demnächst der Erde gleichende Planeten anderer Sterne entdekken: Haben Lebewesen dort auch Gottes Offenbarung erhalten? Der biblische Gott hat ja nicht einmal China gefunden.

Die Ergebnisse der Kosmologie reduzieren den Schöpfungsakt Gottes auf das Schaffen der physikalischen Grundgesetze in den ersten Millisekunden nach dem Urknall. Diese Naturkonstanten des physikalischen Universums (z.B. der Energieverhältnisse in Kernen der Kohlenstoffatome oder die Verhältnisse von Expansion zu Schwerkraft) sind so fein eingestellt, daß um wenige Prozente geänderte Konstanten weder Sterne noch Leben zuließen. Das Universum hat eine physikalische Struktur, die die Existenz von Lebewesen wohl zuläßt, jedoch nicht zwingend macht. So die schwache Fassung des Anthropischen Prinzips (R.K. Cliften und R.H. Dicke 1961). Die starke Fassung lautet: Das Universum ist so beschaffen, daß es unweigerlich Beobachter, also den Menschen, hervorbringt. Dies kann man so deuten, daß Leben und damit der Mensch nicht Zufall (wie bei der Formulierung der schwachen Fassung), sondern geplant sind. Einwand dagegen: Hätten die Dinosaurier Wissenschaft betreiben können, sie wären zu dem Schluß gekommen, die Natur habe auf Dinosaurier hingearbeitet. Für beide Fassungen des Prinzips würde gelten: Gott greife in den 16 Milliarden Jahren seit dem Urknall nicht in die Welt ein, er wache höchstens über das Bestehenbleiben der Gesetze. Gott mußte lange warten, bis er mit intelligenten Menschen wie Moses und Hiob reden konnte. Und mit der Naivität meines masurischen Großvaters gefragt: Wo eigentlich im unendlichen All wohnt Gott mit seinen Engeln und Heiligen, wo? Dies kann Wissenschaft nicht beantworten. – Vielleicht wohnt er in den Köpfen und Herzen der Menschen, denn er ist ihnen so nahe.

Der Mensch erträgt diese kosmische Kränkung nicht. Er weicht ihr hundertfältig aus. Er ignoriert dieses Wissen in seiner Lebensumwelt. Er muß es vielleicht sogar, um Lebenszuversicht zu gewinnen. Wenn die Aussaat der Radieschen unter Maien-Vollmond eine reichere Ernte verspricht, dann wird auch heute noch die griechische Mondgöttin Selene um ihren Segen gebeten. Und der Ehepartner unserer Tochter soll doch bitte, bitte nicht ein Widder sein: Mythisches Erbe Babylons noch nach 2500 Jahren wirksam. Der Mensch bittet Götter um Wunder, also um das, was wissenschaftlichen Naturgesetzen widerspricht. Und siehe: es hilft. Wir leben offenbar gleichzeitig in allen Epochen unserer Kulturevolution. Da vertragen sich sogar Horoskope und Schwarze Löcher in Galaxien im gleichen Kopf. Wahrscheinlich ist es für unser Selbstgefühl gut, wenn wir verdrängen, wie einsam und klein der Mensch im Kosmos ist. Unserem normalen Lebensumfeld ist das so beängstigende Weltall schnuppe. Säßen wir hier etwa irgendwie anders beisammen, wenn die Welt geo- statt heliozentrisch wäre? – Doch Vorsicht: Dieses Wissen greift in unsere persönliche Sinngebung von Dasein und Leben ein.

2. Evolution des Lebens

Die zweite Kränkung ist die Entdeckung der Evolution des Lebens. Charles Darwins Selektionstheorie „On the origin of species by means of natural selection" erscheint 1859 nach 20jährigem Sammeln von Indizien. Sie modifiziert die vorangehenden Thesen von Jean de Lamarck (1741 – 1829). Darwin (1809 – 1882) wagt zunächst noch nicht, auch den Menschen einzubeziehen. Sein „The descent of man" erscheint erst 1871. Dies tun davor schon Thomas Huxley (1825 – 1895) und Ernst Haeckel (1834 – 1919), er besonders vehement und gegen die biblische Genesis von Welt und Mensch. Darwin dagegen ist demütiger. Er sei Theist. Denn wenn sich der menschliche Geist aus so niedrigen Lebewesen entwickelt habe, wie könne man ihm da trauen, so weitreichende Schlüsse über die Schöpfung ziehen zu können.

Nach Darwin: Der Mensch nicht nur ein Nichts in Raum und Zeit des Alls, sondern nun auch noch: Nur eine der vielen Spezies, die in der biologischen Evolution aus erstem Leben vor 4 Milliarden und aus den ersten Einzellern vor zwei Milliarden Jahren zufällig entstanden sind. Diese Evolution ist blind. Sie hat keinen Plan eines Schöpfers. Leben ist nicht Teil des „Buches der Natur" (Augustinus), in dem wir Gottes Geist lesen können. Der Schmetterling ist nicht ein Spiel der Schöpferlaune in Leichtheit und Schönheit. Gott hat den Menschen nicht vor 5761 Jahren (so der heutige jüdische Kalender), fertig und zum Herrschen über die Erde bestellt, in den Garten Eden gesetzt. – Er ist ganz und gar von dieser Welt.

Und mit den Ergebnissen der heutigen Evolutionsforschung: Alles, was wir sind: Körper, Verhaltensweise, aber auch das Gehirn, also das Denken, alles Zufallsprodukt allmählicher evolutionärer Anpassung!? Der ca. 150.000 Jahre alte Homo sapiens eine Fort- und Zweigentwicklung des Australopithecus afarensis vor 3 Millionen Jahren. Auch die Hominiden haben nur eine begrenzte Periode in der Evolutionsgeschichte? Wie die Dinosaurier? – Dies tut weh. Das ist eine tiefe Kränkung. Noch heute, 130 Jahre nach Darwins „Descent of man" und nach so vielfältigen wissenschaftlichen Beweisen entscheidet die Schulbehörde von Kansas (im August 1999), daß Darwin und der Big Bang nicht Lehrstoff sein dürfen. In sechs weiteren US-Staaten müssen die biblische Schöpfungsgeschichte und die Evolution gleichwertig gelehrt werden, denn Kindern sollte gesagt werden, daß sie nicht zufällig in der Welt seien. 44 Prozent der Amerikaner glauben an die Schöpfung, nur 10 Prozent halten die Evolution für wahr (Time-Magazin).

Vor Darwin: Da staunt der Homo sapiens noch über das Wunder seines Gehirns und hält sich – in allen Mythen und Religionen – für etwas ganz anderes als das Getier und Gewürm. Denn da er Gut und Böse unterscheiden, Vergangenheit und Zukunft denken könne, sei er wohl eher ein Ebenbild Gottes, das freilich der Erlösung und Gnade bedarf. Vor Darwin, da fragt auch noch die Aufklärung, wie das Böse in die von Gott, so wie sie ist, geschaffene vollkommene Welt komme, z. B. Leibniz' Theodizee.

Nach Darwin: Da läßt sich das Böse als Überlebenskampf deuten, „survival of the fittest". Wenn der Mensch erkannt habe, daß sich Leben evolutionär entwickelte, dann könne er nun auch direkt in die Evolution eingreifen. Da ist der Schritt nicht weit zum Sozialdarwinismus, der mit Darwins natürlicher Selektionstheorie wenig zu tun hat. Er bleibt im angelsächsischen Raum noch theoretisch, z. B. mit Herbert Spencer (1820 – 1903), der eine gesellschaftliche Evolution durch Anpassung und Auslese schon vor Darwin vertritt. Im deutschen Sprachraum entstehen daraus Eugenik, Rassenhygiene, Rassenanthropologie. Hitler holt sich seine rassistischen Ideen aus sozialdarwinistischen Schriften. Oswald Spengler schreibt 1918 sein Buch: „Untergang des Abendlandes".

Die biologische Evolution ist heute längst keine Hypothese mehr. Was Darwin noch nicht erklären konnte, die Entstehung völlig neuer Arten, die Sprünge in der Evolution, wird Mutation, Zufall und Selbstorganisation zugeschrieben. Die Evolutionstheorie sagt uns freilich nicht, wie Leben entstand, sondern nur, wie es sich entwickelte.

Die Genom-Forschung hat herausgefunden, daß alle zur Zeit lebenden Menschen, einschließlich der Aborigines in Australien zu 99,9 Prozent die gleichen Gene haben. Sie stimmen zu 95 – 98 Prozent mit denen der Tierprimaten überein, zu 90 Prozent mit denen einer Maus und noch zu 60 Prozent mit den Genen einer Fliege. Sogar Bakterien sind unsere Gen-Cousinen. Über Abschätzungen der Mutationshäufigkeiten wissen wir über die Paläogenetik, daß die Hominiden sich vor etwa 5 Millionen Jahren von Primaten abzweigen. Die Evolutionswissenschaften haben freilich das Dilemma, daß sich Evolution nicht experimentell reproduzieren läßt. Gene mögen zwar körperliche Funktionen bestimmen, für Krankheiten verantwortlich sein. Sie sagen jedoch nichts über unsere Individualität aus. Hubert Markl: „Den Menschen mit seinem Gen-Satz gleichzusetzen, dies wäre eine Reduktion des Menschenwesens auf pure Polymer-Chemie" (3/2000: „Dolly und die Folgen"). Die Medien irren, wenn sie die Gen-Forschung als Angriff auf die Würde des einzelnen darstellen. Gene entscheiden nicht darüber, was der Mensch ist und denkt. Wo kämen denn bei 99,9 Prozent Gengleichheit die so verschiedenen Menschen her? Kulturevolution ist also gen-indifferent? Doch die Gen-Technik greift nun sehr gezielt in die biologische Evolution ein und fordert zu Entscheidungen in Ethikproblemen heraus, bei denen Wissenschaft wenig helfen kann.

Der Mensch setzt auf seine biologische Evolution die kulturelle. Die menschliche Evolution des Bewußtseins ist begleitet von einem Entwicklungsstrom, der zu einer kulturellen Evolution führt (Henri Bergson). Und die Folgen der Erkenntnisse der Wissenschaften von der kulturellen Evolution? Die Geschichtswissenschaften fragen auch nach Entstehung und Entwicklung von Mythen und religiösen Vorstellungen. Mircea Eliade zeigt auf, wie sich die Mythen prinzipiell gleichen. Der erwachende menschliche Geist sucht in allen Kulturen nach Erklärungen für Welt- und Menschwerdung und den Sinn von Leben. Mythen werden erzählt, um das Fragen nicht aufkommen zu lassen (Hans Poser). Wissenschaft fragt dennoch. Glaube lebt in Gewißheiten, fürchtet den Zweifel. Wissenschaft lebt vom Zweifel, sucht Gewißheiten. Da halten Mythen nicht stand. Bei Jan Assmann kann man in „Moses, der Ägypter" nachlesen, daß die alttestamentarische Religion der Israeliten wahrscheinlich nichts anderes ist als eine anti-ägyptische Reaktion auf Echnatons Monotheismus. Moses – so er nicht eine mythische Figur ist – sieht auf dem Sinai nicht Gott. Er bringt den Israeliten die großen Mysterien der Ägypter, reduziert auf eine Stammesreligion.

Haben auch Religionen ihre Evolutionsgeschichte? Buddha, Konfutse, Lao Tzu, die Autoren des Pentateuch, Zarathustra, Thales von Miletos sind nahezu Zeitgenossen. Karl Jaspers nennt es die Achsenzeit. Als ob der menschliche Geist in allen Weltteilen zugleich die gleiche Entwicklungsstufe erreicht. Wenn die Wissenschaft in Jehova den Vorgänger Baal entdeckt, in Christus einiges vom essenischen Messias, dann entziehen sie Religionen ihre Einzigartigkeit in Zeit und Welt. Werden nicht auch wir Laien skeptisch, wenn wir auf Reisen anderem Glauben begegnen? Da relativieren sich lokale Glaubenssachen. Auch religiöse Weltbilder sind offenbar evolutionäre Kulturschöpfungen des Menschen. Und damit ethische Wertvorstellungen, wie Mensch und Welt sein sollen, auch? Vielleicht entwickelt sich in Zukunft gar Wissenschaft als neuer Glaubensmythos (Dieter Simon).

Der Mensch weicht dieser zweiten Kränkung, ein Zufallsprodukt der Evolution zu sein und die Mythen von Welt- und Menschwerdung zu verlieren, in seiner Lebenswelt auf vielfältige Weise aus. Und dies fällt ihm leicht. Denn wenn unser Kopf nur das denken kann, was und wie er in der Evolution zu denken gelernt hat, wie soll er da gekränkt sein, daß er so – vielleicht allzu einfach gestrickt – denkt. Wir leben – auch intellektuell – in einer von uns geschaffenen Kulturwelt, die die Evolution ignoriert. Wir bestaunen die Schönheit eines Gebirgstals als Gottesnatur, obwohl wir wissen, daß Gletscher es gefräst haben. Christen sind trotz des Evolutionswissens in einer tiefen Geborgenheit, denn sie wissen, woher sie kommen, was sie sollen, wohin sie gehen. Wir fragen nicht, ob Gott auch schon die Seele eines archaischen Homo sapiens zu sich aufnahm.

Die kulturelle Evolution hat die biologische Evolution für den Menschen sogar außer Kraft gesetzt. Suchen wir etwa unseren Lebenspartner für das Zeugen von Kindern nach darwinschen Selektionskriterien aus? Nicht einmal die Frauen, die ja zu dem Geschlecht der darwin-aktiveren Weibchen gehören. Doch die Evolution steckt irgendwie in uns drin. Denn wir lieben unsere biologischen Verwandten, den Teddybär und Frederik die Maus, nicht aber Kröten und Spinnen.

3. Psyche und Seele

Die dritte Kränkung beginnt mit Schopenhauers Urwillen und Freuds Aufdecken des psychisch Unbewußten. Der Mensch sei gar nicht Herr im eigenen Hause. Schopenhauer: Handlungsfreiheit ist nicht Willensfreiheit, denn wir können tun was wir wollen, aber nicht frei wollen, was wir unbewußt wollen. Sigmund Freud findet ein Es in uns, den dunklen, unzugänglichen Teil unserer Persönlichkeit, das Zentrum unseres aus der Evolution ererbten Lusttriebes. Dieses Es kennt keine Werte, nicht Gut noch Böse, keine Moral, sagt Thomas Mann. Das Ich liege mit dem Es im Dauerkonflikt, da das Ich dem Es ständig ein Zensor zu Kultur hin sein müsse. Das Gewissen des Über-Ichs zeige den Weg dazu.

Der Mensch nicht nur einsam im All, eine zufällige Species auf Erden, sondern nun auch noch ohne Willens- und Handlungsfreiheit, ohne das, worauf er seit Evas Apfel im Grunde so stolz war. Wie kann er da glückselig sein, wenn er sich so sehr psychoanalytisch argwöhnisch über die Schulter schaut.

Sigmund Freud hat die Wissenschaften weniger, dafür um so mehr Künstler und Schriftsteller beeinflußt. Doch sein Thema, Bewußtsein und Willensfreiheit, ist heute Ziel sogar der Naturwissenschaften, der Neurowissenschaften geworden. Sie wollen herausfinden, was in den Neuronen und ihren Kontaktstellen, den Synapsen, im Gehirn vorgeht, wenn der Mensch denkt, handelt, spricht oder fühlt. „Ein Hirnforscher versucht zu verstehen, was er da versteht, wenn er versteht", sagt Dieter Simon. Bevor Wolf Singer uns in der Berliner Akademie erklärt, wie sich jedem Denk- und Handlungsprozeß neuronale Prozesse zuordnen lassen. Experimentell lasse sich nachweisen, daß Handlungsfreiheit eine Illusion sein kann. „Wir tun nicht, was wir wollen, sondern wir wollen, was wir tun", sagt Wolfgang Prinz. Auch dazu gibt es etwas bei Wilhelm Busch:

Der Knoten

> Als ich in Jugendtagen
> Noch ohne Grübelei,
> Da meint ich mit Behagen,
> Mein Denken wäre frei.
>
> Seitdem hab ich die Stirne
> Oft auf die Hand gestützt
> Und fand, daß im Gehirne
> Ein harter Knoten sitzt.
>
> Mein Stolz der wurde kleiner.
> Ich merkte mit Verdruß:
> Es kann doch unsereiner
> Nur denken, wie er muß.

Nun gut, sagen die Geisteswissenschaften, die Neurowissenschaft mag wohl finden *wie* gedacht, aber noch lange nicht, *was* gedacht wird. Und erst recht noch nicht, wie das mysteriöse und doch so reale Ich-Bewußtsein in den Kopf kommt und in die Seele, himmelhoch jauchzend, zu Tode betrübt. Die Vorstellung eines rein neuronalen Gehirns, das „Entscheidungen trifft", sei genauso absurd wie die eines Konzertflügels, der eine Beethoven-Sonate komponiert (U. Runge u. W. Wagner, Lehre u. Forschung 8/2000). Da wird noch lange gestritten werden, was Geist und Seele seien und wie sie in uns wirken. Wenn das Gehirn des Menschen so einfach wäre, daß er es verstehen könnte, dann wären wir so dumm, daß wir es doch nicht verstehen würden (Jostein Gaarder in „Sofies Welt", S. 392).

Die Neuro- und Kognitionsforschung ist dabei aufzuzeigen, daß Denkvermögen, Bewußtsein, seelische Empfindungen neuronal erklärbar sein werden. Damit stellt Wissenschaft nicht nur Willensfreiheit, sondern auch Geist und Seele in Frage. „Das Ich ist nicht der „Herr im Hause", sondern ein Konstrukt des Gehirns zur besseren Planung und Ausführung komplexer Handlungen", so Gerhard Roth, Bremen (Forschung u. Lehre 5/2000). Die Neurobiologie macht sich auf, sogar die Seele als neuro-physiko-biochemischen Prozeß zu erklären; daß Leib und Seele gar nicht trennbar seien und auch der Geist kein epikuräisches Pneuma. Doch vielleicht werden durch diese Forschungen nur die prinzipiellen Grenzen einer rein naturwissenschaftlichen Erklärung von Bewußtsein sichtbar.

Da bahnt sich eine weitere tiefe Kränkung an. Denn der Mensch kann doch über sich hinaus denken, Vollkommenes sehen, Gut und Böse unterscheiden, Freude und Leid (auch fremdes) empfinden. Also müsse – so schon Homer und die Pythagoreer – der Mensch eine unvergängliche Seele im sterblichen Körper haben. Ägypter und Israeliten dagegen trennen noch nicht Leib und Seele. Pythagoras (ca. 570 – 480 v. Chr.) hält die Seele für das wahre unsterbliche Wesen des Menschen. Der Leib sei nur ihre vorübergehende vergängliche Behausung. Die Seele jedoch sei göttlicher Abstammung und bewege sich auf einem Rad der Wiedergeburt, um an ihren Ursprung zurückzukehren. Die griechische Seele ist über Paulus in das Christentum eingegangen. Sie bekommt von Augustinus zusätzlich einen diesseitigen Bewährungsauftrag, um über Strafe oder Lohn im Jenseits zu entscheiden.

Auch diese dritte Kränkung nehmen wir nicht an. So leicht geben wir unsere liebgewordene Denkgewohnheit nicht auf, daß wir da etwas in uns haben, das so anders ist als der biologische Körper, nämlich freier Wille, Bewußtsein, seelische Reaktionen, Geist. Freilich, wieso verflüchtigt sich Geist so rasch, wenn bohrender Zahnschmerz einsetzt? Wir dürfen die Ergebnisse der Neurowissenschaften in unserer Lebenswelt getrost ignorieren. Denn selbst wenn Bewußtsein und Geist sich tatsächlich irgendwann mit einer Theorie von Informationsverarbeitung im Gehirn erklären lassen. Dies ändert nichts an unserem subjektiven Erleben von Glück und Trauer, Schönheit und Liebe. Geist und Seele werden weiterhin unsere sprachlichen Metaphern bleiben.

Und wenn Wissenschaft die unsterbliche Seele nicht findet? Wenn sich die Erfinder der Seele irrten? – Wissenschaft sei doch halt nur eine Teilmenge aller Wege zu Erkenntnis und Wissen, sagt da unsere gekränkte Seele.

So, dies ist fast schon zu viel über die Kränkungen des Selbstverständnisses des Menschen. Uns fällt es heute leicht, sich nicht durch Wissenschaft kränken zu lassen. Wir leben nicht mehr in der Hybris, der Mensch sei Mitte der Welt und zugleich nicht von dieser Welt. Vielleicht war dies nur der Traum von einem ganz anderen Menschen zu der Zeit, als des Menschen Phantasie erwachte. Ein Traum, auch den des verheißenen Glücks im Jenseits. Vielleicht ist es auch anders: Was Wissenschaft über Weltall, Evolution und Gehirn herausfindet, ist unserer Lebenswelt so fern, da können wir unbeschadet so leben, denken und handeln, wie der alte Adam sich die Welt zurecht legte.

Heiterkeit des Geistes

Vor lauter Kränkungen haben wir das Glück aus den Augen verloren. Nun muß ich ja endlich zur Heiterkeit des Geistes kommen. Ich zitiere: „Wer heiter ist, hat immer Ursache es zu sein, nämlich die, daß er heiter ist. Ist einer reich, jung, schön, geehrt: so frägt sich's, ob er dabei heiter ist ... Umgekehrt aber ist er heiter, so ist's einerlei, ob er jung oder alt, arm oder reich ist: Er ist glücklich. Was uns am unmittelbarsten beglückt, ist die Heiterkeit des Sinnes, denn diese gute Eigenschaft belohnt sich augenblicklich selbst". So, Schopenhauer in seiner Eudaimonologie „Die Kunst, glücklich zu sein". Der, der doch sonst Glück nur als Abwesenheit von Leid definiert. Philosophie fragt auch mit ihren pessimistischen Vertretern, wie der Mensch glücklich werde. Es müsse aber noch etwas hinzukommen, sagt Schopenhauer. Heiterkeit benötige äußere Glücksumstände und vor allem einen „hohen Grad vollkommener Gesundheit". Heiterkeit erfordere „Vermeidung aller Ausschweifungen, auch aller heftigen oder unangenehmen Gemütsbewegungen, auch aller großen und fortgesetzten Geistesanstrengungen; endlich täglich wenigstens zwei Stunden rascher Bewegung in freier Luft". (Lebensregel Nr. 13).

Diese Schopenhauersche Heiterkeit ist unmittelbare, vom Charakter geschenkte Heiterkeit, die zusätzlich ein entsprechendes Verhalten erfordert. Felicitas' Heiterkeit, von Demeter geschenkt, ist eher eine solche. Ich meine, es gibt noch eine andere, die aus unserer Kultur erwächst, eine Heiterkeit, die nicht geschenkt wird, wohl aber gewinnbar ist, vielleicht auch erst mit einem Dennoch gegen die Welt, so wie sie ist.

Macht Wissenschaft glücklich? Da könnte man zunächst an den Wissenschaftler selbst denken. Selbstverständlich macht das Finden einer erklärenden Theorie, das Erkennen von einfacheren Zusammenhängen in der Vielfalt der Erscheinungen, glücklich. Wenn Watson und Crick die Doppelhelix für die Struktur des DNS-Nucleinsäure-Moleküls in den Chromosomen finden. Wenn James Maxwell die elektro-magnetischen Erscheinungen in seinen Feldgleichungen mathematisch beschreiben kann. Wenn Einstein den Ausweg aus Widersprüchen gemessener Lichtgeschwindigkeiten durch seine Relativitätstheorie findet. Doch dies ist das Glücksgefühl des Wissensgewinns. Als Goethe den Zwischenkieferknochen entdeckt, schreibt er an Frau von Stein: „Ich habe eine solche Freude, daß sich mir alle Eingeweide bewegen". Und Herder erhält jubelnde Briefe. Als sich jedoch herausstellt, daß ein französischer Anatom Vicq-d'Azyr das „Knöchelchen" schon acht Jahre vorher entdeckt hatte, gibt es eifersüchtige Prioriäten-Streitereien. Auf seine Farbenlehre ist er so überzogen stolz, daß er Newton mit seinen Prismen verunglimpfend zum persönlichen Feind hochstilisiert. Selbst-Finden macht glücklich; was andere finden nicht. Dieses Glück des Erfolgs unterscheidet sich jedoch kaum von dem Leistungsstolz eines Tischlers, dem ein Möbelstück gut gelingt, eines Ingenieurs über sein Werk oder – würde Neil Postman sagen – von dem Erfolgsglück, das Tante Molly erfährt, wenn das neue Kuchenrezept prächtig gerät.

Definition von Heiterkeit

Machen die Ergebnisse von Wissenschaft, macht Wissen heiter? So direkt sicherlich nicht, eher indirekt. Ich will auf die Heiterkeit des Geistes hinaus. Also muß ich versuchen, sie zu definieren. Da helfen Aufsätze von Wilhelm Schmid (ZEIT 7.11.99) und Michael Erler (ZEIT 1.7.99) und die Philosophen der Klassik: Demokrit, Epikur, der Stoiker Seneca. Wenn ich eine Zusammenfassung wage: Heiterkeit ist die gelassene Wohlgestimmtheit der Seele, zu der der Kopf angstbefreiendes Wissen und Disziplin, zu der Wissenschaft und Technik ein ausreichendes Maß an Gesundheit und Wohlergehen beitragen.

Welches Wissen ist nötig?
1. Für weitgehend alles gibt es natürliche Erklärungen. Weder übelgelaunte noch wohlwollende Götter greifen in diese Welt mit Strafen oder Wundern ein. Es gibt keine Strafandrohungen oder Heilsversprechungen aus der anderen Welt. Leben ist nicht Bewährungsprobe für jenseitige Glückseligkeit. Fürchte die Götter nicht, sagt Epikur.
2. Die Dreizehn ist eine ganz normale Primzahl. Schwarze Katzen von links bestimmen nicht den Tagesablauf. In den Sternen steht kein Menschenschicksal.
3. Der Tod ist wie die Geburt das Natürlichste der Welt. Die Angst vor dem Tod ist schlimmer als der Tod, sagt Epikur.
4. Krankheit, Schmerz und Leid gehören zum Leben wie das Atmen. Doch Wissenschaft kann sie erträglicher machen.
5. Gegen Gefährdungen der eigenen Existenz helfen weder Technik noch Psychologie. Das Abgründige ist des Glückes Nachbar. Auch die Gefährdung unserer Welt durch z. B. die ungehemmte Beschleunigung von Technik ist eher Aufgabe zur Änderung als apokalyptisches Schicksal.

Dies das nötige Wissen, wozu Wissenschaft viel beträgt. Und welches Verhalten verhilft zur Heiterkeit?
1. Sei maßvoll in Wünschen und Lüsten. Lebe symmetrisch zwischen dem Zuviel und

Zuwenig, sagt Demokrit.
2. Nimm Dinge und Menschen so, wie sie sind.
3. Lerne dich tatsächlich zu freuen über Erfreuliches, sagt Epikur.
4. Üb dich in heiter ironischer Distanzierung zu allem, was dich ärgern könnte. Halte Distanz zu der Welt um dich. Thomas Mann schreibt in dieser ironischen Heiterkeit der Distanz. Vom Bergesgipfel der Heiterkeit wird all das da unten im Nebel zum „Gehudel und Gesudel der Welt".

Wenn man all dies weiß und kann, komme man der gelassenen Wohlgestimmtheit der Seele näher. Die heitere Seele besitzt sich selbst, auch unangefochten „mitten im Sturm". Sie ist auf das Negative vorbereitet, dennoch frei von ängstlicher Sorge, ja sogar frei von Angst vor der Angst. Sie ist resistent gegen Enttäuschungen. Die Heiterkeit ist skeptisch gegen die Gewißheit, ohne unter der Ungewißheit übermäßig zu leiden. So Wilhelm Schmid.

Heiterkeit ist nicht Fröhlichkeit, auch nicht die ernstere des „O du fröhliche" zu Weihnachten. Fröhlichkeit drückt Freude über ein Ereignis oder ausgelassene Unbeschwertheit aus. Heiterkeit ist mehr als Zufriedenheit, die auf Befriedigung von Wünschen und Bedürfnissen zielt. Ein muttermilchvoller Säugling fällt in den Schlaf satter Zufriedenheit. Er weiß noch nichts von der Heiterkeit des Geistes. Heiterkeit ist nicht Glückseligkeit. Diese jauchzt vor Glück. Heiterkeit lächelt nach innen. Wie in der Kunst es ferne Götter so unübertroffen tun: Ramses II am Eingang zum Luxor-Tempel; ein gelungenes Buddha-Antlitz, das die Heiterkeit tiefen Friedens und innerer Freiheit im Glückszustand des Nirwana einfängt. Das Bild des Gekreuzigten kann und darf dies nicht, insbesondere nicht nach der Gotik, Grünewalds Isenheimer Altar. Doch Heiterkeit kann sehr wohl aus Glaubensgewißheit wachsen.

Wenn man soviel sagen muß, um Heiterkeit zu definieren, ist dies offenbar nicht leicht. Und ich weiß wohl, daß ich hier Epikur recht nahe bin. Doch darf ich's etwa nicht? Epikur überschätzt wahrscheinlich, was der Verstand vermag. Irgendwo fand ich: „Was könnte wichtiger sein als das Wissen, fragt der Verstand. Das Gefühl will mit dem Herzen sehen, antwortet die Seele".

Was Wissenschaft dazu beiträgt

Und was trägt die Wissenschaft zur Heiterkeit bei? Ich redete gar lange über die Kränkungen durch die Wissenschaften, weil ich zugleich auch aufzeigen wollte, wohin Wissenschaft auf diesen drei Feldern zielt. Dabei sollte eigentlich sichtbar geworden sein, daß die Ergebnisse von Wissenschaft den Menschen nur da kränken, wo er noch mythische Vorstellungen von sich und der Welt hat. Er weiß zu wenig, daher ist er gekränkt. Wissenschaft will mehr wissen und schert sich nicht um Kränkungen der Unwissenden. Diogenes redet von der „Pest der Unwissenheit".

Wissenschaft und Technik wollen befreien. Am Anfang noch von den Fesseln der Natur wie Hunger, Kälte, Krankheit, Mühsal. Und diese Befreiung ist ja zweifelsfrei sehr erfolgreich gelungen. Wissenschaft kann Leben sichern, Schmerz lindern, macht Technik möglich, bringt Ordnung in die Vielfalt. Wissenschaft befreit von Ängsten: Blitz und Donner sind nicht Götter-Zorn. Es gibt keine Dämonen und Gespenster. Ein Hexenglaube ist eigentlich nicht mehr möglich.

Heute will Wissenschaft auch befreien zu einem Mehr an Kultur. Nietzsche spottet: „Die moderne Wissenschaft hat als Ziel: So wenig Schmerz wie möglich, so lange leben wie möglich, - also eine Art von ewiger Seligkeit, freilich eine sehr bescheidene im Vergleich mit den Verheißungen der Religionen". Was staunte wohl Nietzsche, wenn er sähe, was Wissenschaft seit 1889 zur Befreiung des Menschen leistete. Allein die Angst vorm Zahnziehen damals. Er sagt aber auch – und meint die Heiterkeit des Geistes: „Eins muß man haben: entweder einen von Natur aus leichten Sinn oder einen durch Kunst und Wissen erleichterten Sinn." Wissen also sei nötig und die Kunst.

Der Homo sapiens hat sich mit den Fähigkeiten zu Sprache, Denken, Phantasie und Geist – und mit der Fähigkeit zu Wissenschaften – in dieser so gar nicht auf des Menschen Glück bedachten Natur eine Kultur geschaffen, die die Heiterkeit ermöglicht. Wir können wegen der befreienden Leistungen dieser Kultur – wenn auch nicht gleich glücklich sein – so doch die Heiterkeit des Geistes gewinnen. Aus Wort und Schrift, Wissenschaft und Technik, aus Kunst und Musik und den vielen anderen Kulturleistungen entspringt eine Freiheit von Geist und Seele, der Gipfelblick über Berg und Tal, die heiter machen. Unser Geist hat offenbar die Fähigkeit, das Gehäuse, worin er steckt, die körperliche Existenz, vergessen zu machen, sich leicht und frei und unbeschwert seiner selbst zu erfreuen. Diese Heiterkeit des Geistes meine ich. Heiterkeit, das ist das vergeistigte Glück, das nicht aus der Naivität kommt. Und wenn ich mir da Bestätigung hole, bei Heinrich Heine: „Die Herrlichkeit der Welt ist immer adäquat der Herrlichkeit des Geistes, der sie betrachtet."

Schluß-Parabel

In 100 Jahren von heute, da lesen zwei Singles meine Eingangsparabel im Internet. Und sie machen sich auf nach Sizilien, dort wo Faustus tatsächlich war. „Laß uns zu den Müttern der Erde gehen. Vielleicht ist auch Demeter da. Ihr unser Leid zu klagen". Nach vielem Fragen und Suchen finden sie endlich unter den 25 restlichen Säulen des Hera-Tempels in Agrigento den Zugang zu den Grotten der einst kretischen Tempel.

„Hello, Demeter, do you hear us? Bist du hier? Gibt es dich noch?". Saloppe Töne in heiligen Gewölben. – Da dauert es. – Bis endlich eine Antwort grummelt: „Was wollt Ihr? Habt ihr keinen Respekt vor Gottheiten, selbst wenn sie Mythen sind?" – Dies hilft. – „O, große Göttin, Tochter des Kronos, Mutter der Persephone, wir bitten dich um Rat. Die Wissenschaften erklärten uns die ganze Welt. Sie befreiten uns von Dämonen und Gottesfurcht. Krankheit und Tod ängstigen uns nicht mehr. Doch irgend etwas fehlt. Sag, o Göttin, wie werden wir glücklich – oder zumindest heiter?"

Nach so vielen Jahren des Schweigens wird Demeter gesprächig: „Vielleicht wißt ihr zuviel?" – „Nein", sagt er, „Wir haben wohl längst herausgefunden, wie unser Kopf denkt, wenn er denkt. Doch wir wissen nicht, woher unser Verlangen nach Glück kommt und wie man glücklich wird". – „Vielleicht wißt ihr zu wenig?" – „Nein", sagt sie, „Wir wissen, warum der Mensch Mythen und Religionen psychologisch braucht. Ich weiß, wie mein Genom sequenziert ist und was es aus mir macht. Doch warum bin ich so selten heiter?"

„Ich sehe", sagt Demeter, „euch mangelt es an Eudämonologie. Ihr habt die Kunst des Glücklichseins nicht erlernet. Im Wissen allein liegt noch nicht das Glück, eher in der Freiheit, die Wissen schenkt. Ihr müßt noch etwas hinzutun. Trillert etwa die Lerche ihr Lied, wenn sie im Grase bleibt? Tanzt etwa das Herz, wenn es in Bibliotheken brütet, vor Computern hockt? Euer Lebensalltag ist durch Wissenschaft und Technik so angstfrei und unbeschwert geworden. Da könnt ihr euch leicht aus eurem Lebensalltag befreien. Setzt den Abgründen ein Dennoch entgegen. Tut und denkt, was euch heiter macht. Lernt die Wege dazu. Steigt auf die Bergesgipfel.

Singt euer Lied. Es muß nicht gleich das des Dionysos trunkenen Zarathustra am Steine in Sils-Maria sein. Singt das Lied der Heiterkeit des Geistes. Denn dies habt ihr uns Göttern voraus: Eure Seele kann heiter, ja glücklich sein, wenn ihr es nur recht erlernet. Und ihr habt nur dieses eine, euer Leben. – Gehet also und schaut, ob der Sizilianische Himmel nun für euch noch ein wenig heiterer sein kann."

„Die Trübsal am Rande der posthumanen Wüsten".
Zum Menschenbild in der modernen Literatur

Wolfgang Frühwald

These: Die spektakulären Erfolge der Molekularbiologie und der Propagandaaufwand, mit dem der Abschluß der Sequenzierung des Human-Genoms gefeiert wurde, haben Schriftsteller und Essayisten alarmiert. Durch die, im Getöse des Kampfes um knapper werdende Forschungsgelder, unterlaufenden utopistischen Töne sehen sie

1) das überkommene Menschenbild in der Gefahr zerstört zu werden,
2) die Möglichkeit einer realen Veränderung des menschlichen Phänotyps als Folge einer Veränderung des Genotyps,
3) durch die angestrebte Eliminierung von Todesbewußtsein (und Totenklage) die Welt einer Langeweile ausgesetzt, welche Differenzierung, Individualität und Körperlichkeit bedroht.

Die Auseinandersetzung um den „optimierten Menschen", wie das Ziel der Forschungsmühen heute in der Diskussion genannt wird, oder anders ausgedrückt: der Streit um das Recht auf einen nicht perfekten Körper, einen nicht perfekten Geist (als Existenzformen des Menschlichen) hat begonnen in der apokalyptischen Phase europäischen Denkens in den achtziger Jahren des 20. Jahrhunderts; sie knüpft mit der Kritik szientistischer Euphorie (seit etwa 1999) an die damals geübte grundlegende Kritik am veränderten Begriff des Lebens, des Wissens, der Gesundheit, der Vergänglichkeit und der Schönheit an. Eine Diskussions-Basis, auf der sich intellektuell-wissenschaftliche und ästhetische Kultur zu dem dringend notwendigen kontroversen Gespräch treffen könnten, sehe ich derzeit nicht durch die Gen-Biologie, wohl aber durch die moderne Hirnforschung gegeben, da diese soziale Faktoren in die Bestimmung des menschlichen Bewußtseins mit einbezieht und somit an einem neuen Menschenbild arbeitet, das weder von der Erinnerung (einer dreitausendjährigen Denkgeschichte), noch von der stürmischen Entwicklung der Genomforschung und der Komplexitätsforschung absieht.

1. Die Angst des Stipendiaten

Vor etwa einem Jahr ging ich mit einem jungen amerikanischen Juristen durch Berlin. Im Gespräch vertraute er mir einen Kummer an, über den er offenkundig schon länger nachgedacht hatte. Er komme, sagte er zu mir, nicht über den Gedanken hinweg, daß seine Generation wohl die letzte menschliche Generation sein werde, die auf natürlichem Wege gezeugt worden sei. Mir schien die Angst des jungen Mannes zunächst ein Produkt ausgedehnter Science-Fiction-Lektüre. Inzwischen freilich scheint sie mir nur der subjektive Ausdruck einer weltweit verbreiteten Befürchtung. Diese wurde in deutscher Sprache zuerst 1984 von Wolfgang Hildesheimer in einem Interview mit Tilman Jens im Magazin STERN ausgesprochen und anschließend heftig diskutiert. Wolfgang Hildesheimer hat damals erklärt, daß die Schriftsteller „von unserer Realität keine Ahnung mehr" hätten. „Die Genetiker und die Biotechniker in Deutschland und den Vereinten Staaten haben ihre Regierungen mehr oder weniger wissen lassen, daß, wenn sie auf ihrem Gebiet mit ihren Forschungen weiter so vorwärtskommen, von dem Begriff der Menschheit, so wie wir ihn benutzen und gewöhnt sind, bald nicht mehr die Rede sein wird. Schon heute ist es doch möglich, menschliche Gene zu manipulieren. Das ist eine Entwicklung die nicht mehr aufzuhalten ist." Hildesheimer hat bekanntlich aus Protest gegen diese, die Revolutionierung des Menschenbildes und der körperlichen Realität des Menschen anzielende, Entwicklung aufgehört zu schreiben und sich ganz der bildenden Kunst, der ästhetizistischen Collage, zugewandt. „Der Mensch", lautete sein bitteres Fazit am Ende eines langen Schriftsteller-Lebens, „wird in Bälde die Erde verlassen haben. Mag sein, vielleicht kommen eines Tages wieder Menschen, oder es bleiben auch einige übrig. Aber diese Übriggebliebenen werden sich nicht gerade um Shakespeare oder Mozart kümmern."

An die hier skizzierte Debatte knüpft heute jene fast schüchtern beginnende Auseinandersetzung um das Menschenbild an, das durch die modernen Möglichkeiten der Medizin und die Fortschritte der Mikrobiologie in Bedrängnis geraten ist. Der Streit um den Beginn und das Ende des Lebens, der Streit um die Definition dessen, was die Menschenrechtskonvention des Europarates zur Biomedizin der einzelstaatlichen Gesetzgebung überlassen hat, der Streit um die Definition von „human being" und „everyone", ist in voller Breite entbrannt und die Schriftsteller mischen sich ein. Dieser Streit ist vorläufig vor allem in Europa konzentriert, da die Länder der Europäischen Union auf unterschiedlichen Diskussionsstufen die Grundfragen des wissenschafts-bestimmten, modernen Lebens *pragmatisch* zu entscheiden versuchen, dabei aber allesamt an einem Defizit leiden: an einem Mangel an Theorie- und Wertorientierung. So wurde in den Niederlanden die „Euthanasie auf Wunsch" vom Parlament gebilligt, hat sich die Vorstellung vom *Recht* auf Nachkommenschaft, inzwischen auch die Vorstellung vom *Recht* auf ein gesundes Kind europaweit durchgesetzt. So mußte der Nationale Ethikrat Frankreichs dem obersten französischen Gericht widersprechen, das einem behinderten 17jährigen im November 2000 Schadenersatz für seine Geburt zugesprochen und damit ein Recht auf Nicht-Existenz postuliert hat. Alle Eigentumsbegriffe sind inzwischen so überdehnt, meinte Erwin Chargaff, „daß Newton, lebte er heute, die Schwerkraft patentiert hätte, und wir müßten dafür zahlen, daß wir gehen können". Dies sind nur Ausschnitte aus einem europäischen (und verschärft amerikanischem) Szenario, in dem die überlieferten Menschenbilder ins Wanken geraten sind und die Tradition einer dreitausend Jahre alten Denkgeschichte außer Kraft gesetzt scheint. Adolf Muschg, Durs Grünbein, Stefan Heym, Peter Sloterdijk, Rüdiger Safranski, Harry Mulisch, Erwin Chargaff, Hans Magnus Enzensberger, um nur einige wenige Schriftsteller und Essayisten zu nennen, beteiligen sich derzeit in Deutschland lebhaft an dieser Diskussion, – kritisch, sarkastisch, ironisch, zuweilen auch zynisch. Die von Charles Percy Snow so genannten „zwei Kulturen" von „science" (naturwissenschaftlicher Kultur) und „literature" (ästhetisch-geisteswissenschaftlicher Kultur) scheinen weiter voneinander entfernt zu sein als jemals zuvor.

Noch ist die hier sichtbar werdende Auseinandersetzung prävalent feuilletonistisch und essayistisch, doch wird sie (zum Beispiel von der britischen Lyrikerin Anne Beresford und dem deutschen Lyriker Durs Grünbein) auch mit Gedichten geführt, welche die Erkenntnisse der modernen Natur- und Neurowissenschaften reflektieren. Aber die große Erzählung, das gesellschaftskritische Drama, der themagebende Roman, das provozierende Bild, die umstrittene Plastik fehlen bisher in diesem Konflikt. Jene Auseinandersetzung, die zum Beispiel in der Mitte des 20. Jahrhunderts Bertolt Brecht und Friedrich Dürrenmatt mit der modernen Physik geführt haben (und diese mit ihnen), hat im Bereich der Lebenswissenschaften („life sciences") noch kaum begonnen.

Daß durch die gegenwärtige Debatten- und Definitionsschwäche der literarischen Kultur und der an diese Kultur angeschlossenen Geisteswissenschaften das kulturelle Gedächtnis der Gesellschaft bedroht sei, wurde oft wiederholt, ohne daß sich aus dieser Feststellung irgendwelche Konsequenzen ergeben hätten. Kunst und Literatur, die seit Johann Gottfried Herder und der Weimarer Klassik die Humanität, das heißt, das, was den Menschen zum Menschen macht, an der *menschlichen Gestalt* abgelesen haben, stehen dabei vor einer nie gekannten Herausforderung: vor der durch die Veränderung des Genotyps möglichen Veränderung des menschlichen Phänotyps. Darin sind sich Lyriker und Wissenschaftler, wie Stephen Hawking, inzwischen einig. „Vorausgesetzt", meinte der theoretische Physiker Stephen Hawking 1999, „wir schaffen uns keine totalitäre Weltordnung, wird einer irgendwann irgendwo *optimierte Menschen* erschaffen." Hawking hat das Stichwort vom „optimierten Menschen" gegeben, das seither nicht mehr verstummt ist und in der Mitte der Debatte um ein neues Menschenbild steht. „Das wirklich Teuflische", schreibt Durs Grünbein, „die wahrhaft tief greifende Revolution wird sein, daß man den Körper nunmehr von innen her angreift. Die Gespenster, die immer von außen kamen und als solche erkennbar blieben, in Zukunft kommen sie aus dem Zellkern selbst, endogene Kräfte, die im Innern des Menschen wirken und ihn von dort her umgestalten. – Ist der Kern aber erst einmal gespalten, versiegen die Differenzen, ein tiefer Verdacht fällt auf das Subjekt. Der Mensch aus der Gen-Werkstatt tritt in ein Zwielicht. Seine Erbsubstanz ist nicht mehr nur Produkt von Vater und Mutter und dem Chor der zahlreichen Ahnen, sondern Resultat einer technischen Intervention." Und Hans Magnus Enzensberger, der die Aufeinanderfolge von depressiven und manischen Phasen auch an sozialen Kollektiven zu beobachten meint, sieht über Nacht alle Motive des utopischen Denkens wiedergekehrt: „den Sieg über sämtliche Mängel und Nöte der Spezies, über die Dummheit, den Schmerz und den Tod". Das Projekt, das er im Werden argwöhnt, ist das der „Umzüchtung der Spezies", möglich geworden dadurch, daß „ein ethischer Konsens in den grundlegenden Fragen der menschlichen Existenz schlechterdings nicht mehr vorhanden ist".

So erscheint doch bei Hawking, bei Grünbein, bei Enzensberger und vielen anderen die Angst des jungen Stipendiaten, mit dem ich durch Berlin gegangen bin, jenes epochale Bewußtsein, zu einer letzten Generation zu gehören, deren Entstehung noch mit den Begriffen des Zufalls, der Kontingenz, des Schicksals zu fassen ist? Bei einer Podiumsdiskussion im Mannheimer Landesmuseum für Technik und Arbeit hat deshalb der Essayist Rüdiger Safranski ein „Menschenrecht auf Kontingenz, Zufall, Schicksal" gefordert. Er hat nicht nur der Menschenklonierung, sondern der ganzen – von Durs Grünbein so genannten – „internen Körperpolitik" ein Absage erteilt. Der Titel dieser Podiumsdiskussion „Nach wessen Bildnis sollen wir uns züchten?" hat dabei bewußt den Text aus dem 1. Buch Mose zur Vorlage genommen: „Und Gott schuf den Menschen ihm zum Bilde, zum Bilde Gottes schuf er ihn" (1. Mos. 1,27), weil das Bild des Menschen durch alle Zeiten hindurch eng mit dem Bild zusammenhängt, das sich der Mensch von seinem Schöpfer macht. Die in der Diskussion um die Folgen der Gentechnik zu lesenden und zu hörenden Bilder und Metaphern sind hybrid genug, um die Frage, nach wessen Bildnis wir Menschen den Menschen züchten werden, ernsthaft zu stellen. „Lebenstexte", heißt es, seien nun entziffert worden. Die Rede ist von der „Handschrift Gottes", davon, daß „wir Gott nicht mehr die Zukunft des Menschen überlassen" dürften, daß wir in der Zeit „post Dolly creatam" lebten und von vielen ähnlichen Träumen und Albträumen mehr.

2. Der Streit um das Leben

Nachdem es lange Zeit so schien, als habe ihnen der Erfolg der experimentellen Lebenswissenschaften die Stimme verschlagen, haben nun auch die heute schreibenden und lebenden Schriftsteller endlich jene (schon von Hildesheimer in einsamer Verbitterung erfahrene) Herausforderung aufgenommen, die stillschweigend und inzwischen auch laut von der modernen Molekularbiologie ausgeht. Diese hat mit dem Griff nach dem Ursprung des Lebens (wie seiner Defekte) und mit der Entzifferung der menschlichen Erbsubstanz die Urschrift des Lebens sichtbar gemacht. Sie hat damit alle jene kulturellen Überschreibungen in Frage gestellt, mit denen der Mensch in Jahrtausenden das Buch der Natur überschrieben hat. Die Schriftsteller wenden sich gegen die ungewollt geistigen Wirkungen der Lebenstechnologie (also der Anwendungsformen der Molekularbiologie), gegen ihre gedankenlosen Propagandisten, ihre ängstigenden Visionäre, ihre pseudowissenschaftliche Vermarktung und gegen die Vermischung von Spaßkultur und Wissenschaft. Vermischt werden Unterhaltung, Geschäft und Wissenschaft insbesondere von den Vertretern jener „dritten Kultur", die durch den New Yorker Literaturagenten John Brockman verbreitet wird. Als „dritte Kultur" erscheint die literarische Mischung aus Wissenschaft, Science Fiction, Feuilleton, Unterhaltung und Geschäft, die vor allem in den USA zu blühen scheint, dort deshalb, weil weder die seriöse Literatur, noch die seriöse Wissenschaft in engeren Kontakt mit dieser Nischen-Kultur getreten ist. Bill Joy und Ray Kurzweil sind ihre inzwischen auch in Deutschland bekanntesten Propagandisten. Sie gehören nach Ulrich Woelks Vermutung „zu einer bunten Szene von selbsterklärten Futurologen, die man cum grano salis als seriöse Spinner charakterisieren könnte".

Die Stimme der ästhetischen Kultur aber ist zu hören in Texten von Erwin Chargaff, von Adolf Muschg, Durs Grünbein, Stefan Heym, Hans Magnus Enzensberger und in vielen anderen Texten. Erwin Chargaff, hat einst, als Biochemiker, der Entdeckung und Beschreibung der Doppelhelix durch Crick und Watson vorgearbeitet. Er hat mit seiner Entdeckung der stereochemischen Basenkomplementarität eine „Grammatik der Biologie" im Werden gesehen, deren Vollendung er nun mit Argwohn betrachtet. Im Alter nämlich – er ist 1905 geboren – hat er sich die prophetisch-apokalyptische Geste seines Lehrers, des österreichischen Satirikers Karl Kraus, zugeeignet. Der Ton von dessen tatsächlich nur auf einem Marstheater zu spielender Mammuttragödie „Die letzten Tage der Menschheit" durchzieht Chargaffs Alterstexte. Uns beherrsche, meint er (nicht ohne Grund), ein „kapitalistischer Kannibalismus", in dem alles, was verkauft werden könne, unters Messer komme, zerteilt und zerstückelt werde. Zur Entzifferung des Humangenoms aber lautet seine Botschaft wahrhaft apokalyptisch: „Dieser ungeheure Lärm, dieses Trompetengeschmetter, diese Empfänge im Weißen Haus haben mich an die Zeit erinnert, als man die Nuklearenergie mit ähnlichen Versprechungen eines goldenen Zeitalters eingeläutet hat. Und eigentlich das Einzige, was davon geblieben ist, ist Hiroshima."

Im Juli 2000 hat Erwin Chargaff dies als seinen Kommentar zur weltweiten Jubelfeier der Entzifferung des menschlichen Genoms publiziert. Im September des gleichen Jahres hat der Schweizer Romancier Adolf Muschg (geboren 1934) im Berliner Wissenschaftsforum eine Rede über „Der Schriftsteller und die Gene" gehalten. Er hat darin bezweifelt, daß das Humangenomprojekt tatsächlich „Leben", im vollen Sinn des Wortes, entziffert habe und hat in der wundergläubigen Faszination durch einen neuen Szientismus „ein paar hundert Jahre Aufklärung" im Ausverkauf gesehen. Die Repression prophezeite er als „vernünftiges Kalkül" der nahen Zukunft: „Was man befürchtet, muß man ja nicht auch noch erfahren. So wird die Prävention zum eigentlichen Ratgeber des Lebens – oder was man sich davon noch leistet. Auf die Chance, ganz Unvorhergesehenes zu erleben, wird man sich sicherheitshalber nicht erst einlassen." Der von der Genforschung bislang nicht zur Kenntnis genommene Zentralgedanke dieser nicht nur *einmal* auf Goethe bezogenen Rede ist der Zweifel am biologistischen Begriff des Lebens, an der Berechenbarkeit dessen, was „Leben" bedeutet. Es könnte doch sein, meint Adolf Muschg, „daß die Kodierung des Menschen vielleicht nicht an *seine* Grenzen gestoßen ist, sondern an ihre eigenen. Noch lebt, hungert, dürstet, atmet dieser Organismus in einer vordigitalen Welt, in der er ein paar Jahrmillionen Erfahrungen sammeln mußte, um zu werden, was er ist: ein Geschöpf hochflexibler Identität, mit einem entsprechenden Ausdrucksvermögen bis in die Substanz seiner molekularen Struktur. Wer vom Rechner einen gleichen Ausdruck verlangt, verlangt viel". Gegenüber der nunmehr verbreiteten Vorstellung des „optimierten Menschen" hat Adolf Muschg das Recht auf das Nicht-Perfekte, das Nicht-Optimierte als das Menschliche definiert; er hat ein Recht des Menschen auf den nicht perfekten Körper, den nicht perfekten Geist postuliert und damit jenem „Spitzenwahn" widersprochen, dem wir inzwischen doch alle mehr oder weniger verfallen sind, die wir das „Normale", das Nicht-Perfekte, das Vielfältige mißachtet am Wege liegen lassen. „Erinnerung" ist der Gegenbegriff Adolf Muschgs gegen den Rausch des Fortschritts und das sich steigernde Tempo des Wettbewerbs, Erinnerung, bei Goethe und Thomas Mann auch verstanden als Mahnung, „an die Selbstverpflichtung der Kultur". So folgt Muschg dem Humanitätsgedanken der deutschen Klassik und dem Heinrich von Kleists, daß die Position *zwischen* Engel und Teufel die Position des menschlichen Maßes ist, daß der Mensch in der „gebrechlichen", nicht in der optimierten „Einrichtung der Welt" zuhause ist. „Ich schließe jede Wette darauf ab", heißt es bei ihm: „In unserem genetischen Text hätten sich Gründe genug dafür finden lassen, daß wir besser nicht sein sollten, also nicht hätten werden dürfen. Was uns heute noch in die Lage versetzt – vielleicht dazu verpflichtet – , sehen, hören, wissen zu wollen, ist allein die Tatsache, daß jeder und jede die Chance erhalten hat, unzweifelhafte Defekte zu kompensieren, wahrscheinlichen zu begegnen, wirkliche zu ertragen. So etwas nannte man, glaube ich, Lebensarbeit, Lebensleistung, im höchsten Fall Lebenskunst. Ich nenne es immer noch so."

In den Praxen der „Pränatal-Diagnostik", um nur ein gegenwartsnahes Beispiel zu geben, wird sicherlich nicht die Sehnsucht nach dem „optimierten Menschen" verbreitet. Das Designer-Baby ist wohl nur ein Produkt ängstlicher, kollektiver Phantasien. Trotzdem entschwinden unter den Möglichkeiten der Vorhersage und des Vorwegwissens nach und nach Begriff und

Vorstellung der „guten Hoffnung". Die unbedingte Sicherheit nämlich, welche die jungen Mütter von den Tests und den Pränatal-Untersuchungen erwarten, kann keine der modernen Untersuchungsmethoden garantieren. Unser Wissen schafft Angst, weil es Sicherheit verspricht, wo es nur Zweifel säen kann.

Wenige Monate nach Adolf Muschgs Berliner Rede hat Durs Grünbein, der 1962 in Dresden geborene Lyriker und Essayist, Büchnerpreisträger des Jahres 1995, im Magazin DER SPIEGEL, am 13. November 2000, eine Philippika gegen die Folgen der gelungenen „Blaupause des Menschen" veröffentlicht. Auch er wendet sich, wie seine Vorgänger und Kombattanten, gegen das leichtfertige Schlagwort von der „Optimierung des Menschen". Auch bei ihm ist – wie ausdrücklich bei Adolf Muschg – die alte Literatenangst vor Neugierde und Ungeduld kenntlich. Seit John Milton und seinen romantischen Adepten hält sich die Vorstellung, daß der Mensch durch Neugier und Ungeduld des Wissens aus dem Paradies der Einheit mit der Natur vertrieben worden sei. Das Wissen-Wollen ist die Ursünde der ersten Menschen. Und Gottes erste, bis heute nicht verstummte Frage an den Menschen lautet dann, nach dem Sündenfall der Neugier, ganz konsequent: „ajékka": „[Adam], wo bist du?" Grünbein hält die Neugier Adams für den Ursprung aller Träume und aller Vorstellungen von einem perfektionierten Menschen: „Tatsächlich ... ist hier die alte menschliche Neugier nach den Determinanten und Invarianten am Werk, der Drang, den Kausalzusammenhang zu beherrschen. Wüßte man erst um den Bauplan der Genotypen, man könnte ihn ändern zu Gunsten dessen, wovon man immer schon träumte, den perfektionierten Menschen." In dieser Polemik also tritt der uralte Fundamentalkonflikt zwischen unterschiedlichen Wissens-Kulturen zutage, der Konflikt zwischen einer rationalen (sogar einer rationalistischen) Wissenschaftskultur, ihren jetzt offen geträumten Unsterblichkeitsträumen, und einer ästhetischen Kultur, die das Paradies des Nicht-Wissens verkündet; nicht das Paradies der Dummheit, nicht einmal das der Wissensverweigerung, sondern das des vernunftgeleiteten Verzichts auf Wissen dort, wo es den Menschen überfordert und ihm schadet. Auch dieser Traum des Nicht-Wissen-Wollens aber ist ein Traum. Jedenfalls bisher, denn so belegt es die Erfahrung der Menschheitsgeschichte.

Der Essay Hans Magnus Enzensbergers, geschrieben und publiziert im Vorfeld der Gen-Debatte des Deutschen Bundestages im Juli 2001, hat alle Stichworte dieses Diskurses aufgegriffen, sie aber nochmals verschärft und mit einem Ausblick versehen, der sich den Prophezeiungen Erwin Chargaffs an die Seite stellt. Der depressiven Phase der achtziger Jahre des vergangenen Jahrhunderts, in der die Untergangsvisionen, die Prophezeiungen vom Ende der Welt Konjunktur hatten, sieht Enzensberger eine manische Phase folgen, die sich – heute – „durch systematische Wirklichkeitsverluste" auszeichne: „Die mit der Industrie verschmolzene Wissenschaft tritt als eine höhere Gewalt auf, die über die Zukunft der Gesellschaft verfügt. Sie ist dabei, eine dritte Natur zu erzeugen, ein Vorgehen, das im Wesentlichen wie ein Naturprozeß abläuft, mit dem Unterschied, daß der nötige Energieeinsatz nicht aus der Umwelt, sondern aus dem entfesselten Kapital stammt." Noch einmal und wieder ist „Trennung" das Stichwort der Wissenschaft, während „Verbindung" und „Zusammenhang" das der Poesie ist. Der Mensch erscheint nicht mehr nur als das Gegenüber der (außermenschlichen) Natur, das Innere der menschlichen Natur selbst tritt als eine „dritte Natur" dem Menschen gegenüber. Von der „Utopie der totalen Beherrschung der Natur und des Menschen" spricht Enzensberger und erwartet in ihrer Konsequenz Auseinandersetzungen, denen gegenüber „Wackersdorf und das Wendland nur einen blassen Vorschein abgeben". Schließlich geht es nicht mehr um lediglich *befürchtete* Risiken und um Stellvertreterkämpfe, „sondern um die eigene Haut, um Zeugung, Geburt und Tod".

3. „Die Trübsal am Rande der posthumanen Wüsten"

Die seriöse Wissenschaft hat bisher keine Zeit und keine Sprache gefunden, um sich einer Debatte mit der Literatur zu stellen. Ich betone das Beiwort „seriös", weil sich auf dem Feld der „Biopolitik" inzwischen selbsternannte Experten, Scharlatane und Narren tummeln, die immer wieder ernst und zu ernst genommen werden. Charakteristisch für die Abwehrhaltung seriöser Wissenschaft aber, für die Überlegenheitsgeste der besser Informierten gegenüber den Ängstlichen und den Uninformierten, ist Christiane Nüsslein-Vollhards „Handreichung" in der FRANKFURTER ALLGEMEINEN ZEITUNG im Februar 2001, wo sie davon spricht, daß heute über „Klonen, Embryonen und Stammzellen, ... sofort mit Genmanipulation verschnitten, ... mit mehr Eifer als Sachkenntnis" gesprochen werde, daß die „Ignoranz Blüten" treibe. Diese Geste des Gutinformiertseins, die uns in der Wissenschaft so nahe liegt, verhindert den Dialog schon im Ansatz. So bleiben zunächst nur die Fragen der Literatur an eine mächtige, weltweite, mit der Industrie eng verbündete Wissenschaftsströmung; sie bleiben als Fragen, unbeantwortet und gleichwohl nach Antworten drängend. Zum Beispiel die Fragen nach der Beherrschbarkeit einer revolutionären Technik (der Lebenstechnik), – die Fragen nach dem zugrundeliegenden Lebensbegriff und dem kruden Experimentalismus, der sich in der Abweisung schon solcher *Fragen* äußert, – die Frage nach der vom Menschen verursachten Evolutionsbeschleunigung, – die nach den blinden Flecken der im Rechner simulierten Realität, – die Frage nach den Folgen der Ökonomisierung der Wissenschaft, – die nach der Reduktion des Lebensbegriffes und der daraus resultierenden Reduktion des Menschenbildes (auf seine biologischen Komponenten) und viele andere Fragen mehr.

Ende Dezember 2000 hat der 87jährige Schriftsteller Stefan Heym einen offenen Brief „An [seinen] Klon" geschrieben. Darin erscheint jenes Stichwort, das alle genannten literarischen Texte miteinander verbindet, weil es, aus der Sicht der Literatur, den heftigsten Vorwurf formuliert gegen die Allmachtsphantasien von Klonierung, Optimierung und Perfektionierung, den heftigsten Vorwurf gegen Unsterblichkeitswahn und angeblich zu erreichende Leidensfreiheit: den Vorwurf der Langeweile. „Eine Welt von Klons? Wäre dies dann das Ende, herbeigeführt durch die Zwangsneurose der Gentechniker, die ihre Finger nicht von ihren Zellkernen lassen können, und noch mehr durch die Gier ihrer Sponsoren, welche gigantische Profite wittern in einer Entwicklung, die, logisch zu Ende gedacht, das Ende jeder Entwicklung bedeutet durch ihren Verstoß gegen die Lehre Darwins, derzufolge jeder Fortschritt des Lebens auf Veränderung beruht, Stagnation aber – und Klonierung ist Stagnation – zum Tod führt."

Diese „Langeweile" also meint mehr als die Übersättigung mit Amusement und Information, mehr als ein spannungsloses Leben, sie meint auch mehr als „phantastische Schwermut" und Melancholie, welche ganze Generationen junger Menschen in Bann gehalten haben. *Diese* Langeweile nämlich wird erzeugt durch die Eliminierung des Todes und des Todesbewußtseins aus dem kollektiven Bewußtsein der Menschheit. Das wäre tatsächlich ein Epochenschnitt sondergleichen, ein Schnitt wie er nie zuvor in der Zivilisationsgeschichte und der Wissensgeschichte der Menschheit zu verzeichnen war. Der Mensch nämlich unterscheidet sich phylogenetisch vor allem durch zwei Merkmale von seinen tierischen Ahnen, durch die Freude am Schönen und durch die Reflexion des Sterbens. Beide Merkmale sind unlösbar miteinander verbunden. So kurios es auch klingen mag –, die Schriftsteller wissen: Wer das Bewußtsein des Todes, der Vergänglichkeit, aus der Welt schafft, tilgt das Schöne. In der Auseinandersetzung um das Menschenbild heute geht es daher zentral um diese beiden Bestimmungen des Humanen: um die Reflexion des Sterbens und des Schönen. Beide Bestimmungen aber sind wahrhaft elementar, da sie das Kulturelle mit dem Natürlichen verbinden, den Menschen als Menschen in seiner Stammesgeschichte definieren und die literarische Tradition des alten Kontinents begründen: Alle Kunst ist *Surrogat* des Paradieses, sie ist Erinnerung an den *verlorenen* und nicht wieder herzustellenden Zustand der Vollkommenheit. „Paradise Lost" ist Milton's berühmtes, stil- und themagebendes Epos überschrieben. Daß ein solches Bild des von der Sehnsucht nach dem verlorenen Paradies umgetriebenen Menschen auch sozial wirkmächtig sein kann, davon erzählt die Geschichte der „translatio" des deutschen Bildungsgedankens in die USA, die Geschichte von der Implantation europäisch-deutscher Bildung in die Vorstellungswelt der amerikanischen *upper middle class*. Sie ist eng verbunden mit der Aufnahme von Thomas Manns Roman „Der Zauberberg" in den USA (seit den späten dreißiger Jahren des 20. Jahrhunderts). An der Lektüre von „The Magic Mountain" hat das gebildete Amerika bis tief in die achtziger Jahre hinein Bildung oder Unbildung abgelesen. In einer der vielen aus den USA ins Deutsche Fernsehen importierten Fernsehserien – Remington Steele heißt der von Pierce Brosnan gespielte Held der Serie – sah ich unlängst, wie der tüchtige Detektiv im gerichtsmedizinischen Institut die Leiche eines Freundes findet. „Da hast Du Dein Stück Fleisch" – sagt der Pathologe wegwerfend zu Steele. Dieser packt den Arzt an seinem weißen Mantel und brüllt ihm ins Gesicht: „Dieses Stück Fleisch war vor wenigen Stunden noch ein warmer und atmender Mensch, er war mein Freund und – er hat den ‚Zauberberg' gelesen." Freilich sind die Traumwelt von Hollywood und der amerikanische Bildungsbegriff längst voneinander geschieden. Vermutlich ist der über Ava Gardner erzählte Wanderwitz dafür charakteristisch. Die Film-Diva, so wird erzählt, wollte sich von einem ihrer Männer unter Hinweis auf Thomas Manns „The Magic Mountain" wegen seelischer Grausamkeit scheiden lassen. Worin denn die seelische Grausamkeit bestehe, fragte der Richter. „He forced me to read this damn'd book" – lautete die Antwort, woraufhin die Ehe geschieden wurde.

Thomas Mann selbst hat die Studenten in Princeton 1939 in die Geheimnisse dieses Romans, das heißt in die Geheimnisse des deutschen Bildungsromans eingeführt. Der Sucher nach dem heiligen Gral, wie Thomas Mann Hans Castorp, den Helden des „Zauberberg"-Romanes, nennt, jener auch im Englischen so genannte „Bildungsreisende", wird von seinem Autor in die Reihe der Gottsucher gestellt, die mit Parzival beginnt und mit Wolfgang Hildesheimers Sir Andrew Marbot, dem Entdecker der psychoanalytischen Kunstkritik, vermutlich noch nicht endet. Er (Castorp) sei, schrieb Thomas Mann für seine amerikanischen Leser, neugierig in einem sehr strengen Wortsinne, er sei der typisch wißbegierige Neophyt, „who voluntarily, all too voluntarily, embraces disease and death, because his very first contact with them gives promise of extraordinary enlightenment and adventurous advancement, bound up, of course, with correspondingly great risks". Dieser Hans Castorp also, der Sucher nach der Tiefe des Wissens und der Erleuchtung, ist unter der Perspektive des biologischen Unsterblichkeitsdiskurses ein sehr altmodischer Typus. Er umarmt Krankheit und Tod, um aus dieser Umarmung außerordentliche Erleuchtung zu gewinnen, er ist – mit wenigen anderen – der Letzte einer literarischen Generation, deren Abschiedsgesang Wolfgang Hildesheimer in der fiktiven Biographie des Sir Andrew Marbot, eines Zeitgenossen von Goethe und Lord Byron, geschrieben hat. Für sie alle, für Wilhelm Meister, wie für Castorp und Sir Andrew, gilt das Wort Thomas Manns am Ende seines „Zauberberg"-Essays: „The Grail is a mystery, but humanity is a mystery too. For man himself is a mystery, and all humanity rests upon reverence before the mystery that is man." Hans Castorp oder der optimierte Mensch, das sind die Gegensätze, denen sich die Moderne ausgesetzt sieht oder besser, denen sie sich ausgesetzt hat und damit in das unauflösbare Dilemma von Töten und Heilen geraten ist.

Vielleicht ist Schillers „Nänie", im Jahre 1800 erstmals gedruckt, der noch immer vollkommenste Ausdruck des elementaren Bewußtseins von der Dauer des Schönen, aus der Klage um seinen Verlust. Sie singt die weltbewegende Klage der Götter, daß auch das Schöne stirbt und das Vollkommene vergeht. Diese Elegie ist die Klage der Thetis, die mit allen Töchtern des Nereus um den Tod des Achilles weint, die Klage der Mutter um ihren Sohn:

„Nicht errettet den göttlichen Held die unsterbliche Mutter,
   Wann er, am skäischen Tor fallend, sein Schicksal erfüllt.
Aber sie steigt aus dem Meer mit allen Töchtern des Nereus,
   Und die Klage hebt an um den verherrlichten Sohn.
Siehe! Da weinen die Götter, es weinen die Göttinnen alle,
   Daß das Schöne vergeht, daß das Vollkommene stirbt.
Auch ein Klaglied zu sein im Mund der Geliebten, ist herrlich,
   Denn das Gemeine geht klanglos zum Orkus hinab."

Nicht anders als Friedrich Schiller haben die Modernen Vergänglichkeit und Schönheit aneinandergebunden und gegen das bloß Nützliche verteidigt. Reiner Kunze hat diesen Grundakkord alles Poetischen in einem seiner haiku-ähnlichen Gedichte angetönt:

„Wesen bis du unter wesen

Nur daß du hängst am schönen
und *weißt*, du mußt
davon".

Auch in einer häufig zitierten Anekdote ist das Schöne als das Humane beschrieben. Daß der Mensch funktional bauen könne, so wird gelegentlich behauptet, unterscheide ihn von den Tieren. Daß Häuser, Orte, Paläste und Städte schon aus dem Schutt der Urgeschichte auftauchen, weise auf die Spur des Menschen in dieser Welt. Funktional aber, so die Gegenthese, baue auch der Biber. Doch es sei nicht vorstellbar, so die Conclusio, daß der Biber nach Fertigstellung seines Baus eine Seerose pflücke, sie auf die Schwelle seines Hauses lege und sich daran freue. Das aber kann der Mensch und das unterscheidet den Menschen vom Biber.
In der gegenwärtigen Auseinandersetzung um das Bild des Menschen, um Tod und Leben (in wörtlichem und nicht mehr in übertragenem Sinne) sind dies leitende Gedanken. Nicht einmal der Ton hat sich verändert, das Pathos ist hörbar: „Du, der du heute faktensatt, von Informationen zerrissen, unter enormem Anpassungsdruck durch Landschaften und Städte wanderst, die dir noch immer lieb und vertraut sind, [sagt Durs Grünbein zu uns, den Mitlebenden] du wirst das goldene Zeitalter der Gen-Zauberei nicht mehr erleben. *Natürliches Auslaufmodell*, das du bist, vom technologisch überrundeten Evolutionsprozeß ad acta gelegt, bleibt dir wenig, woran du dich halten kannst. Nur dein Anachronismus, die Würde des Überholtwordenseins. – Beneide sie nicht, deine effizienteren Nachfahren, jene *genoptimierten* Superenkel, denen aus allen Poren Vollkommenheit strahlt. Ihr Schicksal wird die *Langeweile* sein, *die Trübsal am Rande der posthumanen Wüsten*. Länger als je zuvor ein Mensch müssen sie unter ihresgleichen verweilen, umgeben von lauter zählebigen, hundertprozentig gesunden Phäaken, die alle dieselbe Einheitszeit teilen. – Dir als Letztem wird es vergönnt sein, am Ende deiner gezählten Tage, nach einem verworrenen Leben, das frei war von biologischer Vorsehung, erschöpft die Augen zu schließen – nach sterblicher Vorfahren Art." Da ist sie noch einmal, mit allen Stichworten gültig formu-

liert, die Angst des jungen Amerikaners (mit dem ich durch Berlin gegangen bin) vor dem endgültigen Generationenbruch!

4. Der Dialog der Wissenskulturen

An dieser Stelle wird deutlich, weshalb das Gespräch der Wissenskulturen nicht in Gang kommt. In die dadurch entstandene Lücke drängt sich einstweilen die beschriebene „dritte Kultur". Die seriöse Wissenschaft nämlich ist geneigt, den Konflikt um Geburt und Tod, um Schmerz und Klonierung, um Optimierung und Langeweile als Hirngespinste nicht informierter Kritiker abzutun und darin nicht *mehr* zu sehen, als die altbekannte Technik- und Wissenschaftsskepsis der Deutschen. Die Molekularbiologen haben schließlich mit ganz anderen innerwissenschaftlichen und methodischen Grundlagenproblemen zu kämpfen. Sie sind noch längst nicht dort angekommen, wo die Kassandra-Rufe ihrer Kritiker sie angekommen wähnen. Deshalb auch bringt die Wissenschaft der in der „zweiten Kultur" ausgebrochenen Diskussion keine Sympathie und, was schlimmer ist, kein Interesse entgegen. Das Vorhaben der Literaten ist auf rechtzeitige, im Vorfeld von Anwendungen noch mögliche gesellschaftliche Kontextualisierung der Wirkungen der Gentechnik gerichtet. Anders ausgedrückt: Die Schriftsteller versuchen Wirkungen und Ergebnisse der Forschung vorwegzudenken und diese bereits sozial einzubetten, noch ehe diese Ergebnisse überhaupt vorliegen und Wirkungen entfalten können. Für die experimentelle Wissenschaft aber ist ein Ergebnis, das nicht oder noch nicht vorliegt, nicht existent. In der kuriosen Zwischenphase zwischen Befürchtung und Verleugnung, in der wir leben, sind die Positionen beider Seiten, die der Wissenschaft ebenso wie die der Literatur, festungsartig ausgebaut. Ein Gespräch findet nicht statt. Die säuberlich zu trennenden Sphären von scheinbar wertfreier Wissenschaft und wertgeleiteter Lebenswelt (der Einflußsphäre der Schriftsteller) haben sich nämlich kenntlich vermischt. Die auch früher schon künstlichen Grenzen haben sich aufgelöst. Anders ausgedrückt: Eine neuartige Perspektive auf Wissen und Information, auf orientierende Kenntnisse, auf Bildung und auf den von Bildungswissen geleiteten Diskurs der Zeit ist entstanden. Von ihr wissen die Curricula und die Studienpläne unserer Schulen und Hochschulen noch wenig. Goethe und Thomas Mann haben etwas davon geahnt; die Molekularbiologie weigert sich, sie zur Kenntnis zu nehmen; die modernen Schriftsteller und Essayisten aber überzeichnen sie.

Von beiden Seiten aus, von der Seite der Wissenschaft ebenso, wie von der der Schriftsteller, müßte die breite Grenzzone der kulturellen Berührung beschritten werden, wenn es zu einem fruchtbaren Gespräch zwischen den Wissens-Kulturen über die Konstruktion eines neuen Menschenbildes kommen soll. Die Molekularbiologen und ihre Anwender in der Gentechnik müßten sich bewußt machen, daß die von den Schriftstellern begonnene Diskussion keine Hirngespinste pflegt. Die von den Schriftstellern gesehene und kritisierte Zukunft liegt tatsächlich im *möglichen*, nicht im notwendigen Trend der Forschung. Schließlich heißt es im Kommentar zur Bioethik-Konvention des Europarates in aller Deutlichkeit: „Many of the current achievements and forthcoming advances are based on genetics. Progress in knowledge of the genome is producing more ways of influencing and acting on it. The risks associated with this growing area of expertise should not be ignored. It is no longer the individual or society that is imperilled but the human species itself." Die Schriftsteller und die Künstler aber müßten zur Kenntnis nehmen, daß ihnen nicht verantwortungslose und profitgierige Forscherbataillone gegenüberstehen, die, kalt kalkulierend, um ihres eigenen Vorteils willen die Zukunft der Menschheit aufs Spiel setzen, sondern eine (meist) verantwortungsbewußte Gemeinschaft von Forscherinnen und Forschern, die sich ihres Eingriffes in die Evolution und der dadurch hervorgerufenen Evolutionsbeschleunigung durchaus bewußt ist.

5. Die „andere" Perspektive

Die Moderne hat nicht nur die Ästhetik des Häßlichen, sie hat auch die naturwissenschaftliche Erkenntnis als ein lyrisches Thema entdeckt und die Schüler Gottfried Benns haben es weiterentwickelt. Durs Grünbein hat schon 1991 in seinem Gedichtband „Schädelbasislektion" die Vision des neuen Phänotyps entworfen und dabei ex negativo die Humanität, die Vielfalt und die Schönheit des menschlichen Körpers in seinem Ist-Zustand verdeutlicht. Nur dieser durch evolutive Anpassung entstandene Körper ist in der Lage, Welt, Natur und Mitlebende als schön und lebenswert zu erfahren. Der veränderte Phänotyp, den Science-Fiction-Vorstellungen nahe, wäre dem Schrecken des Natürlichen unbehindert ausgeliefert, er würde dem Wahnsinn verfallen:

„ . . . .
Stell dir vor: Ein Café voller Leute, alle
   Mit abgehobenen Schädeldecken, Gehirn
      Bloßgelegt
         (Dieses Grau!) und dazwischen
Nichts mehr was eine Resonanz auf den
Terror ringsum
      Dämpfen könnte. Amigo, du
Würdest durchdrehn bei diesem einen
   Nerventötenden Sinus-Ton von
      Garantiert 1 000 Hz. . ."

Anne Beresford, die englische Lyrikerin, aber hat in einem großen Schöpfungsgedicht die Hybris des Wissens und des Machens bloßgestellt, die Utopie vom Überleben komplexer Individuen dem Gelächter der Möwen und dem Geschwätz der Stare preisgegeben. Ihr „Overheard Song of Praise" überschriebenes Gedicht ist bewußt neben das biblische „Magnificat", als das Lied der Sünderin, als der Lobgesang Maria Magdalenas gestellt. Und dieses Loblied bekräftigt die bezweifelte Formel des Aschermittwoch („and to dust we shall certainly return"), um in dem größten Wort des Neuen Testamentes, dem Wort der Vergebung, zu münden: „She has loved much." Das Gedicht ist (auch in der Übersetzung von Ursula Kimpel) wert gekannt zu sein, und bezeugt stärker als alle Reden und Pamphlete, was der gegenwärtigen Auseinandersetzung um das Menschenbild an Ausdruck, Nachdenken und an leisen Tönen fehlt:

„Als der Morgenstern anfing zu verblassen
hob eine Frau ihre Arme
um das Wunder Schöpfung zu verkünden:

‚Alle Dinge in den Himmeln
unter der See
und auf der Erde

beschämen uns, ja, das stimmt, Herr,
bis ins letzte Detail
keine Verschwendung
und in den Staub kehren wir sicher zurück.
Dein Plan für uns ist ein Rätsel
uns bleiben Zweifel.

Ich hab' nicht geleugnet, daß es dich gibt
mich nur gewundert über das Böse und Gute
das du befehligst,
wundre mich daß du teilnahmst an dem Leid
das uns auferlegt ist.
Seltsam und furchtbar ist die Macht des Mammon –
ist das dein andres Gesicht?
Nichts enthält nichts aber du enthältst alles.
Die Möwen lachen, wenn ich mich um Einsicht bemühe
die Stare schwatzen untereinander
mein Unwissen verblüfft sie.

In diese Finsternis wirf etwas Licht
denn der Pfad, den du anzeigst
ist kaum breit genug um die Seelen passieren zu lassen.
In dein unerhörtes Nichts
versammle meine Liebe ihre vielen Aspekte
unvollkommen, lächerlich manchmal
- das schwache Glied, das mich an dich bindet -
laß sie wachsen mit dem Bersten des Frühjahrs
mit der Hitze des Sommers
der Trauer des Herbstes
dem endgültigen Eis des Winters
dann sag noch einmal:
„Sie hat viel geliebt."“

6. Das Bewußtsein und das Soziale

Mir scheint, daß, neben der Poesie, die heute zugleich mit der Genomforschung mächtig aufstrebenden Neurowissenschaften, daß insbesondere die moderne Hirnforschung bessere und nähere Anknüpfungspunkte für den grenzüberschreitenden Dialog bieten als die Molekularbiologie. Die moderne Hirnforschung, zwar auf naturwissenschaftlicher und molekularbiologischer Grundlage errichtet, hat innerhalb der für sie so entscheidenden Dekade am Ende des 20. Jahrhunderts die sozialen Faktoren der *conditio humana* nicht außer Acht gelassen. In den Jahren zwischen 1990 und 2000 etwa wurde – wie Thomas Brandt sagte – die Neurologie „von einem Fach der interessanten und schwierigen Diagnosen zu einem Fach behandelbarer Erkrankungen des Nervensystems". Das ist ein Entwicklungsschritt, der kaum so spektakulär ist wie die Entzifferung des menschlichen Genoms. In der unmittelbaren Wirkung auf die Menschen und für das

Bild des Menschen aber ist er eingreifender als der eher mechanisch erreichte Erfolg der Genom-Forschung. Die Hirnforschung hat sich in der Dekade des Gehirns („decade of the brain") so stark positioniert, daß die wirklich interessanten und weiterwirkenden Forschungsergebnisse des 21. Jahrhunderts eher von diesem Forschungsfeld als von der Molekularbiologie zu erwarten sind. Wolf Singer, Direktor am Frankfurter Max Planck-Institut für Hirnforschung, hat in dieser Debatte, welche um nicht weniger als um die Entstehung des menschlichen Bewußtseins kreist, alle notwendigen Stichworte gegeben. Mit diesen Stichworten wäre es vielleicht sogar möglich, einander widersprechende und widerstrebende Wissens-Kulturen zusammenzuführen, ohne sich allzu weit einer „dritten Kultur", der Futurologie der „seriösen Spinner", anzuvertrauen. Wolf Singer hat das Gehirn, das komplexeste Organ, das die Evolution hervorgebracht hat, nicht als ein statisches, nach dem Modell der Computer-Verdrahtung zu beschreibendes Organ definiert, sondern als ein dynamisches und daher überkomplexes System. Sein sensationeller und im Zeichen des grassierenden Biologismus Hoffnung machender Vorschlag lautet, „daß es sich bei unserer Erfahrung frei zu sein, um eine Erfahrung handelt, die auf *sozialem Lernen* beruht, daß die Konzepte von Freiheit und Verantwortlichkeit kulturelle Konstrukte sind, soziale Realitäten, die einen anderen ontologischen Status beanspruchen als die mechanistischen Prozesse, die in einzelnen Gehirnen ablaufen". Singer hat wegen der „ungeheuer komplexen Dynamik neuronaler Wechselwirkungen" im Kontinent des menschlichen Gehirns für weite Strecken seines Forschungsfeldes ein schlichtes „ignoramus" gesprochen. Es ist wohl zu übersetzen mit „wir wissen es (noch) nicht"; denn dieses „ignoramus" löst jenes „ignorabimus" (also das „wir werden es [niemals] wissen") ab, das Emil du Bois-Reymond in dem Vortrag „Über Grenzen der Naturerkenntnis" 1872 zum Problem der Erforschung des Bewußtseins gesprochen hat. Singers vorläufiges, aber weiterführendes Fazit lautet: Es bleibe die Frage, „ob wir die beiden getrennten Beschreibungssysteme – in denen wir scheinbar Unvereinbares über unsere Bedingungen behaupten – je einander werden annähern können: das aus der Dritten-Person-Perspektive formulierte System der Naturwissenschaften, das eine Fülle logisch konsistenter Erklärungen für die Vorgänge in der Welt liefert, einschließlich der Emergenz mentaler Phänomene aus materiellen Prozessen, das aber keinen Raum für eine unabhängige geistige Instanz bietet, und die aus der Ersten-Person-Perspektive resultierenden Beschreibungen, die sich unserer Selbsterfahrung und in der Folge auch der kulturellen Evolution verdanken, in denen wir uns dazu bekennen, freie, geistige Wesen zu sein". Die Naturwissenschaft streckt die Hand aus nach der „anderen" Wissenskultur und schafft durch die Einbeziehung sozialer Faktoren in die wissenschaftliche Auseinandersetzung jene lange vermißte Basis für das gemeinsame Gespräch über ein neues Menschenbild. Ob die Geisteswissenschaften diese ausgestreckte Hand ergreifen werden?

*

An der Auseinandersetzung zwischen der notwendigen, natürlichen und der kulturellen Evolution, in der wir uns dazu bekennen, freie Wesen zu sein, wird sich meines Erachtens das in Umrissen erkennbare neue Menschenbild des 21. Jahrhunderts entscheiden. In diesem Menschenbild wird die *Notwendigkeit* künftig eine größere Rolle spielen als der Zufall, ohne daß es aber ein „Menschenrecht auf Kontingenz" geben wird, ohne daß die Erklärung des Menschen allein aus materiellen Bedingungen möglich werden wird. Wenn sich der Pulverdampf der Auseinandersetzung um Leben, Tod und Langeweile verzogen haben wird, wird dieses Ziel der Näherung von natürlicher und kultureller Evolution auch der ästhetischen Kultur als ein gemeinsam mit der Wissenschaft zu erreichendes und gemeinsam zu verfolgendes Ziel erscheinen. Dann erst wird ein wirklich fruchtbarer Dialog zwischen Wissenschaft und Kunst beginnen, wird – nach Enzensbergers Wort- „auch eine Wissenschaft, die wir achten und mit der wir leben können, wieder eine Chance haben".

Kreativität als Interaktionsprozeß:
Zur Psychologie der Kreativität

Joachim Funke

Kreativität ist eine allgegenwärtige Erscheinung menschlicher Natur: Das Gebäude, in dem Sie sich möglicherweise befinden, ist von einem Architekten gestaltet; die Kleidung, die Sie tragen, wurde von einem Designer entworfen; der Sessel, auf dem Sie sitzen, wurde – hoffentlich ergonomisch korrekt – gestaltet; das Buch, das Sie lesen, wurde entworfen und gestaltet; usw. Hinter all den Dingen um Sie herum, die wir gemeinhin Artefakte nennen, steht eine Person, die diese Dinge kreiert und damit eine ganz bestimmte Absicht verfolgt hat. Diese Allgegenwart kreativer Akte steht in krassem Mißverhältnis zu ihrer Erforschung. Über lange Zeit hinweg hielt man nämlich kreative Akte für etwas, das wie ein Blitz über die Person kommt und keine weitere Erklärung erlaubte. Erst mit dem Beginn der naturwissenschaftlichen Psychologie Ende des 19. Jahrhunderts sollten sich diese Ansichten langsam ändern.

Wie sieht kreatives Denken aus?

Im Unterschied zur populären Vorstellung, wonach kreative Denkakte Ergebnisse eines Geistesblitzes seien, also unmittelbar als Lösung eines Problems vor dem geistigen Auge erschienen, geht die psychologische Forschung bereits seit den frühen Arbeiten von Wallas 1926 davon aus, daß die kreative Lösung Ergebnis eines langdauernden, oft sogar mehrjährigen Prozesses ist. Mindestens fünf Stufen des kreativen Prozesses werden traditionell unterschieden, die hier kurz genannt sein sollen.

Stufe 1: *Vorbereitung*. Es ist schwierig eine gute Idee zu bekommen, ohne sich nicht vorher intensiv mit dem fraglichen Gebiet beschäftigt zu haben. Kreative Erfinder kennen die wichtigsten Prinzipien in ihrer Disziplin, kreative Künstler haben sich intensiv mit den Werken von Vorgängern und Zeitgenossen auseinandergesetzt, kreative Wissenschaftler haben nicht nur ein langes Studium hinter sich, sondern auch zugleich einen hohen Grad an Expertise in ihrem Fach erreicht („exceptional talents are less born than made"). Intensive Vorbereitung ist also nötig. Unter Expertise-Forschenden wird normalerweise von Expertise gesprochen ab einer Beschäftigungszeit von 10.000 Stunden mit einem bestimmten Thema.

Stufe 2: *Inkubation.* Interessanterweise kann es sinnvoll sein, ein Problem, für das man eine kreative Lösung sucht, einfach liegen zu lassen. In den Phasen der Nichtbeschäftigung arbeitet unser Gehirn offensichtlich weiter – die Inkubationsphase tritt in Kraft, nachdem die vorangegangene Phase die Grundlagen dafür gelegt hat durch eine Art „gedanklicher Infektion".

Was in dieser Inkubationsphase genau passiert, war lange Zeit unklar. Am Werk ist hier die Dynamik unseres Gedächtnisses, in dem assoziative Verbindungen zwischen Ideen und Vorstellungen sich im Laufe der Zeit abschwächen und durch neu hinzukommende Informationen überlagert und verändert werden. Die in der Inkubationsphase ablaufenden Prozesse bleiben der kreativen Person unbewußt und können nicht aktiv beeinflußt werden. Allerdings hat gerade die neuere Forschung zum Kognitiven Unbewußten eindrucksvolle experimentelle Belege intuitiver Informationsverarbeitung vorgelegt, die diese Phase entmystifizieren.

Stufe 3: *Einsicht.* Zu einem ungewissen Zeitpunkt durchdringt eine rekombinierte Assoziation die Schwelle zum Bewußtsein und liefert den Moment der Erleuchtung – die Illumination. Gestaltpsychologen haben vom „Aha"-Effekt gesprochen. Dies ist der Moment der Bewußtwerdung des schöpferischen Augenblicks, der nach entsprechender Vorbereitung und daran anschließender Inkubation erfolgt.

Stufe 4: *Bewertung.* Die in der Erleuchtungsphase gewonnene kreative Einsicht muß natürlich bewertet werden – nicht alle kreativen Einsichten sind wirklich brauchbar. Hier kommen Normen und Werte ins Spiel, die darüber entscheiden, ob eine neue Idee der kritischen Zensur zum Opfer fällt oder es schafft, diese Hürde zu überwinden. Dabei ist die nächste Stufe nicht unbeteiligt.

Stufe 5: *Ausarbeitung.* Von der ersten Idee einer elektrischen Glühbirne bis zum ersten Prototypen war ein weiter Weg zu überwinden. Thomas Edison hat einmal rückblickend gesagt: „Genie bedeutet 1% Inspiration und 99% Transpiration", womit er auf die Kräfte hinweist, die zur Durchsetzung einer kreativen Idee nötig sind. Außerdem können sich auf dem Weg von der ersten Idee hin zum fertigen Endergebnis – einem Bild, einem technischen Produkt, einem Roman – noch zahlreiche Überraschungen und Änderungen ergeben.

Was sind Determinanten kreativen Denkens?

Klassischerweise werden verschiedene Perspektiven der Kreativitätsforschung unterschieden: die kreative Person, der kreative Prozeß und das kreative Produkt. Nachdem im vorangehenden Teil bereits einige Aussagen zum kreativen Prozeß gemacht wurden, soll hier der Schwerpunkt auf die kreative Person und ihr Umfeld gelegt werden. Auch ein paar Bemerkungen zum kreativen Produkt sollen hier erfolgen.

Merkmale der kreativen Person: Muß eigentlich eine überdurchschnittliche Intelligenz gegeben sein, um kreative Leistungen zu erbringen? Diese Frage haben bereits Galton 1869 aus der Perspektive der Vererbungsforschung und Terman 1925 aus der Perspektive der Hochbegabtenforschung gestellt und durch empirische Studien zu beantworten versucht. Sternberg 1995 bejaht diese Frage, schränkt aber zugleich ein: „bright but not brilliant", womit zum Ausdruck gebracht wird, daß oberhalb einer gewissen Intelligenzschwelle (ab einem IQ von etwa 120) eine Erhöhung der Intelligenz keine Auswirkungen mehr bezüglich kreativer Leistungen bewirkt. Dabei sollte man sich allerdings eine Intelligenzkonzeption vor Augen halten, die nicht von der Annahme einer einzelnen „generellen" Intelligenz ausgeht, sondern die – wie dies etwa in den Vorstellungen von Howard Gardner 1983 zum Ausdruck kommt – die Existenz „multipler Intelligenzen" annimmt (sprachliche, logisch-mathematische, räumliche, musikalische, motorische sowie personale Intelligenz).

Aber nicht nur Intelligenz interessiert an dieser Stelle – vielmehr wird die Frage allgemeiner gestellt: gibt es spezifische Ausprägungen von Persönlichkeitseigenschaften kreativer Personen? Die heutigen Ergebnisse zeichnen ein Profil, in dem Unabhängigkeit, Nonkonformismus, unkonventionelles Verhalten, weitgespannte Interessen, Offenheit für neue Erfahrungen, Risikobereitschaft sowie kognitive und verhaltensmäßige Flexibilität als Kennzeichen dienen. Auch die alte Debatte um Genie und Wahnsinn findet insofern Unterstützung, als Kreativität tatsächlich oftmals mit einem gewissen Grad psychopathologischen Verhaltens einhergeht. Allerdings sind pathologische Verhaltensweisen keine notwendige Voraussetzung für Kreativität – im Gegenteil: oftmals beweist gerade die kreative Persönlichkeit, wie bestimmte psychologische Schwachpunkte in einem adaptiven Sinn nützlich gemacht werden können.

In Hinblick auf das Lebensalter wird oft argumentiert, daß die Kreativität nach einem Höhepunkt zwischen 20 und 30 mit zunehmendem Alter nachlasse. Tatsächlich ist eine derart pessimistische Aussage wohl nicht gerechtfertigt, da zahlreiche Faktoren für eine qualitative wie quantitative Wiederbelebung kreativer Produktivität im späteren Lebensalter sorgen können.

Das kreative Umfeld: Forschung, die die gesamte Lebensspanne übergreift, zeigt interessanterweise, daß Kreativität nicht immer dort entsteht, wo die besten Bedingungen vorliegen – eher im Gegenteil scheinen herausfordernde Erfahrungen die Fähigkeiten einer Person zu stärken, Widerständen zu begegnen. Dies macht deutlich, daß nicht die kreative Person allein maßgeblich ist, sondern dem kreativen Umfeld eine große Bedeutung zukommt. Dieses „Feld" besteht aus anderen Personen, die kreativ auf dem gleichen Gebiet tätig sind. Martindale 1990 etwa macht deutlich, daß für einen Schriftsteller hauptsächlich andere Schriftsteller (sowie einige ausgewählte Kritiker) als Referenz gelten – diese Strukturen findet Martindale auch in der Kunst und in der Musik. Diese Überlegungen machen deutlich, daß nicht die alleinige Konzentration auf eine einzelne kreative Person ausreicht, um das Zustandekommen eines kreativen Produkts zu verstehen.

Neben dem eben beschriebenen Einfluß des „Feldes" gehören natürlich auch soziokulturelle Einflüsse („Zeitgeist") zum kreativen Umfeld. So haben im geschichtlichen Verlauf viele Länder nach der Gewinnung ihrer Unabhängigkeit kreative Blütezeiten durchlebt, angefangen mit dem antiken Griechenland. Wie Simonton 1994 ausführt, mag dies mit Tendenzen zusammenhängen, die zu mehr Heterogenität anstatt Homogenität ermutigen. Kulturelle Diversität wird dort sogar als kreativitätsförderlicher Faktor gesehen. Historiometrische Analysen kreativer Produkte scheinen diese Sicht zu bestätigen.

Das kreative Produkt: In Hinblick auf das kreative Produkt, das Ergebnis kreativen Denkens, werden zwei Kriterien als zentral erachtet, nämlich (a) Neuigkeit und (b) Angemessenheit und Nützlichkeit im Sinne einer Problemlösung. Natürlich hängt die wahrgenommene Neuigkeit vom Hintergrund der beurteilenden Person wie auch vom sozialen Konsens ab, und selbstverständlich kann eine von mir vorgenommene Entdeckung durchaus Neuigkeitswert beanspruchen, auch wenn ich später erfahre, daß es sich um eine längst gemachte Entdeckung handelte.

Das an zweiter Stelle genannte Kriterium der Angemessenheit und Nützlichkeit soll sicherstellen, daß nicht alles, was neu ist, auch automatisch als kreativ angesehen wird. Vielmehr sollen bestimmte Einschränkungen, die das Problem vorgibt (z.B. bei der Beleuchtung dunkler Innenräume), möglichst optimal getroffen werden. Großflächige Spiegelsysteme wären im Regelfall dafür ungeeignet.

Neben den beiden Hauptkriterien werden von Lubart 1994 noch drei Nebenkriterien angeführt: (c) Qualität, (d) Bedeutung und (e) Entstehungsgeschichte. Mit diesen Zusatzkriterien kann die Bewertung eines Produkts als kreativ verändert werden. In Hinblick auf Qualität dürfte nachvollziehbar sein, daß ein qualitativ hochstehendes neues Produkt einem noch unausgereiften Produkt überlegen ist. Die Bedeutung eines Produkts ergibt sich aus dessen Reichweite: eine neuartige Alarmanlage für Autos, bei der Tierberührungen keinen Fehlalarm auslösen, hat eine geringere Reichweite als eine neuartige Methode, Sonnenenergie zum Kochen zu verwenden. Die Entstehungsgeschichte kann die Bewertung insofern verändern, als wir bei Kenntnis einer rein zufälligen Entdeckung weniger Respekt vor der kreativen Leistung haben, als wenn wir von der mühevollen, langjährigen Entwicklungsarbeit an einem Produkt hören.

Daß Urteile bezüglich des kreativen Werts eines Produkts nicht nur vom historischen Kontext, sondern auch von der sozialen Bezugsgruppe abhängig sind, merkt man an der großen Spannbreite von Beurteilungen bei ein und demselben Produkt. Dies liegt zum einen am bereits erwähnten unterschiedlichen Hintergrund der Beurteiler. Kunstlehrer, die viele Zeichnungen gesehen haben, beurteilen das Bild eines Kindes kritischer als die Eltern, die von seinen ersten Produkten ganz begeistert sind, aber kaum Vergleichsmöglichkeiten haben. Zum anderen liegt es auch an der unterschiedlichen Gewichtung der hier aufgeführten Kriterien. Je nach deren anteiliger Bedeutung für das Gesamturteil lassen sich unterschiedliche Bewertungen dadurch gut erklären.

Warum brauchen wir kreatives Denken?

Die Notwendigkeit kreativen Denkens für den Fortbestand unserer Welt dürfte außer Zweifel stehen, auch wenn es gerade kreative Erfindungen waren, die die Menschheit mit der Möglichkeit ihrer Selbstzerstörung konfrontiert haben. Brauchen ausgewiesene Experten und Expertinnen in einem Fach überhaupt Nachhilfe in Sachen Kreativität? Interessanterweise ja, denn gerade Fachwissen kann gegenüber neuen Ideen blind machen („deformation professionelle").

Die Notwendigkeit kreativen Denkens ergibt sich aber nicht nur wegen der möglichen Betriebsblindheit von Experten bei der Lösung komplexer Probleme. Vielmehr erweist sich in einer Welt, in der sich bestimmte Probleme wie z.B. die Versorgung einer exponentiell wachsenden Menschheit mit Nahrung und Wasser immer drängender stellen, in der das kriegerische Zerstörungspotential nach wie vor zur mehrfachen Vernichtung des Globus ausreicht, und in der anthropogene Emissionen inzwischen einen schädlichen Einfluß auf empfindliche natürliche Stoffkreisläufe nehmen, das kreative Potential der Menschheit als ein möglicher Hoffnungsschimmer. Die gesamte (Kultur-)Geschichte der Menschheit wäre ohne kreative Prozesse nicht in der Weise verlaufen, die wir heute rekonstruieren.

Aus diesem Grund ist es wichtig, nicht nur die Bedingungen kreativer Tätigkeit zu studieren, sondern aktive Maßnahmen zur Förderung des kreativen Denkens zu ergreifen. Elternhaus, Schule und Universität stellen ja in gewissem Sinne Sozialisationsinstanzen dar, die zur Förderung kreativen Verhaltens anhalten sollten.

Die hier vorgetragenen Überlegungen verdeutlichen nochmals die Notwendigkeit zu einer Perspektive, in der kreatives Denken als Interaktionsprozeß konzipiert wird zwischen einer kreativen Persönlichkeit und einer kreativitätsförderlichen Umwelt. Sie verdeutlichen ebenfalls, daß kreative Leistungen nicht „verordnet" werden können, sondern einen Schatz darstellen, zu dessen Pflege die institutionellen Bedingungen in Schulen und Universitäten sorgsam überdacht werden müssen. Gemessen an der erdrückenden Menge an Problemen, mit denen sich die Menschheit auf globaler Ebene konfrontiert sieht, ist eine große Anstrengung erforderlich, diese Kräfte auf *positive* Ziele zu bündeln. Gerade die Psychologie der Kreativität zeigt, daß dies nicht dem einzelnen allein überlassen werden kann.

Thesen zur Geschichte und Zukunft der Arbeit

Jürgen Kocka

Die Krisen und Umbrüche der Gegenwart erscheinen in anderem Licht, wenn man sie vor dem Hintergrund ihrer Geschichte sieht. Die Historisierung heutiger Probleme macht im Umgang mit ihnen klüger. Die Voraussage der Zukunft ist schwierig, aber ohne Kenntnis der Vergangenheit unmöglich. Die gegenwärtige Debatte über die Krise der Arbeit und das angebliche Ende der Arbeitsgesellschaft kann als Exempel dienen.

Säkulare Trends: Ambivalenz und Aufwertung der Arbeit

In der Antike herrschte eine skeptische Einschätzung der Arbeit vor, jedenfalls der körperlichen und der kommerziellen. Arbeit und Freiheit, Arbeit und Bürgerrecht standen in Spannung zueinander wie *oikos* und *polis*. In der *jüdisch-christlichen Tradition* galt Arbeit als Fluch und Segen, Strafe und göttlicher Auftrag zugleich. Selbst in den entschiedensten Plädoyers für die Anerkennung der Arbeit als göttlich gewollt, so in manchen Mönchsregeln des Mittelalters und den Schriften der Reformatoren, lief immer ein Subtext mit, gemäß dem mit der harten Arbeit auch ein Stück Buße für menschliche Sündhaftigkeit geleistet werden sollte - „im Schweiße deines Angesichts".

In der europäischen Stadt des Mittelalters und der Frühen Neuzeit gewann Arbeit dann zentrale Bedeutung. Ehrbare Arbeit war nun Basis genossenschaftlicher Vergesellschaftung und mit Freiheit und Stadtbürgerrecht positiv verknüpft, diametral anders als in der antiken Polis. Arbeit wurde für die entstehende Stadtbürgerkultur prägend. Stadtbürgerliche Kultur wirkte aufwertend auf Arbeit zurück.

Im 17. und 18. Jahrhundert schließlich - in den Schriften der Aufklärer und Nationalökonomen – kam es nachgerade zur emphatischen Aufwertung der Arbeit als Quelle von Eigentum, Reichtum und Zivilität bzw. als Kern menschlicher Selbstverwirklichung – dies oft mit antiaristokratischer Spitze, in bürgerlichem Geist und mit neuprotestantischer Selbstgewißheit, befördert vom sich durchsetzenden Kapitalismus und vom technologischen Fortschritt, auch von der inneren Staatsbildung der Territorialstaaten. Beispielsweise wertete Immanuel Kant die Muße als „leere Zeit" ab und die Arbeit zum Lebenssinn auf: „Je mehr wir beschäftigt sind, je mehr fühlen wir, daß wir leben, und desto mehr sind wir uns unseres Lebens bewusst. In der Muße fühlen wir nicht allein, daß uns das Leben so vorbeistreicht, sondern wir fühlen auch sogar eine Leblosigkeit."

Es gab Gegenreden, welche die Mühsal und Qual harter Arbeit betonten, die Muße priesen und die menschliche Neigung zum Müßiggang verteidigten. Wer selbst mit seinen Händen arbeitete, wird Arbeit oft anders erfahren haben als Kant sie beschrieb. Arbeit, das wußte man, hatte etwas mit Verpflichtung und Notwendigkeit zu tun, erforderte Disziplin und Anstrengung über den Punkt hinaus, an dem sie aufhörte, nur angenehm zu sein. Dennoch, bis 1800 hatte sich in der westlichen Zivilisation der Arbeitsbegriff ein Stück weit aus seiner früher dominanten Verbindung zu Kampf, Not und Mühsal gelöst, aufs Schöpferisch-Kreative hinbewegt und als Kern menschlicher – jedenfalls bürgerlicher – Identitätsbildung empfohlen. In der Konsequenz galt Arbeit als Menschenrecht. Die Langzeitfolgen waren erheblich, sie reichen bis in die gegenwärtige Diskussion über Arbeitslosigkeit hinein.

Der Sieg der Erwerbsarbeit und die Geburt der Arbeitsgesellschaft

Bis 1800 hatte sich ein allgemeiner Begriff von Arbeit (*work, travail*) herausgebildet, der die verschiedensten körperlichen und geistigen Tätigkeiten umfaßte, soweit sie einen Zweck außerhalb ihrer selbst hatten, den Zweck etwas herzustellen, zu leisten, zu erreichen, Aufgaben zu erfüllen, die man selbst setzte oder andere stellten. Spiel, Muße und Nichtstun waren die Gegenbegriffe.

Im Laufe des 19. und 20. Jahrhunderts verengte sich dieser breite Arbeitsbegriff. Arbeit wurde zu Erwerbsarbeit und als solche zur zentralen Säule der Gesellschaft, die deshalb bisweilen als Arbeitsgesellschaft bezeichnet wird und heute in der Krise zu sein scheint.

1. Kommodifizierung

Mit der Aufhebung der feudal-ständischen Ordnung avancierte der Kapitalismus zum allgemeinen Prinzip des wirtschaftlichen Lebens, drang auch tief in die Welt der Arbeit ein und prägte sie um: in Richtung marktvermittelter Arbeit. Die Marktabhängigkeit der Arbeit war früher durch soziale Einbindungen begrenzt gewesen: durch das Haus, den korporativen Verband, feudale Abhängigkeit, Unfreiheit anderer Art. Diese Einbindungen zerfielen nun. Bisher eingebundene Arbeitskräfte wurden freigesetzt, traten auf sich rasch ausweitenden Märkten auf, teils als selbständige Anbieter von Arbeitsprodukten und -leistungen, teils als Lohnarbeiter. Erst jetzt wurde Arbeit en masse zum Gegenstand marktwirtschaftlicher Tauschvorgänge, zur Ware.

2. Die Entstehung des Arbeitsplatzes

Mit Industrialisierung und Verstädterung fand Arbeit immer mehr in Manufakturen und Werkstätten, Fabriken und Bergwerken, Büros und Verwaltungen statt. Insgesamt traten der Arbeitsplatz, an dem Erwerbsarbeit geleistet wurde, und die Sphäre des Hauses/der Familie auseinander. Erwerbsarbeit war früher eng mit sonstigen Arbeiten und Daseinsverrichtungen verknüpft, war eingebettet gewesen. Das änderte sich nun. Der Arbeitsplatz als Ort kontinuierlicher und klar abgrenzbarer Tätigkeit entstand im Grunde erst jetzt. Arbeit wurde zu einem relativ klar ausdifferenzierten Teilsystem, das nach eigenen Regeln funktionierte. Arbeit hatte nun ihre eigene Zeit, wurde meßbarer als je zuvor und auch: umstrittbarer.

Damit wurde die Unterscheidung zwischen „Arbeit" und „Nicht-Arbeit" - bald: zwischen Arbeit und „Freizeit" - zur weit verbreiteten Erfahrung. Aber mit „Arbeit" war zunehmend Erwerbsarbeit gemeint, vornehmlich wahrgenommen von Männern, aber nicht auf diese beschränkt. „Nicht-Arbeit" schloß wichtige, jedoch meist ungenannte Elemente von Arbeit ein, die nicht Erwerbsarbeit waren, zum Beispiel Arbeit im Haus und für die Familie, vornehmlich von Frauen wahrgenommen, aber nicht auf diese begrenzt. Eben diese Dichotomisierung prägte auch das öffentliche Reden über Arbeit wie die Begriffe der offiziellen Statistik, in der sich Arbeit weitgehend zu „Erwerbsarbeit" verengte.

3. Das „Normalarbeitsverhältnis" war selten normal

Für die meisten hatte in vorindustrieller Zeit gegolten, daß sie ihren Lebensunterhalt nicht aus *einer* Quelle allein bestritten, sondern aus einer Verknüpfung von mehreren Erwerbsquellen, die im Laufe des Tages, des Jahres und des Lebens wechselten und zusammengefügt wurden. Mit der Industrialisierung nahm nun die Arbeitsteilung zu. Berufsarbeit auf Lebenszeit wurde häufiger. Die Chance wuchs, daß man sein Selbstverständnis und sein soziales Profil auf spezialisierte Erwerbsarbeit gründete. Beruf und Berufsstellung wurden zu verbreiteten Grundlagen der individuellen und sozialen Identität, vor allem für Männer.

Doch das Wirtschaftssystem war auch im 19. und frühen 20. Jahrhundert durch rapide und anhaltende Umstrukturierung geprägt. Das „Normalarbeitsverhältnis" war auch damals nur für eine Minderheit von Erwerbstätigen erreichbar. Nur selten reichte der Verdienst des Mannes, um die Familie allein zu ernähren, in der Regel verdienten unterhalb des Bürgertums die anderen Familienmitglieder mit. Die Verknüpfung von verschiedenen Erwerbstätigkeiten und der Wechsel zwischen ihnen im Laufe eines Lebens blieben für sehr viele Erwerbstätige normal, besonders für Frauen und die Masse der weniger Qualifizierten, nicht nur die vielen Wander-, Saison- und Gelegenheitsarbeiter. Zwar sorgte im 20. Jahrhundert der Ausbau des Sozialstaats für etwas mehr Stetigkeit, besonders zwischen 1950 und 1975. Doch drängt sich der Eindruck auf, daß das „Normalarbeitsverhältnis", dessen Erosion gegenwärtig oft konstatiert wird, auch früher eher die Norm als die Normalität gewesen ist.

4. Arbeitsgesellschaft

Im Zeitalter der Industrialisierung gewann die Arbeit an sozialer, politischer und kultureller Bedeutung. Dazu einige Beispiele: Die größte Protest- und Emanzipationsbewegung der Zeit, die Arbeiterbewegung, fußte auf abhängiger Erwerbsarbeit als Basis. Sie konzentrierte sich auf die Vertretung der Interessen, die aus gemeinsamen Arbeitsbedingungen folgten, und rekrutierte die meisten ihrer Mitglieder in ihrer Eigenschaft als abhängig Arbeitende. Sie bewies die vergesellschaftende Kraft der Arbeit, die als soziales Verhältnis Menschen verknüpfte und mobilisierte.

Auch für die Frauenbewegung des späten 19. und 20. Jahrhunderts war die Erringung neuer Arbeitsmöglichkeiten zentral, um darauf die Forderung nach Emanzipation, Gleichberechtigung und politischem Einfluß zu gründen. Umgekehrt wurden neue politische Einflußmöglichkeiten zur Erringung neuer Arbeitsmöglichkeiten für Frauen genutzt. Der Zusammenhang zwischen Arbeit und Nationsbildung ist diffizil. Spätestens 1848/49 tauchte das Schlagwort von der „nationalen Arbeit" auf. Weltausstellungen führten Arbeit und ihre Produkte vor, nach Nationen differenziert und mit nationalen Ansprüchen verbunden (seit 1851). Ein Prager Professor schrieb 1875: Die Arbeit prägt dem Menschen „den Stempel seines Wesens auf, sie bildet die Nation. Nationalität und nationale Arbeit sind gleiche Begriffe". Erwerbsarbeit diente als Basis für die Errichtung des Sozialstaats seit den 1880er Jahren. Die Arbeiter - nicht die Armen - wurden zu Adressaten staatlicher Sozialversicherung. Über die Beiträge der Arbeiter und der Arbeitgeber, nicht aber über Steuern oder Ersparnisse wurde das System in Deutschland finanziert. Erwerbsarbeit und soziale Sicherung wurden aufs engste miteinander verknüpft. Mit den Folgen kämpfen wir heute.

Arbeit wurde als Erwerbsarbeit gesetzlich-administrativ normiert und verfestigt. Erst in den 1880er Jahren kam die moderne Unterscheidung zwischen Arbeit und Arbeitslosigkeit auf, in den europäischen Sprachen, in den Statistiken der Zeit und als Gegenstand der Sozialpolitik. Vorher war eher von Armut oder von Unterbeschäftigung die Rede gewesen.

Arbeit bedurfte nun kaum noch der Rechtfertigung durch Anderes. Vielmehr wurde sie selbstbegründend und sinnstiftend. Wer sein Leben erzählte, ging nun fast immer ausführlich auf die getane Arbeit ein. Arbeit definierte persönliche Identität. Arbeit wurde zum zentralen Begriff der entstehenden Sozialwissenschaften.

Der Bürger Werner Siemens endete seine Autobiographie mit der Bibel: „und wenn es (das Leben) köstlich gewesen, so ist es Mühe und Arbeit gewesen". Auch in der Arbeiterschaft gab es Arbeitsfreude und Arbeitsstolz, diente die Berufung auf geleistete Arbeit als Basis, um den Anspruch auf soziale Anerkennung und politische Mitwirkung zu stellen. Aber als Adolf Levenstein Anfang des 20. Jahrhunderts die ersten Umfragen unter Industriearbeitern veröffentlichte, war wenig von Arbeitslust, dagegen viel von Arbeitsleid zu lesen, verbunden mit der Hoffnung auf mehr freie Zeit und eine ökonomische Situation, die es wenigstens der eigenen Frau erlauben würde, zu Hause zu bleiben statt „zur Arbeit zu gehen". Die Arbeiterbewegung kämpfte für die Verkürzung der Arbeitszeit. Das „Reich der Freiheit", so Friedrich Engels, begann für die abhängig Arbeitenden in der Regel erst jenseits der notwendigen Erwerbsarbeit. Grundsätzlicher noch Friedrich Nietzsche: „der müßige Mensch ist noch immer der bessere Mensch als der tätige". In neuer Form lebte die alte Ambivalenz der Arbeit zwischen Segen und Fluch, Lust und Leid weiter.

5. Der Sieg der Erwerbsarbeit und seine Gründe

Soviel zur Arbeitsgesellschaft, wie sie im 19. Jahrhundert entstand und sich im 20. etablierte. Man kann fragen, *warum* sie sich durchsetzte. Sie setzte sich durch im Kampf gegen herkömmliche Formen der gesellschaftlichen Organisation, die sie verdrängte, ersetzte und marginalisierte - wenn auch niemals zur Gänze. Sie setzte sich durch, weil konkurrierende Organisations- und Sinnbildungsprinzipien - etwa die Religionen - an Kraft verloren und ein zu füllendes Vakuum entstand. Sie setzte sich durch, weil sie - mit dem Prinzip der *Erwerbsarbeit* - einen überlegenen Allokations- und Distributionsmechanismus besaß.

Erwerbsarbeit meint Arbeit, die zur Herstellung von Gütern oder Erbringung von Leistungen zum Zweck des Tausches auf dem Markt dient, mit der man ein Einkommen erzielt, von der man lebt, durch die man verdient: sei es in abhängiger oder selbständiger Stellung oder in einer der vielen Zwischenstufen, sei es mit manueller oder nicht-manueller, mit mehr oder weniger qualifizierter Tätigkeit. Arbeit für Lohn und Gehalt ist nur eine, wenngleich die wichtigste und verbreitetste Form von Erwerbsarbeit gewesen und geblieben.

Überlegen war Erwerbsarbeit in bezug auf ökonomische Effektivität, denn sie funktionierte nach marktmäßigen Regeln. Im Vergleich zu anderen Formen der Arbeit war Erwerbsarbeit attraktiv, denn sie ermöglichte viel Freiheit. Überlegen war Erwerbsarbeit aber auch unter dem Gesichtspunkt der Gerechtigkeit. Arbeitsbedingte Vermögens-, Status- und Machtunterschiede wurden leichter als legitim akzeptiert als solche, die aus Geburt, Eroberung oder Zufall stammten. Schließlich: Wer die eigene Arbeitskraft, das eigene Können, die eigene Leistungsfähigkeit erfolgreich auf dem Arbeitsmarkt anbot, erfuhr dadurch ein Stück Anerkennung durch andere, die unfreie, gebundene oder obrigkeitlich geregelte Arbeit ebensowenig bieten konnte wie unbezahlte Arbeit im Haus oder anderswo. Auch das mag zur Durchsetzung der marktbezogenen Erwerbsarbeit im 19. und 20. Jahrhundert beigetragen haben, wie es umgekehrt die persönlichkeitsbedrohenden Konsequenzen erklärt, die aus langer Erwerbsarbeitslosigkeit folgen - um 1930 wie heute. Die Erwerbsarbeit war und ist eine zentrale Voraussetzung sozialer Anerkennung und damit für Selbstwert, persönliche Identität und gesellschaftliche Teilhabe von allergrößter Bedeutung. Wer heute für Alternativen zur Erwerbsarbeit plädiert, muß sich mit den historischen Gründen auseinandersetzen, die sie so stark und dominant gemacht haben. Sie sind nicht obsolet.

Jenseits von Arbeitsgesellschaft und Erwerbsarbeit? Die heutige Krise aus historischer Sicht

Soviel zur Neuartigkeit des 19. und 20. Jahrhunderts in säkularer Perspektive. In den letzten Jahren hat man häufig behauptet, daß diese auf Erwerbsarbeit basierende Arbeitsgesellschaft an ihr Ende geraten sei und wir den Beginn einer neuen Epoche erleben. Wie neuartig ist unsere Gegenwart - vor dem Hintergrund der letzten zwei Jahrhunderte gesehen? Was ist für die Zukunft zu erwarten?

1. Die Massenarbeitslosigkeit
In der Auseinandersetzung mit der Massenarbeitslosigkeit ist bisweilen vermutet worden, daß der Arbeitsgesellschaft die Arbeit nicht nur vorübergehend ausgehe. Das Argument tritt in zwei Varianten auf.
Auf der einen Seite wird argumentiert, daß der rasant beschleunigte technologische Wandel im Zuge der digitalen Revolution und eine sich abzeichnende Sättigung der sich als Nachfrage äußernden Bedürfnisse das Volumen verfügbarer Arbeit drastisch reduzieren. Das müsse besonders in den wirtschaftlich entwickelten Hochlohnländern durchschlagen, weil der gegenwärtige Schub beschleunigter Globalisierung zu einer verschärften internationalen Konkurrenz auch auf dem Arbeitsmarkt führe, sei es durch die heute leicht mögliche Verschiebung von Jobs in Billiglohnländer, sei es durch zunehmende Migration. Überdies erscheinen heute Angehörige sozialstruktureller Gruppen arbeitsplatzsuchend auf dem Arbeitsmarkt, die früher fernblieben oder ferngehalten wurden, insbesondere Frauen.
Auf der anderen Seite wird unterstellt oder diagnostiziert, daß zwar im Prinzip noch genug zu tun bleibe, aber die Erledigung dieser Arbeiten nicht mehr hinreichend über Marktmechanismen geschehen könne und damit der Arbeitsgesellschaft zwar nicht Arbeit in jeder Form, aber doch jener Typus von Arbeit ausgehe, auf dem sie basiere: die Erwerbsarbeit. Darauf fußt das Plädoyer für die Entwicklung und Verbreitung neuer Formen von Arbeit, etwa von „Bürgerarbeit", die

weder vom Markt noch vom Staat reguliert wird, sondern gewissermaßen dazwischen stattfindet, in einem „dritten Sektor" und nach neuen Regeln.

Die Stichhaltigkeit dieser Argumente ist hier nicht im einzelnen zu prüfen. Aus historischer Sicht verdienen sie Skepsis. Denn die massive Vernichtung herkömmlicher Arbeitsplätze durch technologischen Wandel hat von Anfang an zur Industrialisierung gehört. Immer wieder kam es deshalb zu tiefen Ungleichgewichten auf dem Arbeitsmarkt, zu lang andauernder Unterbeschäftigung bzw. Arbeitslosigkeit. Doch immer wieder wurde die Vernichtung konkurrenzunfähiger Arbeitsplätze durch die Entstehung von noch mehr neuen Arbeitsplätzen kompensiert. Immer wieder gingen die Beschäftigungskrisen in neue Gleichgewichte über, so prekär diese auch blieben, und so wenig sie je auf Dauer Bestand hatten. Man hat vom „Fließgleichgewicht" gesprochen. Dies gelang, obwohl als Folge rapiden Bevölkerungswachstums, ausgedehnter Migration und sozialer Umschichtung die Zahl der nach Erwerbsarbeit suchenden Menschen sehr rasch wuchs. Konstitutiv für diesen Prozeß ist die immer neue Manifestation vorher kaum antizipierter Bedürfnisse gewesen, die in Erscheinung traten, als sie erfüllbar wurden, und die sich als Nachfrage ausdrückten, welche nach Innovationen durch marktvermittelte Erwerbsarbeit erfüllt werden konnte.

Wirtschaftshistoriker bezweifeln, daß dieser 200 Jahre lang funktionierende Regelungsmechanismus heute zu Ende gekommen ist und daß man daher auf Dauer mit massiver, gar wachsender Erwerbsarbeitslosigkeit rechnen muß. Aus dieser Sicht stellt der gegenwärtige Übergang von der industriellen zur postindustriellen Wirtschaft das Beschäftigungssystem nicht vor härtere Herausforderungen als es der Übergang von der vorindustriellen zur industriellen Gesellschaft vor ein bis zwei Jahrhunderten tat, wenngleich der heutige Wandel rascher, umbruchartiger verläuft als der damalige und international vernetzter ist als jener.

Für diese Argumentation spricht sehr viel. Sie wird auch dadurch gestützt, daß die Massenarbeitslosigkeit nicht überall so drückt wie in einigen Ländern Europas, selbst in Deutschland auf Teilarbeitsmärkten mittlerweile Arbeitskräfte fehlen und die Sorge vor zukünftigem Arbeitskräftemangel als Folge rückläufigen Bevölkerungswachstums zunehmend in den Vordergrund tritt. Wenn es in unserem Teil der Welt einen Epochenwechsel gibt, dann resultiert er nicht aus dem Ende ausreichender Erwerbsarbeit, sondern aus dem demographischen Trendwechsel, der ein Jahrhunderte währendes inneres Bevölkerungswachstum durch innere Bevölkerungsschrumpfung ablöst.

Sieht man es so, dann wird die Suche nach den Ursachen der gegenwärtigen Arbeitslosigkeit auf aktuelle soziale, politische und kulturelle Regelungen gelenkt, auf fehlleitende Anreize, starre Verriegelungen und institutionelle Fehlsteuerungen, die im 19. und frühen 20. Jahrhundert noch fehlten, aber heute dafür verantwortlich sind, daß vorhandene und mögliche Bedürfnisse nicht hinreichend in zu leistende Erwerbsarbeit umgesetzt werden und somit nicht hinreichend zur Entstehung von Arbeitsplätzen führen.

Es bleiben zwar Zweifel: Wird das für den marktwirtschaftlichen Regelungsmechanismus absolut zentrale Wachstum nachfragewirksamer Bedürfnisse in seiner Wirkung auf Psyche, Umwelt und sozialen Zusammenhalt nicht mittelfristig doch zur schwer erträglichen Last? Soll man dieses Wachstum, diese Ausweitung, diese ständige Neuschöpfung von Bedürfnissen wirklich wollen? Welcher Bedürfnisse und welcher nicht? Und könnte es sich nicht doch herausstellen, daß zentrale Bedürfnisse der Gegenwart und Zukunft (wie Pflege, Fürsorge, Beratung, soziale Einbeziehung, Zuwendung, Überwindung von Einsamkeit) zu ihrer Erfüllung Tätigkeiten brauchen, die nur schwer oder gar nicht in Form marktvermittelter Erwerbsarbeit ausgeführt werden können?

Doch scheinen wir von diesem Punkt, an dem das System der Erwerbsarbeit wirklich an sein Ende kommen würde oder müßte, noch weit entfernt. Mit säkularen Wandlungsprozessen hat die gegenwärtige Arbeitslosigkeit weniger zu tun als mit politischen Entscheidungen und ihren über die Zeit verfestigten institutionellen Ergebnissen. Mit der Macht der Geschichte kann sich die Politik nicht herausreden, wenn sie die nötigen und möglichen Reformen versäumt.

2. Die Neuartigkeit der Gegenwart

Auf absehbare Zeit zeichnet sich weder das Ende der Erwerbsarbeit ab, noch wäre es zu wünschen. Die Neuartigkeit der Gegenwart erweist sich nicht am Ende, sondern an tiefen Veränderungen der Erwerbsarbeit.

Einerseits wurde Erwerbsarbeit seit langem im Dreieck Markt/Betrieb – Familie/Haushalt – Staat/Politik reguliert. Aber in diesem Dreieck haben sich in den letzten Jahrzehnten die revolutionärsten Veränderungen vollzogen. Das *Verhältnis von Arbeits- und Geschlechterordnung* ändert sich rasch. Eine scharfe Rollentrennung zwischen dem Mann und Vater als demjenigen, der die Familie durch Erwerbsarbeit ernährt, und der Frau und Mutter als zuständig für den Binnenraum von Haushalt und Familie war zwar niemals völlig die Regel. Aber seit den 1970er Jahren erodiert, was davon existierte. Vieles, was im 19. und frühen 20. Jahrhundert vornehmlich von Frauen im Haus erledigt wurde, ist zum Gegenstand von Erwerbsarbeit oder zur Aufgabe sozialstaatlicher Träger geworden. Der Rückgang der durchschnittlichen Kinderzahl hat die familiären und häuslichen Aufgaben stark reduziert. Die schnell steigende Frauenerwerbsarbeit ist teils Antrieb, teils Folge dieser Entwicklung. Dem tragen tiefgreifende Änderungen im Sozial-, Arbeits-, Steuer- und Eherecht Rechnung. Die Einstellungen wandeln sich. Es handelt sich um eine Revolution, die noch nicht abgeschlossen ist. Aber sie führt zur weiteren Verbreitung und Universalisierung von Erwerbsarbeit, nicht zu ihrem Ende.

Andererseits geht es um die *tendenzielle Fragmentierung der Arbeit in Raum und Zeit*. Während 1970 die Relation zwischen vollzeitbeschäftigten Arbeitnehmerinnen und Arbeitnehmern einerseits und der Summe der Teil- und Kurzzeitbeschäftigten, der befristet und geringfügig Beschäftigten etwa 5 : 1 betrug, verschob sie sich bis 1996 auf 2 : 1. Die Elastizität der Erwerbsarbeit und die Fluidität der Arbeitsverhältnisse nehmen zu, die örtliche und zeitliche Fragmentierung der Arbeitsplätze schreitet voran. Die Organisation der Unternehmen nimmt Netzwerkcharakter an, die Beschäftigten müssen einen größeren Teil des Risikos selbst übernehmen, die Bindung an den einzelnen Betrieb scheint sich zu lockern. Die Flexibilitätszumutungen an die Einzelnen steigen. Neue Formen partieller und oftmals prekärer Selbständigkeit entstehen, statistisch sinkt der Selbständigenanteil derzeit nicht mehr. Der Arbeitsplatz verliert seine ehemals klare Abgrenzung, löst sich bisweilen auf. Die neuen Kommunikationsmittel erlauben neue Formen der Heimarbeit. Ein neues Zeitregime entsteht in den Grauzonen zwischen Arbeits- und Freizeit, mit Teilzeit und Gleitzeit, mit neuen Freiheitschancen und Abhängigkeiten. Manche dieser Veränderungen seit den 1970er Jahren kehren Trends der letzten zwei Jahrhunderte um! Was all dies bedeutet, ist noch nicht völlig klar.

Auf der *einen Seite* befürchten einige, daß aus der Flexibilisierung und Fragmentierung der Arbeitsverhältnisse eine bedrohliche Erosion der individuellen Identitäten und des sozialen Zusammenhalts folgt, auch politische Verunsicherung und Xenophobie. In der Tat scheint die Bindungskraft, die sozial strukturierende, kulturell verbindende und vergesellschaftende Kraft der Arbeit in den letzten Jahrzehnten stark abgenommen zu haben. Der viel diskutierte Niedergang der Arbeiterbewegungen legt davon Zeugnis ab.

Auf der *anderen* Seite enthalten die gegenwärtigen und zu erwartenden Wandlungen auch neue Chancen, beispielsweise zur Verknüpfung von Erwerbsarbeit mit anderen Tätigkeiten, zur Verbindung von Arbeit und Freizeit, zur Vereinbarung von Beruf und Familie, auch neue Möglichkeiten, das Verhältnis der Geschlechter zueinander weniger ungleich und produktiver zu gestalten. Wird erstmals eine „androgyne Gesellschaft" (Hans Bertram) möglich? Jedenfalls werden die Berufsbiographien von Männern und Frauen einander ähnlicher. Die Zeit, die im Durchschnitt eines Lebens für Erwerbsarbeit aufgewendet wird, hat sich seit dem 19. Jahrhundert halbiert (bei riesigen Unterschieden von Fall zu Fall, von Schicht zu Schicht). Erwerbsarbeit ist heute verbreiteter als früher und ähnlich unverzichtbar wie früher. Aber ihr relatives Gewicht im Leben der einzelnen Menschen nimmt ab: drohender Bindungs- und Sinnverlust oder neue Freiheits- und Gestaltungschance? Man bedenke: Arbeit, speziell abhängige Erwerbsarbeit, war nie nur Selbstverwirklichung und Lust, sondern immer auch Abhängigkeit und Last. Für die meisten Arbeiten gilt das auch heute.

Fazit

Die massenhafte Arbeitslosigkeit muß nicht dauern. Vom „Ende der Arbeit" oder auch nur vom „Ende der Erwerbsarbeit" zu sprechen, führt in die Irre. Doch die Erwerbsarbeit wird elastischer, poröser, fluider. Sie verliert ihre monopolartige Dominanz. Das Verhältnis von Arbeits- und Geschlechterordnung, von Arbeitsplatz und Familie/Haushalt, von Arbeit und sonstigem Leben ordnet sich neu. Der Begriff der Arbeit hatte sich im 19. und 20. Jahrhundert auf Erwerbsarbeit eingeengt. Nun erweitert er sich wieder, ein semantischer Prozeß auf praktischer Grundlage. Eigenarbeit, Hausarbeit, ehrenamtliche Arbeit gewinnen an Boden, ohne doch die Erwerbsarbeit zu verdrängen. Die für die herkömmliche Arbeitsgesellschaft kennzeichnende Engführung von Erwerbsarbeit einerseits, Einkommen, Ansehen, Sicherheit und Lebenssinn andererseits hat sich zu lockern begonnen. Entsteht dadurch Raum für eine Arbeitsgesellschaft neuer Art, auf der Basis eines verbreiteten Verständnisses von Arbeit? Oder wird die gesellschaftliche Bedeutung von Arbeit insgesamt abnehmen? Wenn ja, was träte an ihre Stelle? Zukünftige Chancen und Gefahren sind erkennbar, ihr wahrscheinliches Mischungsverhältnis dagegen noch nicht. Viel hängt davon ab, was wir tun.

ars - MUSICA - scientia
Gedanken zu Geschichte und Gegenwart einer Kunst und ihrer Wissenschaft

Ulrich Konrad

Vor einigen Jahrzehnten, als es auch für phantasiebegabte Professoren noch unvorstellbar war, daß die Verhältnisse an deutschen Universitäten sich ändern könnten, ereignete sich folgende marginale, aber bezeichnende Geschichte: Der Romanist Ernst Robert Curtius lehnte den Ruf auf einen Lehrstuhl an einer Technischen Hochschule mit der Begründung ab, dann würde ja der ordentliche Professor für Heizung und Lüftung Herr Kollege zu ihm sagen.

Von Hofnarren, Kassandras und Bettelmönchen

Die Zeiten haben sich inzwischen gründlich geändert, ja, das Blatt hat sich völlig gewendet. Pointiert gesagt könnte der große Curtius heute froh sein, hielte ihn einer der damals inkriminierten Vertreter anwendungsbezogener Fächer überhaupt für einen Wissenschaftler, wenn auch nur, aber immerhin, für einen Geisteswissenschaftler. Denn der Hochmut der Philologen und anderer, die einstmals das geistige Profil der hohen Schulen prägten, ist längst verflogen, das Selbstbewußtsein der Forscher schwankend geworden, die nicht, wie es im englischen Sprachgebrauch heißt, den „sciences" angehören, sondern den „humanities". Die Abwertung der Geisteswissenschaften schreitet voran, was nur noch die Blauäugigen oder die Unehrlichen bestreiten. Ich mache mir daher auch keine Illusionen über die Reflexe, die bei dem ein oder anderen Kollegen eingetreten sein mögen, als er das Thema des heutigen Vortrags zur Kenntnis genommen hat. Ob es sich wirklich lohnt, das Labor und ein wichtiges Experiment für Gedanken zum

Status einer Kunstwissenschaft zu verlassen oder ob es ratsam ist, einen Gesprächstermin mit einem kapitalstarken Drittmittelgeber zu verlegen, nur um – wenn überhaupt – am Duft einer Orchidee zu schnuppern, das dürfte schon fraglich sein. Denn selbst wer sich nicht mehr an die inzwischen über zehn Jahre zurückliegende Rede des Juristen Dieter Simon über Zukunft und Selbstverständnis der Geisteswissenschaften erinnert, wird sich spontaner Zustimmung zu der witzigen Formulierung nicht enthalten können, nach der die Geisteswissenschaften „den prekären Status des Hofnarren" haben, „der von seinem Unterhaltungswert zehrt". „Sie haben", so Simon weiter, „die Lästigkeit von Kassandra, deren unbequeme Rufe man meidet und verleumdet; sie erregen Argwohn wie der Bettelmönch, der die Früchte der anderen für ein unbestimmtes Vergeltsgott verzehrt."(Rechtshistorisches Journal 8 (1989), S. 230)

Nun werden die meisten bei allem potentiellen Interesse an Hofnarren, Kassandras oder Bettelmönchen vielleicht doch nicht wünschen, daß solche einen Vortrag lang zu Wort kommen, wissen wir doch alle, daß Hofnarren gegenüber den Herrschenden das Recht zur ungeschminkten Wahrheit hatten, daß die Prophezeiungen der Kassandra einzutreten pflegten und daß die Bettelmönche in ihrer Armut ein beneidenswertes Maß an Unabhängigkeit genossen. Da wäre gewiß die gesittete Abhandlung eines musikhistorischen Themas willkommener. Doch es scheint mir wesentlicher, beim Stiftungsfest einer traditionsreichen Universität, an der sich ja alles – geht es mit rechten Dingen zu – nicht etwa um Geistes-, Natur-, Human-, Kultur-, Lebens- oder welche Bindestrichwissenschaften auch immer zu drehen hat, sondern um die Wissenschaft schlechthin, die *universitas litterarum,* an einem solchen Tag scheint es mir näherliegend, ein wenig über den Anspruch der Musik als Kunst und als Wissenschaft nachzudenken. Das zu tun liegt näher, als manchem bewußt sein mag. Denn ohne jegliche Hybris des Musikologen ist an die schlichte historische Tatsache zu erinnern, daß das „musiktheoretische Grundstudium als Teil einer ganzheitlichen Propädeutik ... und die philosophische Theorie der Musik als eines Inbegriffs von Harmonie und Proportion ... sich bis zum geschichtlichen Anfang von Wissenschaft überhaupt zurückverfolgen läßt."(MGG2, Sachteil 6, Sp. 1790). Der Musikwissenschaftler vermag beim Blick auf Geschichte und Gegenwart von Bildungssystemen und Universitäten weite Bögen zu schlagen. Das erwartet man in der Regel nicht von ihm, der doch, so die verbreitete Meinung, entweder verträumt am Klavier phantasiert oder dem Musikliebhaber mit dem furchtbaren Instrumentarium der Analyse – das ist in unserem Fach die unblutige Variante der medizinischen Obduktion – den ungestörten Musikgenuß vermiest.

Musik in Theorie und Praxis

Wir sollten an diesem Punkt sogleich verweilen. Die Behauptung, daß die „mit der Ermittlung, Sammlung und Weitergabe von Wissen über das Musikalische und die Musik" befaßte Disziplin eine Grundlagenwissenschaft mit sehr langer Tradition sei, muß einem jeden verstiegen vorkommen, der keine Vorstellung davon hat, was ein Musikwissenschaftler eigentlich tut, also der überwiegenden Mehrheit der Bevölkerung. Tatsächlich erlebt der professionelle Musikwissenschaftler in Alltagsgesprächen immer wieder eine Standardsituation. Frage: „Was machen Sie eigentlich beruflich" – Antwort: „Ich bin Musikwissenschaftler". Daraufhin beim Gegenüber zunächst Veränderung der Physiognomie ins Unbehaglich-Staunende, ähnlich wie bei der plötzlichen Begegnung mit einer zoologischen Rarität, dann entweder die mehr ins Unsichere tastende Nachfrage: „Ach, das ist ja interessant, und welches Instrument spielen Sie?", oder die eher treuherzige Feststellung: „Oh, wie schön, ich habe früher auch einmal Klavierunterricht gehabt." Die gedanklichen Maschen, die sich mit einem dergestaltigen Gesprächsfaden aufnehmen lassen, sind zwar eng, bilden jedoch ein klassisches Muster. Musik ist, je nach individueller Wahl, für die meisten Menschen ein Medium, das bei unangestrengtem Hören angenehme Empfindungen auszulösen vermag und über das weiteres Nachdenken sich erübrigt. Auf einer etwas höheren Ebene wird Musik mit einer Praxis, einem Handeln zusammengebracht, mit fremdem oder sogar eigenem Musizieren, wobei in diesem Tun und im Hören für viele die Bestimmung des musikalischen Gegenstands bereits an ihr Ziel gelangt ist. Die Überhöhung der Musik zu einem Gegenstand der Kunst erscheint demgegenüber nachrangig und mehr ein Ergebnis historischer oder sozialer Konventionen denn wesensmäßiger Eigenart der Musik zu sein.

Vor diesem Hintergrund muß die Verbindung der Begriffe Musik und Wissenschaft irritieren. Im herrschenden Verständnis vom einen wie vom anderen gibt es für beides scheinbar keinen gemeinsamen Platz. Hier hat die eben vorgeführte reflexhafte Frage nach der instrumentalen Praxis des Musikwissenschaftlers ihren Ursprung: Weil Musik überwiegend mit dem Vorgang ihrer Vergegenwärtigung, dem Musikmachen, gleichgesetzt wird, fehlt der Sinn für ihre geistige Dimension, für die Komplexität ihrer Erscheinungen. Der Musikwissenschaftler läßt sich in diese enge Vorstellung nur über sein praktisches Vermögen integrieren, obwohl selbstverständlich mit der Feststellung, daß er auch gut Klavier spiele, über seine eigentliche Profession nichts gesagt ist. Wohl niemand käme auf den Gedanken, den Kunsthistoriker zu fragen, ob er denn auch male, den Politikwissenschaftler, für welche Partei er denn kandidiere und den Ernährungswissenschaftler, was er denn am liebsten esse (um anschließend festzustellen, daß hübsche Ölbilder, erfolgreiche Gemeinderatstätigkeit und kalorienbewußtes Kochen sie zur Vertretung ihrer Fächer besonders qualifizieren). Gewiß, die Vergleiche stehen ein wenig schief da, aber sie sollen deutlich machen, daß die Musik vornehmlich über ihre sinnlichen und emotionalen Wirkkräfte wahrgenommen, nicht aber auf ihre gedanklichen Gehalte hin bedacht wird. Deswegen steht auch die erste Frage, der sich Musiker und Musikdenker in allen Kulturräumen der Welt im Umgang mit ihrem Gegenstand zugewandt haben, nämlich was Musik eigentlich sei – an sich und in ihrer Bedeutung für den Menschen –, nicht mehr im Raum der öffentlichen intellektuellen Auseinandersetzung. Sie ist mit den Nebelbomben unklarer Begriffe, diffuser Theoreme oder trivialer Schwärmerei verschleiert worden und bleibt heute unbeantwortet.

Die extreme Verlagerung des Musikverständnisses auf unreflektiertes Tun und hedonistische Wahrnehmung kennzeichnet die Gegenwart. Doch diese Feststellung ist ebenfalls extrem und in mancher Hinsicht kritisierbar, partiell wohl auch widerlegbar. Sie polarisiert und ruft alle die auf den Plan, die, wie es im Jargon heißt, die Pflege der Künste ohnehin für zu „verkopft" halten und die die Musikwissenschaftler als Eunuchen ansehen, die von Dingen wissen und über sie reden, die sie selbst nicht tun können. Darauf pflegt der Konter vom „dummen Musiker" zu folgen, der als „menschliche Spieluhr" zweifelhafte Dienste tut. Ein derart niveauloser Schlagabtausch diskreditiert beide Seiten und führt zu nichts. Nein, die Kennzeichnung des gegenwärtigen Musikverständnisses als unreflektiert und hedonistisch soll hier nicht weiter erörtert werden; sie mag jedoch als negative Folie für eine differenziertere Sicht auf die Musik als Kunst und als Wissenschaft und auf den Anspruch der Musikwissenschaft dienen.

Musik als Kunst und Wissenschaft

Die wechselseitige Implikation von Kunst und Wissenschaft im Falle der Musik lag bereits für antike Philosophen und Musiktheoretiker offen zu Tage. Zur näheren Bestimmung des *mousikós/ musicus* und seiner Tätigkeit wählten sie die Begriffe *techné / ars* sowie *epistéme / scientia* und wiesen damit sowohl auf seine poetisch-praktische Fertigkeit als auf sein Streben nach theoretischer Erkenntnis hin. Diese Begriffe kennzeichnen Hauptfelder einer ganzheitlich verstandenen Menschenbildung und sind ausdrücklich nicht als Alternative gedacht. Die Betonung einer allein auf die Praxis gerichteten Musikübung sollte damit ebenso ausgeschlossen sein wie die einer bloß spekulativen Theorie. Die jeweils einseitige Spezialisierung widersprach dem Ideal der *enkyklios paideia*, ein Ideal, in dem *techné / ars* und *epistéme / scientia* harmonierten.

Freilich sah das in der Realität sehr viel spannungsvoller aus. Vor allem die christliche, auf Augustinus und der Boethius-Rezeption fußende Musikanschauung betonte die über die sinnliche Qualität des Klingenden hinausgehende metaphysische Dimension der Musik, ja, allein diese bestimmte ihre Dignität in der Schöpfungsordnung. Dabei gelangte die bereits von Pythagoras gemachte Entdeckung eine besondere Bedeutung, daß „eine gespannte Saite, die durch einen Mittelsteg in zwei Teile geteilt wird, zwei Töne in einem wohlklingenden musikalischen Intervall erzeugt, wenn die Längen der beiden Teile die ganzzahligen Verhältnisse 1:2 (Oktave), 2:3 (Quinte) oder 3:4 (Quarte) bilden." (MGG2, Sachteil 1, Sp. 376). Die Erfahrung, daß ein Zahlenverhältnis der musikalischen Wirkung zugrundeliegt, wird zu der Ansicht verallgemeinert, daß allen Erscheinungen in der Natur Zahlen und Zahlenverhältnisse zugrundeliegen, die die Wirkung dieser Erscheinungen begründen. Die christliche Adaption dieses Gedankens geschieht über die Exegese von Vers 20 des 11. Kapitels im alttestamentarischen Buch der Weisheit, wo es von Gott heißt: „Du hast alles geordnet nach Maß, Zahl und Gewicht." Gott hat demnach das Wesen der Musik als zahlhaftes bestimmt. Indem der Mensch die zahlhafte Ordnung erkennt, erkennt er auch ein Ordnungsprinzip des göttlichen Kosmos. Dabei ist der sinnlich wahrnehmbare Klang des Tons, in dem die zahlhafte Ordnung mitschwingt, eine von Gott dem Menschen geschenkte Möglichkeit, wenigstens ahnungsweise die „Musica mundana", die Harmonie der Welt zu erfahren.

Schon aus dieser stark gedrängten Darstellung sollte klar werden, welcher Rang der Musik im christlichen Weltbild zugewachsen ist und warum die *ars musica* von Anfang an zum Verband der *Septem artes liberales*, zum propädeutischen Fächerkanon der Universität gehörte. Von ihrer Position als Fundamentaldisziplin im Bildungssystem leitete sich denn auch schon früh die Geringschätzung all der Musiker ab, die sich dem *usus*, dem bloßen Musikmachen, hingaben. Der mittelalterliche Sprachgebrauch spiegelt die Differenz in der Unterscheidung zwischen dem hochrangigen *musicus* und dem geringgeschätzten *cantor*. In einer berühmten Lehrsequenz des Guido von Arezzo aus dem frühen 11. Jahrhundert liest man: „Musicorum et cantorum magna est distantia / Isti dicunt, ille sciunt, quae componit musica. / Nam qui facit, quod non sapit, diffinitur bestia." (Der Abstand zwischen den *musici* und den *cantores* ist groß. Die *cantores* sagen, die *musici* wissen, was die Musik zusammenhält. Wer aber macht, was er nicht versteht, soll Vieh genannt werden).

Musik als „schöne Kunst"

Wissen und Verstehen im Können zeichnete den idealen *musicus* aus. Die Musik hatte selbstverständlich teil an der Bildung des Menschen und war als *disciplina* weder theoriefreie Kunst noch reine Wissenschaft. An dieser Anschauung wurde in Europa sehr lange fest gehalten, auch dann noch, als die affektiven Qualitäten der Musik ihre tranzendentalen Gehalte weit in den Hintergrund gedrängt hatten. Allerdings bedeutete die allmähliche Auflösung der klassischen Artistenfakultät in der Frühen Neuzeit auch das vorläufige Ende der *ars musica* als Universitätsfach. Erst die Aufklärung und das in ihrem Gefolge von Charles Batteux 1746 vollendete moderne System der Künste brachten die Musik jenseits der bloßen Praxis nachhaltig in den geistigen Diskurs zurück. Ihre Funktion wurde neu definiert. Zusammen mit Poesie, Malerei, Bildhauerei, Architektur, Gartenbaukunst und Tanz gehörte die Musik nun zu den Schönen Künsten. Deren Aufgabe im Gegensatz zu den mechanischen, auf den Nutzen abgestellten Künsten war es, die Menschen zu vergnügen, wobei die Nachahmung der Natur das leitende Prinzip darstellte. Wie das am besten gelingen könnte, war Gegenstand der rasch sich intensivierenden musikästhetischen Reflexion, von der ein reiches Schrifttum aus der zweiten Hälfte des 18. Jahrhunderts zeugt.

Der „Schönen Kunst" Musik blieben die Tore der Universität als dem Hort der Wissenschaft vorläufig noch verschlossen. Ausnahmen bildeten die fortschrittlichen nord- und mitteldeutschen Universitäten, die Zug um Zug Musikdirektoren anstellten. Ihre Dienstpflichten waren wiederum ganz auf die Praxis ausgerichtet, beispielsweise auf die Ausbildung angehender evangelischer Pfarrer im Altargesang sowie junger adeliger und bürgerlicher Kavaliere in der musikalischen Elementarlehre. Doch diese Universitätsmusikdirektoren, als deren erster der 1779 in Göttingen installierte Musiker und Musikgelehrte Johann Nikolaus Forkel genannt werden muß, legten den Keim für die neuerliche Entfaltung der musikalischen Wissenschaft und die schließlich im späteren 19. Jahrhundert einsetzende Etablierung des Fachs als Universitätsfach. Diesen Männern – in Würzburg war es der außerordentliche Professor der Tonkunst Franz Joseph Fröhlich, unter dem 1804 als eines der Attribute der Alma Julia ein musikalisches Institut eingerichtet wurde – kamen besondere Zeitumstände zugute. Sie lassen sich unter den Stichworten des Historismus und der Bildung fassen.

Musik und Geschichte

Unser Umgang mit der Kunstmusik wird heute ganz wesentlich vom lebendigen Gedächtnis an die Musikgeschichte bestimmt, ja, unser musikalisches Hier und Jetzt wurzelt tief in zum Teil ferngerückten Zeiten. Die machtvolle Erinnerung an das Früher: Sie kommt vielen als Segen vor und dient auch als Vorwand, die musikalische Gegenwart zu ignorieren (sie wird weitgehend von allen Spielarten der sogenannten U-Musik ausgefüllt). Eine solche Erinnerungshaltung spielte vom Mittelalter bis an die Schwelle zum 19. Jahrhundert keine oder allenfalls eine marginale Rolle, und danach bedeutete sie für viele schöpferische Künstler eher eine Belastung denn beglückende Erfahrung. Für die lange Geschichte der europäischen Musik gilt bis in die Zeit der Romantik hinein die unumstößliche Tatsache, daß Musik Gegenwartskunst war und deren Hervorbringungen, von wenigen Ausnahmen abgesehen, nach kurzem Leben dem Vergessen anheimfielen. Noch für Johannes Brahms, so heißt es, maß die „kleine Ewigkeit" eines musikalischen Werks fünfzig, die „große" hundert Jahre. Haydn, Mozart und Beethoven, um nur diese Namen zu nennen, beschäftigten sich nur selten mit Kompositionen ihrer herausragenden Urgroßväter (lediglich in kleinen Ausschnitten kannten sie Arbeiten von Bach und Händel; Schütz oder Monteverdi existierten für sie nicht).

Der primäre Impuls zur Historisierung des allgemeinen musikalischen Bewußtseins entsprang der romantischen Kernidee einer universalen christlichen *aetas aurea*. In dieser synthetisierten und idealisierten Welt mit ihren verklärten Vorstellungen von einem im deutschen Reich des 15. und 16. Jahrhunderts angesiedelten „Mittelalter", dessen kulturelle Sphäre geprägt war etwa von Domen und mystischen Kirchenräumen sowie von der Malkunst Dürers und Raffaels, herrschten, so der romantische Traum, die reinen Chorklänge der Musik Palestrinas, Allegris, Leos, Durantes oder anderer Musiker des 16. bis 18. Jahrhunderts. Freilich herrschte auf dem Gebiet der Musik, im Gegensatz zur gotischen Architektur oder der Renaissance-Malerei, ein eklatanter Mangel an praktischer Anschauung. Verläßliche Nachrichten über die alten Komponisten gab es kaum, Notenmaterial fehlte weitgehend. Seit dem frühen 19. Jahrhundert entfalteten sich deswegen in zunehmendem Maße Forschungen zur Geschichte der Musik. Die sich ihnen widmenden Persönlichkeiten – es waren überwiegend Juristen, Theologen und Altertumswissenschaftler – mußten damals mühsame Entdeckungsfahrten in unwirtliches historisches Brachland unternehmen, wurden allerdings nicht selten reich belohnt. Im Jahre 1834 beispielsweise konnte der Geheime Obertribunalsrat Carl von Winterfeld in einem Exkurs seiner dreibändigen Monographie über Giovanni Gabrieli von einem bis dahin ganz unbekannten deutschen Schüler des venezianischen Komponisten namens Heinrich Schütz berichten.

Diese gelehrten Bemühungen nahmen zunächst zwar nur einen geringen, doch stetigen Einfluß auf die Musikanschauung. Die Praxis schlug kaum Gewinn aus den Erkenntnissen der Forschung, und wenn einmal Musik alter Meister zu Gehör gebracht wurde, dann stets nur in aktualisierenden Bearbeitungen oder Einrichtungen. Die legendäre Wiederaufführung der Bachschen Matthäuspassion 1829 in Berlin unter Leitung des zwanzigjährigen Felix Mendelssohn Bartholdy etwa verzichtete auf zehn der insgesamt fünfzehn Arien, strich eine Reihe von Chorälen sowie Rezitativen und bot eine partiell uminstrumentierte Version der Partitur. Damals trat das moderne Ohr beim Lauschen auf Klänge der Vergangenheit noch keines seiner Rechte ab, und das blieb bis weit ins 20. Jahrhundert so.

Musik im Bildungskonzept des Neuhumanismus

Parallel zum aus dem Geist der Romantik geborenen Historismus entfaltete sich unter den Zeichen von Aufklärung und Neuhumanismus ein aktuelles Konzept von Bildung. Johann Gottfried Herder oder Wilhelm von Humboldt, um nur zwei von vielen prägenden Namen zu nennen, zeichneten die Konturen eines Menschenbildes, in dem das Motiv der Einzigartigkeit des Individuums axiomatische Bedeutung erhielt und in dem die Aufforderung an den Einzelnen, „die höchste und proportionirlichste Bildung seiner Kräfte zu einem Ganzen" anzustreben, wie es in einer berühmten Formulierung Humboldts heißt, an zentraler Stelle steht. In dieser, wie wir wohl sagen müssen, Utopie der Selbstperfektion, die überdies sowohl Maßstab als auch Spiegel der Menschheitsentwicklung sein soll, fanden die Künste und vor allem die Musik wieder eine herausragende Position. Der geniale Künstler, der sein Leben ganz seinem Werk widmet, einem Werk, das am Ende die Summe seines individuellen Strebens als auch den Entwicklungsstand seiner Kunst zeigt, wurde auch zur sinnbildlichen Figur dieser Bildungsutopie.

Die damit einhergehende Heroisierung von Künstlern rief eine Geschichtsschreibung und analytische Werkbetrachtung auf den Plan, die der kollektiven Identifikation namentlich des deutschen Bürgertums mit den nationalen Kulturschöpfungen einen gleichsam objektiven Hintergrund schuf. Mozart wurde der erste Komponist überhaupt mit einem seit seinem Tod ununterbrochenen Nachleben, in dessen Verlauf vor allem die deutsche Musikforschung seit der Mitte des 19. Jahrhunderts entscheidende Weichenstellungen vorgenommen hat – und ohne den Plan und die Realisierung einer wissenschaftlichen Gesamtausgabe hätten die Kompositionen Mozarts nie in der Breite wie geschehen rezipiert werden können. Der Beethoven-Mythos, das Bild vom titanenhaft mit den Mächten des Schicksals ringenden und den Sieg davontragenden Kunstheiligen, erfuhr zwar immer wieder Erschütterungen, aber in Momenten der nationalen Emphase muß es zumindest in Deutschland immer noch Musik Beethovens sein, die den kollektiven Gefühlen eine Mitte bietet – wer erinnert sich nicht an die Aufführung der Neunten Beethovens unter der Leitung von Leonard Bernstein in Berlin nach dem Fall der Mauer mit dem wirkungsvoll in eine „Ode an die Freiheit" abgewandelten Schlußchor.

Zum Konzept der bürgerlichen Bildung im 19. und 20. Jahrhundert gehörte der Musikunterricht ebenso selbstverständlich dazu wie die Lektüre von Musikgeschichten und Musikerbiographien. Ohne Möglichkeiten der technischen Reproduktion vermochte sich die Aneignung vertiefter musikalischer Kenntnisse allein über das eigene Musizieren zu vollziehen. Die gesellschaftliche Hochschätzung des musikalischen Gegenstands führte nach der Gründung des Deutschen Reichs bis hin zum Zweiten Weltkrieg auch zur Gründung und zum Ausbau von musikwissenschaftlichen Seminaren an den Universitäten und zur Einrichtung freier Forschungsinstitutionen. Deutschland galt weltweit als das Land der Musik schlechthin. Die kaum überschaubare Produktion an Noten und musikbezogenen Publikationen bestätigt diesen Rang eindrucksvoll. Die deutsche Musikwissenschaft war konkurrenzlos und beeinflußte das Denken, Reden und Schreiben über Musik auch dort noch, wo man sich, wie gelegentlich in Frankreich oder England, gegen sie wandte. Als Arnold Schönberg Anfang der 1920er Jahre seine „Methode der Komposition mit zwölf nur aufeinander bezogenen Tönen" präsentierte, tat er das unter anderem mit dem Hinweis, daß diese Findung die Weltherrschaft der deutschen Musik für die nächsten 100 Jahre sichern würde. Musikalisches Banausentum galt zumindest in gebildeten bürgerlichen Kreisen als diskreditierend, und das in den einflußreichsten Teilen des Feuilletons herrschende intellektuelle Niveau der Musikkritik sowie die Auflagenhöhe musikwissenschaftlicher Publikationen durch große und alteingesessene Verlage belegt, welches Interesse neben dem praktischen Tun am Wissen über Musik herrschte.

Krise der Musikkultur

Ein nüchterner Blick auf die Gegenwart des gerade angebrochenen 21. Jahrhunderts lehrt, daß von alledem nur noch wenig geblieben ist. Eine Beziehung des breiten Publikums zur aktuellen Kunstmusik gibt es so gut wie nicht. Die Programme unserer Musiktheater, Orchester und Ensembles sind zu 95 Prozent von Werken bestimmt, die zwischen einhundert und dreihundert Jahren alt sind. Die Hinwendung zur Musik als Kunst insgesamt nimmt stetig ab; nach jüngsten Untersuchungen dürften sich in Deutschland noch rund 8 Prozent der Bevölkerung mit sogenannter „Klassischer Musik" beschäftigen – was immer dabei beschäftigen heißen mag. Die Meinung öffentlich zu äußern, daß für solche elitären Interessen viel weniger Steuermittel eingesetzt werden sollten, bedarf es keines besonderen Mutes mehr (weswegen, wenn ich mir als schlichter Bürger gegenüber der politischen Einschätzung die Bemerkung erlauben darf, in Würzburg nicht nur vordergründig eine Finanzkrise des Theaters herrscht, sondern, wie überall, eine kaum mehr versteckte Kulturkrise, von der hier eben das Theater betroffen ist). In den meisten Tageszeitungen befindet sich die Musikberichterstattung, ohnehin auf das Minimum einer halben, höchstens ganzen Seite reduziert, auf einem deplorablen Stand; in ihr regiert nicht selten ein von Sachkenntnis und Urteilsvermögen unberührter Dilettantismus. 80% des Musikunterrichts an Grund-, Haupt- und Realschulen werden von fachfremden Lehrern erteilt, wenn er nicht, häufiger noch, einfach ausfällt. Auf das Stundendeputat für Musik im Lehrplan an Höheren Schulen, wo sich das Fach bei Schülern in einem zähen Kampf mit dem Religionsunterricht um den letzten Platz in der Beliebtheitsskala befindet, sind die Begehrlichkeiten der Schulpolitiker schon seit längerem gerichtet. Und die Musikwissenschaft? Seien wir auch hier ehrlich: Von ihren versteckten, weit in das Musikleben hineinreichenden Leistungen wissen die wenigsten; ihre gelegentliche Forderung, daß zur Erkenntnis des musikalischen Kunstwerks auch die Kenntnis seiner Faktur und seiner Geschichte unumgänglich sind, wird als lästige Zumutung weggewischt. Schließlich: wenn es in Planungsstäben um die Zukunft von Universitäten geht, dann darf der Rotstift gerne einmal an einer musikwissenschaftlichen Professur oder sogar an einem ganzen Institut angesetzt werden.

Ich trage diesen realistischen Befund ohne jede Larmoyanz vor. Er betrifft schließlich kein isoliertes Phänomen oder nur eine universitäre Einzeldisziplin, sondern er benennt Symptome einer gesamtgesellschaftlichen Entwicklung. Mit kaum anderen Akzenten könnten Vertreter vieler wissenschaftlicher Fächer für ihre Gebiete ähnliche Diagnosen stellen, aber auch Kirchenleuten oder Gewerkschaftsfunktionären offenbaren sich beim Blick auf ihre Zuständigkeitsbereiche vergleichbare Tendenzen. Kulturpessimistische Weinerlichkeit führt bei einem solchen Zeitzustand zu nichts, was immer schon so war. Nach einer längeren Begegnung mit Beethoven im Jahre 1812 schrieb Goethe aus Karlsbad an seinen musikalischen Intimus Karl Friedrich Zelter, daß der Komponist „zwar garnicht unrecht" habe, wenn er „die Welt detestabel" finde, „aber sie freilich dadurch weder für sich noch für andere genußreicher" mache. Ich werde mich auch davor hüten, die detestable Weltlage insgesamt erklären zu wollen und anschließend Handlungsanweisungen für Verbesserungen zu geben, denn schließlich bin ich weder Sphinx, Orakel noch Politiker. Aber einige ausgewählte Beobachtungen, die allesamt mittel- oder unmittelbar den Musikwissenschaftler betreffen, für den es heute keinen Elfenbeinturm und kein Orchideenhaus mehr gibt, möchte ich anfügen.

Wir hatten gesehen, daß in Antike, Mittelalter und Neuzeit Reflexionen über die Musik in engem Zusammenhang mit Weltanschauung und Menschenbildung standen. In der bürgerlichen Gesellschaft richtete sich das Bildungsziel der Selbstvervollkommnung darüberhinaus auf die Funktion des Individuums in einem Sozialverband, auf seine das Gemeinwesen fördernde und verbessernde Tätigkeit. Musik machte der Einzelne in diesem höheren Zusammenhang nicht nur für sich, sondern auch für andere und mit anderen. Dieser einst überaus lebendige Gedanke, der beispielsweise in den zahllosen Musikvereinen mit ihren insgesamt nach Millionen zählenden Mitgliedern präsent war, welkt seit einigen Jahrzehnten dahin. Die Preisgabe der bürgerlichen Bildungsidee und die Förderung eines unter dem Stichwort der Selbstverwirklichung nur schwach kaschierten kollektiven Egoismus haben das Verhältnis von Eigensinn und Gemeinsinn in eine bedenkliche Schieflage gebracht, gewiß nicht allein, aber doch wirksam. Musik wird immer seltener mit Erziehung, Bildung, emotionaler Tiefe, künstlerischer Phantasie oder geistiger Herausforderung in Verbindung gebracht oder als wichtiges identitätsstiftendes Mittel einer Gesellschaft angesehen. Vielmehr herrscht ein tausendfach zersplitterter Umgang mit allen erdenklichen Formen des Klingenden: Musik ist abgelöst worden von Musiken, Kunst ist an ihr alles oder nichts.

Diese Entwicklung hat die Musikwissenschaft in die Lage gebracht, daß sie als genuin historisches Fach trotz Ausweitung zu systematischen und ethnologischen Fragestellungen hin heute primär nur mehr mit einem begrenzten Ausschnitt der musikalischen Welt befaßt ist, dem der Kunstmusik, einem Ausschnitt der musikalischen Gesamtproduktion zudem, der, wie wir gesehen haben, bei aller unbestreitbaren künstlerischen und geistigen Potenz in der Lebenswirklichkeit vieler Menschen nicht mehr vorkommt. Das müßte kein Anlaß zur Beunruhigung sein, würden nicht in einem offensichtlich unaufhaltsamen Prozeß die Maßstäbe für die Güte geistiger Gegenstände mehr und mehr von einer qualitativen hin zu einer quantitativen Bewertung verschoben. Man kann das sehr viel platter ausdrücken: immer entscheidender wird, wozu eine Sache nützt und was sie finanziell einbringt.

Geisteswissenschaften im Zwang des ökonomischen Utilitarismus

In der Hollywood-Komödie *What's up, Doc?* wird der angeklagte Hauptdarsteller von einem Richter nach seinem Beruf gefragt. Er sei Doktor der Musikwissenschaft, bekennt der Befragte schüchtern. Ob er dann ein Radio reparieren könne, lautet die zweite Frage des Richters. Als der Angeklagte verneint, wird er aufgefordert, gefälligst seinen Mund zu halten. So wie der Beschuldigte in diesem Dialog kommen alle die schlecht weg, die nicht in harten Zahlen die Relevanz ihres Tuns nachweisen können. In den Augen sogar der nicht nur Übelmeinenden sind das an der Universität zum Beispiel die Geisteswissenschaften, also auch die Musikwissenschaft. Wolfgang Frühwald, seit 1999 als erster Geisteswissenschaftler an der Spitze der Alexander von Humboldt-Stiftung, hat die Situation dieser Fächer jüngst präzise charakterisiert. Aus allen Ecken ertöne, so Frühwald, die Frage nach Zweck und Nutzen der Geisteswissenschaften, „nach den von ihnen vermittelten brauchbaren Fähigkeiten in einer auf Ökonomie und Kommerz gestellten Welt. ... Daß von der fortschreitenden Ökonomisierung unseres Denkens und Sprechens vor allem die Geisteswissenschaften im engeren Sinne bedrängt werden, also jene Fächer und Disziplinen, die es mit Ästhetik, Moral und Geschichte zu tun haben, ist unmittelbar einsichtig. Was bedeuten schon die Märchen und Mythen der Völker, wenn jeder Schritt, den die experimentellen Naturwissenschaften tun, ein weiterer Schritt zur Entzauberung der Welt ist, wenn die Konstanz der Elemente durchbrochen wird, das Innere des Lebens offen liegt, Utopien und Visionen der Märchenwelten durch die wissenschaftliche Realität überholt sind?"

„In dem munteren Halali, das in vielen Bundesländern auf Stellen, Mittel und akademische Institutionen geblasen wird, sind jene Wissenschaften, die um ihrer Gegenstände willen an individuellen Forschungsstilen festhalten und inmitten von „Spaßkultur" und „Klamauk-Kommunikation" noch von Einsamkeit und Freiheit als den Bedingungen des Forscherlebens träumen, dem offen herbeigeführten Untergang ausgesetzt. Die derzeit im Umlauf befindlichen Modelle zur leistungsbezogenen Mittelverteilung an den Universitäten bevorteilen die drittmittelstarken, experimentellen Fächer. Das Buch, das die Summe eines 20jährigen Forscherlebens zieht, ist plötzlich nur noch eine geringwertige Ziffer in der Jahresbilanz eines Instituts." (DIE ZEIT, Nr. 50, 7. 12. 2000, S. 42).

Natur- contra Geisteswissenschaften?

Soweit Frühwald. Man wird seiner pointierten Beschreibung zustimmen wollen, auch wenn sie an dem ein und anderen Punkt mißverstanden werden könnte. Der Tendenz zum Rückzug in die Einsamkeit mögen Mitglieder reiner Forschungsinstitutionen nachgeben können; Universitätsprofessoren steht das eigentlich nicht an. Wenn mich meine Lateinkenntnisse nicht völlig im Stich lassen, dann leitet sich unsere Berufsbezeichnung vom Verb *profiteri* ab, was „offen bekennen" und „öffentlich erklären" heißt. Es schadet dem Professor publicus also nicht, wenn er für seine Gegenstände und Erkundungen außer in der Fachwelt auch Verbündete in der außeruniversitären Öffentlichkeit sucht. Was mir weiterhin bedenklich erscheint ist der permanent unternommene und meist erfolgreiche Versuch, Natur- und Geisteswissenschaften gegeneinander in Stellung zu bringen. Selbstverständlich existieren zwischen beiden sachliche Trennlinien. Die Geisteswissenschaften wenden sich mit ihren Verstehensversuchen den vielen Bereichen der genuin menschlichen Existenz zu, die von sinnhaft konstruierten Gegenständen bestimmt werden, während die Naturwissenschaften Gegenstände untersuchen, die grundsätzlich sinnfrei sind. Aber zwischen einem physikalischen Ton, also der einzelnen sinusförmigen Schwingung, oder einem physikalischen Klang, der komplexen, aus mehreren Teilschwingungen zusammengesetzten Schwingung, zwischen diesen sinnfreien, objektiv definierbaren Phänomenen und dem musikalischen Ton, dem musikalischen Klang, beides Erscheinungen, die einzig und allein sinnhaft durch den Menschen existieren, bestehen engste Verbindungen. Musik machen heißt doch, ein akustisches und ein humanes Faktum schaffen. Was helfen uns da die Fortifikationen traditioneller Kategorienbildungen, die doch ohnehin dank der Erkenntnisse von Neurophysiologie und Hirnforschung weitgehend hinfällig geworden sind. Natur- und Geisteswissenschaften darf man in vieler Hinsicht und mit gutem Recht als durch Osmose verbundene Zellen verstehen.

Das bringen beide und die Universität insgesamt freilich viel zu wenig zur Geltung. Die Existenz des geistigen Menschen an der Universität ist für mein Empfinden am stärksten durch die Partikularisierung und Fragmentierung der Wissensgebiete gefährdet. Das Problem liegt, wie in der Musik, nicht am Grad der Polyphonie, der Vielstimmigkeit, sondern im beziehungslosen Gewirr der Vielerleistimmigkeit. Die Fächer, soweit sie nicht wegen wechselseitiger Interessen in mehr oder weniger feste Verbünde eintreten, sind blind füreinander geworden. Die Ignoranzen der Natur- und Geisteswissenschaften untereinander, aber erst recht zwischen den beiden Gruppen sind gewaltig. Ohne Schaden dürfen Naturwissenschaftler die größten Dummheiten über Gegenstände der Geisteswissenschaften sagen, wie andersherum Geisteswissenschaftler sich beinahe stolz zu ihrer naturwissenschaftlichen Unbildung bekennen. Weil das so ist, verfestigt sich mehr und mehr eine Scheinhierarchie der wissenschaftlichen Fächer von den überlebensnotwendigen experimentellen Lebenswissenschaften über die lebensnotwendigen Natur-, Wirtschafts- und Ingenieurwissenschaften bis hin zur Appendix der für den Lebenserhalt scheinbar entbehrlichen Geisteswissenschaften. Diese Scheinhierarchie der Fächer impliziert eine Scheinhierarchie der Gegenstände, und die drückt sich in Mark und Pfennig aus: Forschungen am menschlichen Genom sind der Bundesregierung jüngst ein Sonderprogramm von 350 Millionen DM wert, während die Editionsleitung der weltweit einmaligen, von deutschen Musikwissenschaftlern erarbeiteten Gesamtausgabe der Werke Richard Wagners vor kurzem wegen eines Etatmangels von 60.000,— DM hochqualifizierte Forscher zur Kurzarbeit beim Arbeitsamt anmelden mußte.

Daß hier Dinge aus dem Lot geraten sind, darauf muß man nicht eigens hinweisen. Aber daß in dem Prozeß der Kommerzialisierung und Kapitalisierung von Wissenschaft diese selbst unter die Räder kommen könnte, wird vielleicht mancherorts noch nicht hinreichend deutlich wahrgenommen. Wissenschaft ist nach meiner Überzeugung primär nicht auf Relevanz in außerwissenschaftlichen Prozessen des ökonomischen Utilitarismus verpflichtet, sondern zuallererst auf einen Wahrheitsbegriff, der auf der Übereinstimmung einer Aussage mit einer Tatsache beruht. Selbstverständlich schließt sich beides, Nutzen und Wahrheit, nicht gegenseitig aus, doch muß die Reihenfolge klar sein: Die Wahrheit ihrer Aussagen bestimmt Wert und Relevanz einer Wissenschaft, nicht der kommerzielle Profit, der aus ihr geschlagen werden kann. Doch mit dieser Äußerung bin ich nun wohl doch zum Hofnarren geworden, zumindest habe ich ein weites Feld betreten, das auszuschreiten mehr Zeit beanspruchen würde, als ein Vortrag unter Beachtung der Menschenwürde dauern darf. Als Wegweiser möchte ich lediglich die Antwort zitieren, die Konfuzius seinem Schüler Zi Lu vor zweieinhalbtausend Jahren auf die Frage gegeben hat, was er als erstes täte, würde man ihm die Regierung anvertrauen; der Meister meinte: „Unbedingt erst einmal die Begriffe richtigstellen." (Konfuzius, Gespräche (Lun-yu), Kap. XIII,3).

Wertungsgesellschaft statt Informationsgesellschaft

Einer dieser Begriffe wäre der von der Wissensgesellschaft, auf die wir angeblich zusteuern oder in der wir uns bereits befinden. Ich meine nicht, daß das zutrifft. Was uns bevorsteht und was wir bereits in Ausschnitten erleben, ist die Informationsgesellschaft, deren herausragende Kennzeichen Datengebirge sind, Datengebirge, zu deren Besteigung vielen Zeitgenossen vernünftige Bergkarten ebenso fehlen wie solide Steigeisen. Zu was wir meines Erachtens aufbrechen müßten, wäre eine Wertungsgesellschaft, also zu einer Gesellschaft, die sich das Datenchaos durch Wertungen, durch rational begründete Wertungen zu einem Wissenskosmos bildet. Die Musikwissenschaft ist auf ihrem Gebiet dafür zuständig, „das objektiv in Bestimmtheit und Methode gesicherte und darum allseitig verbindbare und intersubjektive musikalische Wissen von purer Spekulation, Glaube oder Ahnung zu trennen.". Das gilt für alle Gebiete der Wissenschaft gleichermaßen, und wer meint, darauf in Teilen verzichten zu können, der löst die Bande der Zivilisation. Diesen Wertungsanspruch muß die Universität offensiv an die Gesellschaft herantragen und behaupten, in allen Fakultäten und in allen Fächern.

In dieser Hinsicht ist die Gemeinschaft der Wissenschaften einem modernen Symphonieorchester ähnlich. Zunächst: es befriedigt keinen Selbstzweck, sondern dient der Aufführung hochkomplexer musikalischer Werke. Um das zu tun, muß es komplett antreten, und um das gut, ja vollkommen tun zu können, müssen an allen Instrumenten hochqualifizierte Musiker sitzen. Die an zahlreichen Pulten mehrfach besetzten Streicher genießen wegen ihrer zahlenmäßigen Überlegenheit und ihren Plätzen an der Rampe keine weitergehenden Rechte als die solistischen Bläser in den hinteren Reihen. Fällt eine erste Oboe oder ein Solohorn aus, dann erleidet die Aufführung einer Symphonie Beethovens sogar größere Einbußen als beim Fehlen einer ersten Violine, wenn es noch sieben weitere davon gibt. Sie mögen sich selbst in Gedanken ausmalen, in welchen Analogien die Wissenschaftsgruppen und die Orchestergruppen zueinander stehen. Wenn es einmal dazu käme, Beethovens Symphonien nur noch mit allerdings üppig ausgestatteten Streichorchestern spielen zu können oder dazu, die Streicher ihre Partien im großen Saal, die Bläser abgesondert auf einer Probebühne ausführen zu lassen, dann wäre das Ganze zerstört.

Ich selber bin Klarinettist und weiß aus meiner Orchestertätigkeit viel über die Balance der Instrumente in einem großen Apparat. Als Musikwissenschaftler ist im Verbund der Universitätsfächer meine Pultnachbarschaft überschaubar, aber ich weiß auch, daß unsere Soli und Gruppenklänge, würden sie einmal ausbleiben, doch von dem ein oder anderen vermißt würden. Ohne Mozarts Klarinettenkonzert, eine Komposition von seltener Serenität und Reichhaltigkeit, eine Einzigartigkeit in des Wortes tiefster Bedeutung, wäre die Menschheitskultur entschieden ärmer. Vor genau 210 Jahren hat das kaum einer bemerkt, und Mozarts Tod ist nicht von vielen betrauert worden. Das sollte uns in vieler Hinsicht zu denken geben: es müssen sich ja nicht alle Fatalitäten der Geschichte wiederholen.

Niemals etwas Nützliches getan oder Die Liebe zur Sondermarke

Bernhard Korte

Man ist ein Bildungsbanause, wenn man zugeben muß, daß man von Musik oder Kunst oder Literatur nichts verstehe. Bildung oder gar Persönlichkeit eines Mitmenschen wird aber überhaupt nicht in Zweifel gezogen, wenn dieser freimütig gesteht: „Ich hatte immer schon null Bock auf Mathematik." Ja, wenn er sonst keinen Makel hat, qualifiziert diese Äußerung unseren Mitmenschen nicht nur als absolut normal, sondern vielleicht sogar als sympathisch. Muß man aber bekennen, daß man Mathematik als Beruf betreibt, erntet man oft ein irgendwie mitleidiges Lächeln, hinter dem sich die heimliche Frage verbirgt, wo denn bei diesem Sonderling die zweifellos vorhandenen großen Persönlichkeitsdefizite liegen müssen.

Woher kommen diese Klischees? Und warum haben sie sich in den letzten Jahren noch verstärkt? Nicht allein „null-Bock", sondern Wissenschaftsphobie haben heute weite Kreise unserer Gesellschaft erfaßt.

Aktueller Grund, sich einmal wieder mit diesem Thema zu beschäftigen, ist die letzte TIMSS-Studie (Third International Mathematics and Science Study). In regelmäßigen Abständen erfahren wir aus diesen Studien, daß der mathematische Wissensstand von Schülern deutscher Schulen im internationalen Vergleich höchstens im unteren Mittelfeld rangiert. Während vorausgegangene Studien das den Schülern jüngerer Jahrgänge attestierten, kommt die letzte TIMSS-Studie, vor wenigen Wochen veröffentlicht, für die Jahrgangsstufen 12 und 13 zu demselben schlechten Ergebnis: Aus Kindern werden Leute.

Statistik und Methodik der Studie zu bezweifeln, hilft nicht weiter. Schließlich kann die geschilderte gesellschaftliche Ignoranz und Apathie gegenüber der Mathematik nur in der Schule ihren Anfang genommen haben. Da ist es besser und ehrlicher, die niederschmetternden Ergebnisse der TIMSS-Studie anzuerkennen, auch wenn es weh tut: 40 Prozent der Oberstufenschüler haben Unsicherheiten beim elementaren Rechnen (aber was soll's, dafür gibt's doch Taschenrechner), 60 Prozent überschreiten ein Niveau der Anwendung elementarer Regeln und Konzepte nicht. Selbst bei den Schülern mit Mathematik als Leistungskurs, bei denen man Neigung und vielleicht auch Begabung voraussetzen sollte, kann nur ein Zehntel einigermaßen erfolgreich mit mathematischen Problemstellungen umgehen, deren Lösungen nicht unmittelbar evident sind. Für die Physikleistungskurse lag diese Zahl bei 25 Prozent.

Als Ursachen für diese Situation soll nicht die Gesellschaft, nicht der Zeitgeist, nicht das Elternhaus und auch nicht die Schule als Institution angeprangert werden, obwohl hier einiges im Argen liegt. Das wäre zu einfach und entspräche auch dem Florianprinzip. Wir meinen, daß dann doch die Lehrer und die Lehrer der Lehrer, sprich: Hochschullehrer zuerst Selbstkritik üben sollten.

Zu dieser Selbstkritik gehört zuerst Kritik am schulischen Curriculum: Ein großer Teil des heutigen mathematischen Schulstoffs geht bis auf die alten Griechen zurück und hat sich seither nicht geändert. Diese Tatsache gibt es in keinem anderen Wissens- oder Lehrgebiet. Der überwiegende Teil der Schulmathematik besteht immer noch aus Regeln zur Lösung innermathematischer Standardaufgaben; Kochbuchrezepte für Kreuzworträtsel.

Mathematik ist ein Verständnis-, kein Wissensfach. In Fächern, die vornehmlich Wissen vermitteln, kann mit zusätzlichen Anwendungen einfach motiviert werden. Lernt man eine Sprache, so lernt man auch deren „Anwendung": die Kultur, Literatur, Geographie und Wirtschaft des jeweiligen Landes. Zur Motivation der Schulmathematik sind moderne und faszinierende Anwendungen der Mathematik dringend notwendig, aber die muß der Lehrer kennen und können.

Als Anwendungsbeispiel par excellence wird immer wieder die Computertomographie genannt, um die Bedeutung der Mathematik für unser modernes Leben zu unterstreichen. Mathematiker, die selbst wohl gar nicht wissen, welche Mathematik beim Computertomograph benötigt wird, benutzen solche Hinweise nur zu gern als Alibi, um das eigene Glasperlenspiel um so ungestörter fortsetzen zu können. John von Neumann, einer der bedeutendsten Mathematiker des 20. Jahrhunderts, sprach in diesem Zusammenhang von „l´art pour l´art" oder von „abstrakter Inzucht". Das sind harte Worte, über die man dennoch nachdenken sollte.

Gerade im 20. Jahrhundert hat sich die Mathematik von solchen Anwendungsbezügen gelöst. Der bekannte englische Zahlentheoretiker Godefrey Harold Hardy hat in seiner Autobiographie „A Mathematician's Apology" gestanden: „Ich habe niemals irgend etwas Nützliches getan. Keine Entdeckung von mir hat oder wird... auch nur im geringsten das Verhalten der Welt beeinflussen. Ich habe andere Mathematiker ausgebildet, von derselben Art wie ich, und ihre Arbeit... ist dann genauso unnütz, wie meine eigene." Daß nicht eine Entschuldigung – wie der Biographie-Titel vermuten ließe -, sondern innerer Stolz dieses Bekenntnis motiviert hat, zeigt ein Nachsatz: „... aber ich habe etwas geschaffen, das wert war, geschaffen zu werden."

Warum? Genügt die bloße Behauptung, das Urteil in eigener Sache? Alle Wissenschaftler, also auch Mathematiker, müssen sich in der modernen Gesellschaft gefallen lassen, daß ihr Wertesystem hinterfragt wird. Und Hardys Verdikt ist beileibe keine kapriziöse Einzelmeinung, sondern - oft unausgesprochen - Handlungsmaxime für viele Mathematiker in Schule und Hochschule. Artikel 5, Absatz 3 unseres Grundgesetzes garantiert zwar die Freiheit der Wissenschaft. Er sagt aber nicht, daß Wissenschaft auch frei von Wertesystemen sei. In früheren Jahrhunderten wurde ein intaktes und kohärentes Wertesystem durch Eliten garantiert. Heute sind Ausbildung und Wissenschaft auch Massenphänomene geworden, die nicht mehr von kleinen Gruppen qualifizierter Insider gesteuert werden können.

Der Wert reiner Grundlagenforschung soll hier nicht bestritten werden. Es werden auch immer wieder Beispiele dafür zitiert, wie abstrakte Resultate viel später und rein zufällig Anwendungsrelevanz bekommen haben. Leider wird der Gegensatz zwischen reiner und angewandter Mathematik oder allgemein zwischen Grundlagenforschung und anwendungsbezogener Wissenschaft zu sehr stilisiert. So hat der deutsche Zahlentheoretiker Edmund Landau, ein Zeitgenosse von Hardy, die damals noch junge, aber ausgezeichnete angewandte Mathematik in Göttingen als „Schmierölmathematik" abgetan. Die Auswirkung dieses Klischees auf den schulischen Mathematikunterricht ist stärker als allgemein angenommen.

Dabei ist das Herzstück der Mathematikentwicklung in den letzten 300 Jahren, der Calculus oder die Analysis, nicht aus innermathematischen Abstraktionen, sondern aus den Bedürfnissen der Physik entstanden: Man brauchte diese Mathematik, um Phänomene wie Geschwindigkeit und Beschleunigung korrekt beschreiben zu können. Es ist auch nicht zu leugnen, daß die Mathematik nahezu bis zum Ende des 19. Jahrhunderts aus den Bedürfnissen und für die Bedürfnisse der Physik entwickelt wurde - und das außerordentlich erfolgreich. Auch die moderne Mathematik sollte „die erneute Einbringung mehr oder weniger direkt aus der Empirie stammender Ideen" als „verjüngende Rückkehr zur Quelle" und „als einzig probates Heilmittel" betrachten, wie John von Neumann es gefordert hat. Davon würde auch die Schulmathematik profitieren.

Die Entwicklung der Mathematik im 20. Jahrhundert hat noch einen zweiten nicht notwendigerweise positiven Akzent gesetzt. Eine französische Mathematikergruppe unter dem Pseudonym Nicolas Bourbaki hatte das ehrgeizige Ziel, eine moderne mengentheoretisch orientierte Grundlegung der Mathematik zu schaffen, wie ehemals die Elemente des Euklid. Zur Darstellung benutzte der Bourbakismus ausschließlich Quantoren, so gut wie keine Sprache und natürlich auch keine Anschauung, wie sie zum Beispiel die Geometrie bietet. Nun ist zwar jede mathematische Darstellung per definitionem sehr spracharm. Bei Bourbaki wurde aber ein Extrem angesteuert. Die Hirnforscher gehen immer noch davon aus, daß wir in Sprachkategorien denken. Anschauliche Metaphern und geometrische Vorstellungen sind für die Phantasie und Kreativität wesentlich. Diese wiederum bestimmen den Entstehungsprozeß mathematischer Ideen. Das absolute Genie mag ohne die Hilfsmittel von Sprache und Anschauung auskommen, aber wer ist das schon? Deshalb mußte der Bourbakismus scheitern. Er hatte aber starke Auswirkungen auf die Schulmathematik: die ausufernde Beschäftigung mit der „Mengenlehre" in den Grundschulen. Sie hat nicht nur viele Eltern verzweifeln lassen, sondern auch zahllose Kinder dauerhaft der Mathematik entfremdet.

Dabei kann die Beschäftigung mit der Mathematik auch lustvoll sein. Das höchste Glück empfindet ein Mathematiker, wenn er einen neuen „Satz", ein neues Theorem bewiesen hat. Auf den Schultern der Altvorderen stehend hat er das menschliche Wissen um ein kleines Stück erweitert. Das ist ein großartiges Gefühl, das kein Mathematiker missen möchte. Seit mehr als zehn Jahren beschäftigen wir uns in Bonn mit der Anwendung der diskreten Mathematik beim Design höchstkomplexer Logikchips und Mikroprozessoren. Wenn wir das Ergebnis unserer Arbeit, einen solchen Chip zwischen den Fingern halten und wissen, daß er nur durch unsere Mathematik möglich wurde, dann empfinden wir auch höchste Befriedigung. Sie ist anders, als beim Beweis eines Theorems, aber nicht minder tief.

Indessen wird die Kluft zwischen aktueller mathematischer Forschung und schulischer Ausbildungsmathematik immer breiter. Früher hatten wir brauchbare pädagogische Hochschulen für die Lehrerausbildung und recht gute Fachhochschulen. Dann wurde alles integriert und nivelliert. Heute wäre man wohl froh, wenn man differenzierte und jeweils gute Ausbildungsgänge hätte. Bei dem hohen Grad heutiger Spezialisierung ist es nicht mehr effizient, wenn der zukünftige Forscher, der Industriemathematiker und der Mathematiklehrer nahezu dieselbe Ausbildung haben. Lassen wir auch hier einige Zahlen sprechen: Bungartz und Wynands haben 1998 in Nordrhein-Westfalen 176 Referendare für Mathematik der Sekundarstufe II an 11 Studienseminaren und deren Seminarleiter befragt. Auf die Frage, ob das zukünftige Berufsbild in deren Mathematik-Hauptstudium berücksichtigt wurde, antworteten 45 Prozent mit „gar nicht" und 51 Prozent mit „zu wenig". Bei nur 4 Prozent lautete die Antwort „ausreichend" bis „sehr gut". Das fachwissenschaftliche Hauptstudium für die Ausbildung zum Mathematiklehrer beurteilten 79 Prozent mit „sehr schlecht" und „eher schlecht". Schließlich bewerteten 82 Prozent die Anforderungen im Mathematik-Hauptstudium als zu hoch und 95 Prozent wünschten sich spezielle Veranstaltungen für Lehramtskandidaten.

Natürlich sind diese Probleme und die damit offenkundig zusammenhängenden Ergebnisse der TIMSS-Studien den Bildungs- und Wissenschaftsorganisationen wie den berufständigen Vereinigungen der Mathematiker nicht entgangen. Die Volkswagen-Stiftung hat ein Forschungsprogramm über Mathematik an der Schnittstelle von Schule und Universität aufgelegt. Die Bund-Länder-Kommission für Bildungsplanung und Forschungsförderung (BLK) hat ab 1998 für fünf Jahre an 180 Schulen ein Programm zur Steigerung der Effizienz eingerichtet. Viele Kommissionen und Beauftragte wurden eingesetzt. Die UNESCO hat das Jahr 2000 als World Mathematical Year ausgerufen. Hätten Sie's gewußt? Vielleicht sind Sonderbriefmarken herausgegeben worden. Mathematiker haben ein Faible für Sondermarken. Doch Sondermarken und Ruck-Reden, selbst wenn sie vom Bundespräsidenten gehalten werden, helfen nicht weiter. Das Curriculum in Mathematik an unseren Schulen sollte endlich und auch nachhaltig verändert werden: weg von Kochbuchrezepten zum Lösen von innermathematischen Aufgaben, hin zu einem Verständnis für die Mathematik als notwendigem „Betriebsmittel" unserer modernen Welt. Im Englischunterricht ist die Klassenfahrt nach London obligatorisch. Im Mathematikunterricht könnte man eine Fluggesellschaft oder eine Walzstraße besuchen und erfahren, wie wichtig hier moderne Mathematik ist. Die Schulmathematik muß viel stärker motivierend vermittelt werden. Das können faszinierende Anwendungen besonders gut leisten. Es ist nicht schwer, mehrere Dutzend von spannenden Anwendungen der Mathematik in Kryptographie, Mikroelektronik, Roboter- und Produktionssteuerung, Medizintechnik und den klassischen Naturwissenschaften Physik, Chemie und Biologie für den Schulunterricht aufzubereiten. Obwohl die Mathematik viele Jahrhunderte Magd der Physik war (und sich dabei prächtig entwickelt hat), sind wohl in kaum einem mathematischen Schulbuch interessante physikalische Anwendungen der Mathematik beschrieben. Man hat sich angewöhnt, bedeutende Anwendungen der Mathematik nicht als Chance, sondern allenfalls zur (Pseudo-) Rechtfertigung zu nutzen.

Von Überflüssigem soll man sich trennen. Viele mathematische Fertigkeiten, wie zum Beispiel das Ausrechnen bestimmter Integrale, können heute Computerprogramme besser. Sie sind aber immer noch Teil der Ausbildung. Das selbständige Lösen von Problemen aus der Praxis wäre ein sehr viel anregenderer, allerdings auch schwierigerer Lehrstoff. Sind doch unsere Hochtechnologien weitgehend mathematische Technologien. In der Schule erfährt man davon so gut wie nichts. Stattdessen bekommt man zu hören, daß die in der Schule gelernte Mathematik im späteren Leben niemals gebraucht wird. Fehlt es also an Gründen, auch eine andere, anwendungsorientierte Mathematik zu lehren? Sie kann die methodische und theoretische Grundausbildung auch in Zukunft nicht ersetzen, diese muß Kernstück der Schulausbildung bleiben. Doch ein meßbarer Anteil moderner anwendungsorientierter Mathematik ist nötig, um dieses Fach aus seiner selbstgewählten Unzugänglichkeit und Abschottung zu befreien.

Wo bleibt das humanistische Bildungsideal?

Jürgen Oelkers

Wenn in Deutschland von „höherer" oder überhaupt von „Bildung" die Rede ist, dann wird *Humboldt* zitiert. Wahre Bildung müsse im Geiste *Humboldts* geschehen. *Humboldt* nämlich habe Bildung „humanistisch" verstanden, und das sei das Maß aller Dinge. Im Mittelpunkt stünde der Mensch und nichts sonst. Wir verdanken *Anthony Grafton* und *Lisa Jardine* die Einsicht, daß *Humboldt* weder „Bildung" begründet noch die besondere Form „humanistischer Bildung" legitimiert hat. *Humboldts* Vorrang antiker Bildung für die Bestimmung des Maßes aller Dinge ist eine späte Präferenz des 18. Jahrhunderts, Bildung als subjektives Ereignis ist eine Folge des Neuplatonismus im 17. Jahrhundert, zuvor und unabhängig davon gab es „humanistische Bildung" und sie war *gelehrte Schulung*. Sie agierte fachbezogen, lehrmittelorientiert und stellte keineswegs das „Individuum" in den Mittelpunkt. Dieser Ort war im 17. Jahrhundert reserviert für die theologische Geometrie, nicht für die Bildung.

Die durchaus wenigen Fragmente *Humboldts*, die sich Fragen der Bildung im kategorialen Sinne zuwenden, verweisen auf den Zusammenhang von „Mensch" und „Welt", betonen die ästhetische Anschauung und sehen in der Bildung die Konstitution menschlicher Freiheit, also sind im wesentlichen uneeignet für die Analyse von Großsystemen, die heute global und flächendeckend Schulwissen verbreiten. *Humboldts* Warnung vor dem Staat ist vergessen. Der historische Erfolg nicht der Bildung, sondern der staatlichen Verschulung ist ebenso eindrucksvoll wie beängstigend. Es gehört zur Lebenserwartung, der allgemeinbildenden Schule nicht entkommen zu können, während wir ziemlich wenig darüber wissen, was sie leistet. Der Sog der Verstaatlichung im 19. Jahrhundert war so groß, daß nicht nur sämtliche privaten Bildungsunternehmer konkurrenzunfähig gemacht wurden, sondern das neue Monopol zugleich unangreifbar schien. Es war Ausdruck von Staatsmacht, nicht die Institution *öffentlicher* Bildung. Die Volksschule schaffte es sogar - um 1800 eine europaweit völlig unwahrscheinliche Vorstellung - unabhängig zu werden von Fragen der unmittelbaren Verwendung. Ihr größter Erfolg war die Erfindung der Berufsschule.

Wer um 1850 gefragt hätte: „Welche Bildung für morgen?" hätte zwei progressive Antworten erhalten, *Egalität*, also gleiche Bildung für alle, und *Exzellenz*, also möglichst gute gleiche Bildung für alle. Keine Frage wäre gewesen, ob Schulen das besorgen können. Hundertfünfzig Jahre später ist klar, daß sie es *nicht* können. Verschulung für alle besorgt nicht zugleich hohe Qualität für alle. Die Nivellierung der Talente durch gleichzügige Verschulung ist früh Thema der Schulkritik, ohne daß die Kritik wirkliche Alternativen angeboten hätte. Daher wird *more of the same* zur Grundmaxime der Schulentwicklung. Allen progressiven Bekenntnissen zum Trotz ist die staatliche Schule eine konservative Institution, die große Zahlen zu bedienen hat, sich am Durchschnitt orientiert und daher träge ist, ohne dies zu müssen. Was auf diese Weise entsteht, ist *Berechtigung*, nicht oder nicht zwingend *Bildung*, eine Unterscheidung, die schon *Friedrich Paulsen* zu Schulkritik veranlaßt hat, weil der „gelehrte Unterricht" untergraben wird und in sich zusammenfällt, wenn das Ziel nur noch das Abitur und nicht sein Gegenwert in Bildung ist.

Das scheint heute definitiv der Fall zu sein, so daß nicht zufällig nach den Kosten und dem Nutzen gefragt wird. Was erbringt Bildung für das humane Kapital, wenn die Berechtigungen sich an einer Nachfrage orientieren, die keinen Preis hat und Grenzen nicht kennt? Die Kernfrage heute ist, ob sich die öffentlichen Bildungsinvestitionen lohnen und was der Gegenwert ist. Diese Frage kann immer noch mit Hinweis auf das Humanistische der Bildung unterlaufen werden, wobei Bildung als Wert an sich zählt, der niemandem vorenthalten werden dürfe. Diese zweckfreie Bildung wird automatisch der Schule übertragen, ohne zu fragen, was sie tatsächlich leistet und nur leisten kann. „Bildung" ist gleichgesetzt mit *Schul*bildung. Die hohen Investitionen gelten wesentlich dieser und keiner anderen Größe. In erstaunlicher Weise wird dabei außer Acht gelassen, daß die öffentlichen Gelder für das Bildungswesen aus dem Steueraufkommen stammen und eigentlich Leistungsnachweise verlangen würden. Aber Eltern und Schüler sind keine *Kunden* des Systems, sondern Objekt staatlicher Verordnungen, die paternal festlegen, welche Bildung gut ist und welche nicht. Weder das Angebot noch das Personal der Schule kommen durch demokratische Entscheidung zustande, das Personal wird auf staatliche Beamtenstellen verteilt und das Angebot muß die Vorgaben der staatlichen Lehrpläne erfüllen, unabhängig davon, wie effektiv beides ist.

Die heutige Schulpädagogik scheut eine ökonomische Sicht der Schule wie der Teufel das Weihwasser oder, wenn das beleidigend ist, wie die Engel die Versuchung. Die Bildungsökonomie vermutet seit mehr als zwanzig Jahren, daß Investitionen in Schulen, wie es sie gibt, einem Faß ohne Boden gelten (*Hanushek* 1981). Auch große Zuwächse, so die These, verbessern das Resultat nicht, sondern erhöhen nur den Aufwand. Das ist historisch insofern unzutreffend, als erst die sichere Verankerung in den öffentlichen Haushalten den Aufbau und die Akzeptanz der Schule möglich gemacht hat. Mit wachsender Budgetsicherheit wurde dieser Prozeß unumkehrbar, ohne wirklicher öffentlicher oder privater Kontrolle zu unterliegen. Der zweite große Erfolg der Schule war die Etablierung einer *staatlichen* Aufsicht, einhergehend mit einer systemloyalen Verwaltung. Der Staat kontrolliert sich selbst, also gar nicht. Insofern ist die These „more of the same" *systematisch* zutreffend. Zugespitzt: Die Bildungsreform erhöhte die Abiturs-quote, aber nicht zugleich und im Maße der Erhöhung die Bildungsqualität.

Das legt eine Unterscheidung nahe und erlaubt einen Schluß: Die automatische Zuordnung von Leistung und Institution ist fragwürdig. „Bildung" ist nicht dasselbe wie „Schulbildung". In dieser Hinsicht *ist Humboldt* eine Autorität: wer ihn zitiert, ist nicht automatisch für das, was heute „Gymnasium", „Gesamtschule", „Realschule" oder „Volksschule" genannt wird. Institutionen wie diese vermitteln Schulwissen, nicht oder nicht zwingend Bildung, wenn Bildung an die persönliche Repräsentation kultureller Standards gebunden ist, die Durchschnitt nicht vertragen. Beim Schulwissen kommt es darauf an, den Satz des Pythagoras, die Nebenflüsse der Donau oder die Kunst des Medizinballwerfens zu erlernen, nicht persönliche Unabhängigkeit zu erreichen, die dann gegeben ist, wenn man im Blick auf *zu geringe* Anforderungen „nein" sagen kann. Bildung ist der Wunsch, es möglichst gut selber zu können und nicht darauf angewiesen zu sein, das Niveau ständig zu unterschreiten. Der Erfolg oder Mißerfolg von Bildung liegt hier in der Akzeptanz hoher Standards. Er liegt nicht darin, ständig zu behaupten, das Individuum stehe im Mittelpunkt, ohne zu fragen, ob dies auch gewollt ist.

Mit „Niveau" meine ich nicht das Festlegen didaktischer Vorschriften. Eine der sehr wahrscheinlichen Reaktionen von Schulreform in der heiklen Situation internationaler Leistungsvergleiche, die das nationale Selbstbewußtsein kränken, ist die Verstärkung der *schlechten* Seiten von Verschulung, also rigide Vorschriften des Unterrichts, penible Kontrollen der Leistung und enge Räume der Ueberwachung. Wenn in England die Lehrer die Schule verlassen (BALL 2000), dann weil die Schüler ausschließlich für die Prüfung lernen, was wesentlich nur einen Effekt hat, nämlich daß sie vergessen, was aufgenötigt wurde. Es ist ein Witz, daß Reform als Ausweg aus der Misere gleichbedeutend ist mit der Etablierung der Stechuhr in den Schulen zu einer Zeit, die Arbeit und Lernen radikal und irreversibel flexibilisiert hat. Wenn die Verstärkung der schlechten Verschulung das Niveau der Zukunft ist, kann nur Schulflucht die Maxime sein, weil Talent vergeudet wird, das nicht ersetzbar ist.

Schulen sind – in Deutschland besonders nachhaltig – Verwaltungseinheiten, die nicht danach bemessen werden, wie effizient sie tatsächlich verfahren. Im Gegenteil, die pauschale Legitimation mit „Bildung" führt dazu, Leistungsnachweise für eine Zumutung zu halten und im „Humanistischen" den Schutz vor der Oekonomisierung zu sehen. Aber Bildung *ist* längst eine ökonomische Größe, Bildungsmärkte haben nur die öffentliche Schule noch nicht erreicht, die sich weitgehende Ignoranz gegenüber Kunden und Abnehmern leisten kann, die nicht einmal bei der Anstellung des Personals irgendetwas zu sagen haben, geschweige denn bei der fortlaufenden Leistungsbeurteilung beteiligt sind. Der Witz ist wiederum evident: Die Schule verzichtet auf die fortlaufende Beurteilung ihres Personals und so auf die Kontrolle ihrer Verfahren und Ergebnisse. Sie verteilt Noten, aber beurteilt nicht oder nur in diesem Sinne Qualität. Wer also fortlaufend eine „zwei" in Englisch oder Mathematik erhält, muß nicht besonders gut Englisch sprechen oder Rechnen können. Er oder sie erhalten einfach nur eine Ziffer zur Beurteilung eines Jahresdurchschnitts, mit weitreichenden, zum Teil lebensentscheidenden Folgen. Dabei spielt nicht höchstmögliche Transparenz eine Rolle, sondern Konformität, die auf Vermeidung negativer Folgen angelegt ist.

Das Problem ist nicht Leistungsverweigerung, sondern das Fehlen wirklicher Anreize in einem System, das auf perplexe Weise verschult ist, nämlich die einmal erreichte Form ständig verdichtet hat, ohne sie auch nur einmal gründlich zu revidieren. „Humanistische Bildung", versteht man darunter die Kultivierung der Sinne und des Verstandes, ist ein hoher Anreiz, der auf sehr ironische Weise ausgespart ist. „Bildung" ist die Basislegitimation öffentlicher Schulen, der sie nicht nachkommen können, wenn sie unter den gegebenen Umständen funktionieren wollen. Bildung nämlich ist im Ende die Repräsentation von persönlicher Souveränität, die *Friedrich Nietzsche* politisch unkorrekt, aber nicht ohne Hintersinn „aristokratisch" nannte. Bildung ist gerade *kein* beliebig teilbares Gut, das sich in Portionen von Schulwissen zerlegen ließe. „Humanistische Bildung" verlangt nicht, daß jeden Tag sklavisch um 8.00 Uhr die Schule beginnen muß, daß Lektionen unabgestimmt aufeinander folgen, die Zeit von Stundenplänen regiert wird und eine „Lehrkraft" jeden Tag eine genau gleich große Gruppe von nicht selten unterforderten Schülern unterrichtet, die nicht wissen, warum sie lernen, was sie lernen. Demgegenüber ist gebildet, wer Schwierigkeiten meistert und gegenüber den vorhandenen Lösungen der Probleme mißtrauisch ist; nicht gebildet ist, wer einfach den Lehrbüchern vertraut und sich in sein intellektuelles Schicksal ergibt. Die Herausforderung zählt, nicht die Beruhigung durch didaktisches Gleichmaß, in einer Zeit, die zunehmend Mühe hat, *Mozart* von *Guildo Horn* zu unterscheiden.

Bildung entsteht wesentlich durch die Erfahrung *qualitativer Differenz*. Es ist nicht egal, woran man lernt, und die Standards sind nur dann wirksam, wenn sie nicht äußerlich bleiben. Was *Alfred Whitehead* ‚*Adventures of Ideas*' nannte, bezieht sich auf die Gehalte der Bildung und ist ein guter Maßstab. Humanistische Bildung muß sich an den Herausforderungen des geistigen und kulturellen Lebens messen, also verlangt eine lange Zeit der Inkubation und ist nicht sofort fertig. Die Idee, Bildung sei ein Instantprodukt, ist die Verwechslung von *fast food* mit wirklichem Essen, im ersten Falle fehlt die Differenzerfahrung, im zweiten Falle ist sie maßgebend. Ich folge *Alan Bloom* (1998): wer *nicht Shakespeare* als Gipfel ansieht, hat gute Chancen, das Abitur zu bestehen, aber verpaßt die Hauptsache.

„Humanistische Bildung" ist Widerstand gegen Gleichmaß und so ein hohes gesellschaftliches und ökonomisches Gut, wenn oder soweit Wirtschaften heißt, die je beste Lösung unter vielen schlechten zu finden und jeder künftige Gesellschaftsvertrag davon abhängig ist, die optimale Lernleistung zu finden. Arbeit *ist* Lernen, sodaß die Beziehung von Lernen und persönlicher Bildung zu einem entscheidenden Faktor sowohl der Sozietät wie der Oekonomie geworden ist. „Bildung" ist einfach der Ausdruck dafür, auf möglichst hohem Niveau und unabhängig weiterlernen zu können. Die Persönlichkeit bildet sich in der Auseinandersetzung mit Qualität, die nicht einfach selbst erzeugt werden kann. Die Relativitätstheorie oder *Shakespeares* Sonette oder was immer Gehaltvolles wollen *verstanden* werden, und sie geben die Standards vor. Ihre Bewältigung macht selbständig.

Staatliche Schulen haben gelernt, mit großen Zahlen umzugehen, ohne den Unterschied der Talente sehr weitgehend beachten zu müssen. Es ist also Ironie, wenn „Individualisierung" das Programm der Zukunft darstellen soll. Der weltweit größte Arbeitgeber verfährt konform, anders ließe sich die aus dem 18. Jahrhundert stammende Aufgabe, *alle* Kinder und dies möglichst *gleich* zu Schülern zu machen, nicht bewältigen. Der historische Effekt ist ein hoher Durchschnitt an Schulbildung, nicht die humanistische Differenz, also das, worauf es in Zukunft ankommt, nämlich hohe und gehaltvolle Selbstorganisation, die *nicht* auf die ständige Hilfe durch wohlmeinende Dritte angewiesen ist. Heute ist die historisch beispiellose Abhängigkeit der Bildung von Bildungs*institutionen* eine Schwäche des Systems. Die Bildungsinstitutionen lernten, sich unentbehrlich zu machen, aber auch nur deswegen, weil wir uns an eine scheinbar risikolose Bildungsversorgung gewöhnt haben. Wer heute mit dreißig Jahren promoviert, gilt als schneller Erfolg, wobei vergessen wird, daß dazu ein ununterbrochener Aufenthalt von mehr als 25 Jahren in Bildungsinstitutionen erforderlich gewesen ist.

Der *furor* ist leicht, die Alternative ist es nicht. Wie kann man ein System verändern, das nahezu zweihundert Jahre lang ungestört und mit immer noch hohen Sympathien wachsen konnte? Ich habe fünf abschließende Antworten, die international längst in der Diskussion sind und auch das hochgradig geschützte deutsche System erreichen werden oder schon erreicht haben. Die Sympathien der Abnehmer wuchsen in dem Maße, wie die Kosten der öffentlichen Hand übertragen wurden. Das würde erstens für eine Revision der Bildungsfinanzierung sprechen, die leistungs- und erfolgsgebunden erfolgen sollte. Zweitens muß Konkurrenz ermöglicht werden, weil anders keine wirklichen Herausforderungen gegeben sind. Vermutlich wird es keinen vollständigen Bildungsmarkt geben, wohl aber unterschiedliche Angebote und Profile, die auf faire Weise zur Wahl gestellt werden. Drittens muß das Programm der Allgemeinbildung auf die Anforderungen der Gesellschaft eingestellt und so konzentriert werden auf ein erkennbares Kerngeschäft. Viertens muß die Bildungsorganisation effizient werden, also darauf verzichten, allen Schülerinnen und Schülern die genau gleiche Lern- und Arbeitszeit zuzumuten, unabhängig davon, wie schnell oder langsam sie tatsächlich sind. Und fünftens muß in einer demokratischen Gesellschaft ein System öffentlicher und unabhängiger Kontrolle entwickelt werden, das die Macht der Verwaltung auf das reduziert, was für die Systementwicklung nützlich und unentbehrlich ist.

Meine grundlegende Differenz bleibt auch dann noch bestehen: Bildung, gerade eine solche, die sich humanistisch nennt, ist eine persönliche, nicht eine institutionelle Lernhaltung. Aber die Institution kann erheblich mehr, anderes und besseres dazu beitragen, als das, was üblich ist. Das ist wiederum leicht gesagt, wenn mehr als 10 Millionen Schülerinnen und Schüler durch - die Zahl gilt für 1996 - 616.341 Lehrerinnen und Lehrer in die richtige Richtung der Bildung bewegt werden sollen. Aber Größe wie Dichte sind keine Einwände. Das Problem der Zukunft ist klar: Die öffentliche Bildung in staatlicher Regie wird nur überleben, wenn die Qualitätserwartungen der Öffentlichkeit und nicht lediglich der staatlichen Verwaltung erfüllt werden. Das Monopol nämlich ist längst verloren, und wenn Andere es besser machen, ist nicht einsichtig, warum die schlechtere Qualität geschützt wird.

Partnerschaft: Was abgeht, wenn`s abgeht

Ines Possemeyer

Was mag das für ein Leiden sein, dessen Macht fast jeder irgendwann am eigenen Leibe spürt – hilflos gegenüber rasendem Herzklopfen, Schweißausbrüchen und flauen Gefühlen im Bauch? Die Symptome sind bekannt, die Diagnose ist rasch gestellt: leidenschaftliche Liebe. Auch Fallbeschreibungen finden sich in Fülle: Ob in der Malerei oder der Literatur, in der Musik oder im Film – keiner anderen Pein wurde je größere Aufmerksamkeit zuteil. Und doch sind die Ursachen für diesen unkontrollierbaren Zustand weithin im Verborgenen geblieben. Vielleicht, weil die geheimnisvollen Kräfte nicht greifbar zu sein schienen, vielleicht, um deren Wirkung nicht durch nüchterne Forschung zu entkräften.

So mußte einst die schöne Psyche versprechen, den Liebesgott, der jede Nacht zu ihr kam, niemals bei Licht zu betrachten. Als sie dennoch eine Öllampe entzündete, erwachte Amor und entschwand. Ein Märchen als Warnung, daß der unverhohlene Blick ins Antlitz der Liebe deren Verlust nach sich ziehen könnte.

Nun aber ist der Bann gebrochen, Wissenschaftler spähen mit Hilfe bildgebender Verfahren direkt in das Zentrum aller Herzensangelegenheiten: das Gehirn. Sie verfolgen Botenstoffe und Hormone durch den Körper und lernen jene biochemischen Stoffe zu entschlüsseln, die den Menschen seit Hunderttausenden von Jahren betören.

Beginnen wir aber mit dem Kuß. Wie jede gute Liebesgeschichte.

Durch den Mund fließen Sprache und Atem, gelangt Nahrung in den Körper: Er ist die Schwelle zum Innenleben – und deshalb im metaphysischen Sinn der ideale Durchgang für die Seele. Mit dem Kuß, so lehrte Plato, trete „die Seele auf die Lippen, um aus dem Körper herauszugelangen". Der platonische Kuß freilich sollte allein der geistigen Verschmelzung mit dem

„himmlischen Geliebten" dienen und nicht dem fleischlichen Begehren – eine Vorstellung, die sich ebenso in der christlichen Tradition findet. Der Kuß auf Kreuz, Ring und Reliquie gründet auf der frommen Hoffnung, sich mit spirituellen Kräften zu vereinen.

Wissenschaftler sehen den Kuß profaner. Der Verhaltensforscher Irenäus Eibl-Eibesfeldt führt das Hungern und Dürsten nach fremden Lippen zurück auf die Fütterungspraxis mancher Affen: von Mund zu Mund. Andere Wissenschaftler glauben, unsere Vorfahren hätten sich lebenswichtiges Salz von der Haut geleckt und Gefallen an der Berührung gefunden. Daß Küssen immer schon mit Sex zu tun hatte, behauptet hingegen der Sexualforscher Ernest Bornemann: Bei der Paarung habe man sich zunächst ineinander verbissen und sei irgendwann zum Küssen übergegangen. Und Sigmund Freud versuchte Nahrungsaufnahme und Sinnlichkeit zu verknüpfen: als Baby genieße es der Mensch, an der mütterlichen Brust zu saugen – daraus entstehe ein Verlangen nach oralem Kontakt, das er zeitlebens durch Küsse zu stillen suche.

Einer chemischen Verbindung glaubt hingegen der amerikanische Anatom David Berliner auf der Spur zu sein: „Vielleicht dient das Küssen dem Einfangen von Pheromonen – Millionstelmilligramm leichten Molekülen, die wir über unsere Haut ausdünsten." Es sei doch merkwürdig, daß besonders viele davon in den Nasenflügeln freigesetzt würden – „ausgerechnet dort, wo sich beim Küssen die Nasenlöcher des Partners befinden".

Dann wäre das Küssen eine andere Form des Beschnupperns – des üblichen Rituals, mit dem Tiere mögliche Partner erkunden. Viele Säuger verfügen dazu eigens über ein Sinnesorgan, das vomeronasale Organ (VNO) in der Nasenscheidewand, das Forscher 1991 auch beim Menschen entdeckt haben. Einige Untersuchungsergebnisse sprechen dafür, daß auch Humanpheromone unabhängig vom Geruchssinn direkt über das VNO auf den Hypothalamus einwirken, dem kirschgroßen Verwalter von Trieben und vegetativen Funktionen.

Die Zusammensetzung der geschlechtsspezifischen und individuell verschiedenen Moleküle wird – zumindest bei Labormäusen – durch die Gene für den Haupthistokompatibilitätskomplex (MHC) mit gesteuert. Je mehr sich diese – wichtige Funktionen des Immunsystems regulierenden – Genmuster bei beiden Sexualpartnern unterscheiden, desto größer ist der Immunschutz ihres Nachwuchses.

Der Schweizer Zoologe Claus Wedekind hat auch für Homo sapiens nachgewiesen, daß Weibchen jene Männchen besonders anziehend finden, deren MHC-Muster deutlich von ihrem eigenen abweicht. Wenn solche bewußt nicht wahrnehmbaren chemischen Signale „stimmen", erhöht sich automatisch die sexuelle Attraktivität des Entsenders in der Empfindung des Empfängers.

Besser erforscht als dieser potentielle sechste Sinn ist die Rolle des Geruchs bei der Partnerwahrnehmung. Anders als Hören und Sehen zielt dieser Sinn direkt auf das „emotionale Gehirn" – das limbische System – und beeinflußt dort Hormonproduktion und sexuelle Lust. Unter anderem werden die eintreffenden Duftbotschaften als männlich oder weiblich, als mehr oder weniger sympathisch oder erregend eingestuft.

Inwieweit dieses olfaktorische Wissen erlernt ist – sich etwa beim Körperkontakt mit vertrauten Personen oder ersten sexuellen Erfahrungen eingeprägt hat – oder ähnlich wie beim MHC bereits genetisch festgelegt ist, ließ sich bislang nicht überprüfen. Gegen das im limbischen System gefällte Urteil, jemanden nicht riechen zu können, kommt der nachgeschaltete Verstand jedenfalls nicht an.

Der im Alltag wichtigste Sinn wird beim Küssen meist ausgeschaltet: das Sehen. Denn wer die Augen vor optischen Reizen verschließt, kann sich verstärkt auf sein inneres Erleben und den Tastsinn konzentrieren. Am Ort dessen bewußter Wahrnehmung, in der sensorischen Hirnrinde, ist jeder Teil der Körperoberfläche wie auf einer Landkarte mit einem eigenen Areal vertreten. Hier werden die von zigmillionen Hautrezeptoren über das Rückenmark weitergemeldeten Berührungen zu bewußten Sinneseindrücken. Physiologen, die diese Abbildung des Körpers in den Hirnwindungen kartiert haben, stellten fest: Die reizempfindliche Zunge und die feinfühligen Lippen bedürfen weitaus mehr Platz als die Genitalien.

Nicht nur Mund und Geschlechtsorgane sind erogene Zonen, sondern der ganze Körper fungiert als erotisches Organ, glauben der Gynäkologe William Masters und die Psychologin Virgina Johnson. Orgasmen, so fand das Forscherpaar heraus, können bereits durch die Stimulierung von Brust oder Nacken, Fußunter- oder Handinnenseite ausgelöst werden – manchmal auch allein Kraft der Gedanken. Denn Erregung sei genausowenig wie Schmerz auf bestimmte Körperregionen beschränkt, sie finde letztlich im Kopf statt.

Die an das Gehirn gemeldeten Sinnesreize werden in der Hirnrinde, dem Sitz von Intellekt und Gedächtnis, mit Bekanntem verglichen und bewertet. Hier fällt das Urteil, ob die andere Person schön oder häßlich ist, sexy oder unsympathisch. Und hier wird entschieden, ob sich der Körper gegen Berührungen sträubt oder mit wohliger Gänsehaut reagiert.

Der Mensch verfügt über ein komplexes, höchst individuelles Präferenzsystem. Jeder hat seine speziellen Vorlieben – ob beim Essen, bei der Partnerwahl oder beim Sex. „Wen wir attraktiv und erotisch finden", so die amerikanische Anthropologin Helen Fisher, „ist abhängig vom Zeitpunkt, vom gesundheitlichen Befinden und sozialen Status, von Kindheitserfahrungen und einer Myriade anderer kultureller und biologischer Faktoren."

Oft genug fragen wir uns selbst: Warum läßt uns dieser Mensch entflammen, jener aber – bei aller Sympathie – völlig kalt? Art Aron, der als Sozialpsychologe seit 30 Jahren forscht, wie Liebesbeziehungen entstehen und was sie erhält, erwartet auf dieses Mysterium keine eindeutigen Antworten mehr. „Ich glaube, unsere Wahl kann manchmal ganz zufällig sein. Aber wenn wir uns erstmal von jemandem angezogen fühlen, ist es einfach, dafür tausend Gründe zu finden."

Der Professor an der State University of New York in Stony Brook hat mehr als 1000 Verliebte nach dem Auslöser ihrer Gefühle gefragt. Das Ergebnis spricht für eine besondere Macht der äußeren Umstände: Etwa die Hälfte aller Befragten kannten den späteren Partner schon lange bevor es funkte: Auslöser war nicht etwa das späte Erkennen besonderer Qualitäten, sondern der plötzlich aufkeimende Verdacht (wenn auch mitunter unbegründet) die andere Person habe sie besonders ins Herz geschlossen.

Ein flüchtiger Augenblick, eine Geste kann genügen, und die Leidenschaft erwacht. Schlagartig beginnt das Herz zu rasen, die Hände werden feucht, das Gesicht errötet, Blut schießt in die Lenden, im Magen mulmige Leere, Zittern und Hitze überall. Eine unsichtbare Macht verdreht den Kopf, der letzte klare Gedanke schwindet.

Was ist los?

Auch wenn es nicht so scheint – das plötzlich hereinbrechende Chaos folgt einer planvollen Ordnung. Zwar lassen sich individuelle Gefühle nicht auf einfache Formeln reduzieren, dennoch verbergen sich dahinter biochemische Prozesse, die alle Menschen miteinander teilen. Vor allem anhand von Tierversuchen haben Neurobiologen und Hormonspezialisten inzwischen eine Reihe von Mitspielern in diesen komplexen Geschehen identifiziert. Wie diese im Einzelfall wirken, hängt jedoch von der individuellen neuronalen Topographie und vom Stimulus ab.

Hat die Hirnrinde die einströmenden Sinnessignale als angenehm eingestuft, tritt das eng mit ihr verbundene limbische System eine Kaskade an Reaktionen los: Die für Traurigkeit und Depression zuständigen Hirnareale werden deaktiviert, die Lustzentren dagegen laufen auf Hochtouren. Der Hypothalamus setzt verstärkt Neurotransmitter wie Dopamin und Endorphine frei. Diese mit Morphinen verwandten körpereigenen Drogen sorgen für Euphorie und Appetitverlust, erhöhen den Energielevel und reduzieren den Schlafbedarf. Sie wirken schmerz- und angststillend und lösen ein tiefes Wohlbefinden aus. Dopamin steigert die sexuelle Erregbarkeit, während sein Nebenprodukt Norepinephrin das Gehirn für neue Reize empfänglicher macht. Phenylethylamin hebt die romantische Stimmung. Im Hirnstamm fällt der Gehalt des Botenstoffes Serotonin, was möglicherweise die Libido steigert und das rationale Denken einschränkt. Unter zärtlichen Liebkosungen schüttet die dem Hypothalamus angeschlossene Hypophyse mehr Oxytocin aus, ein bislang vor allem bei Frauen untersuchtes Hormon, das unter anderem Gefühle von Zuneigung und Verbundenheit stärkt. Das dem Oxytocin ähnliche Vasopressin steigert die Gedächtnisleistung und fördert vermutlich vor allem bei Männern zärtliches Verhalten.

Das ebenfalls von der Hypophyse entsandte luteinisierende Hormon (LH) regt in den Hoden und Eierstöcken die Bildung von Testosteron an, welches langfristig die Lust auf Sex steigert. Die Nebennierenrinde erhält innerhalb von Millisekunden via Rückenmark den Befehl, mehr Adrenalin ins Blut abzugeben – das Aufputschhormon mobilisiert alle Kraftreserven des Körpers, stärkt die Reaktionsgeschwindigkeit des Gehirns und macht es aufnahmebereiter für neue Erfahrungen. Die Nebennierenrinde fährt dagegen die Bildung des Stresshormons Cortisol herunter. Zugleich gehen über das autonome Nervensystem Befehle an die Muskeln in den Arterienwänden: sie sollen sich entspannen, damit die Gefäße besser durchblutet werden können. Um den erhöhten Sauerstoffbedarf des Blutes zu sättigen, beschleunigen sich Herzschlag und Atmung. Die Aufruhr im Körper wird an das Gehirn zurückgemeldet, worauf es seine Empfangsschwellen weiter absenkt und nun noch sensibler auf Sinnesreize reagiert – eine Erregungsspirale, die bekanntlich auf Störungen wie das Klingeln eines Telefons oder abschweifende Gedanken mit empfindlichen Einbrüchen reagiert.

Mitunter mißversteht das Gehirn aber auch die eintreffenden Körpersignale. Denn wenn es mehrere Erklärungsmöglichkeiten für das Herzklopfen gibt, kann es im limbischen System zu einem folgenschweren Irrtum kommen: Die Emotionszentrale schreibt den Auslöser für die physiologische Erregung dem falschen Objekt zu. „Sie können zehn Minuten auf der Stelle joggen und so Ihr Herz auf Touren bringen", erklärt Art Aron dieses Phänomen. „Wenn dann wenig später eine attraktive Person vorbeikommt, werden Sie diese plötzlich besonders anziehend finden."

Arons Umfragen zufolge beginnen bis zu 15 Prozent aller Romanzen mit einem solchen „Erregungstransfer" – sei es nach schweißtreibendem Sport, aufregenden Achterbahnfahrten, angsteinflößenden Kinofilmen oder bei euphorisierenden Examensfeiern. Und sind die zarten Banden geknüpft, funktioniert der Transfer als Verstärker: Wenn etwa Eltern mit ihrem Nachwuchs über dessen Partnerwahl streiten, schweißt dieser Streß das junge Paar erst recht zusammen. Ein klassisches Phänomen, das unter Psychologen auch „Romeo & Julia-Effekt" heißt.

Unter dem verklärenden Einfluß körpereigener Drogen sollen sich bekanntlich Frösche in Prinzen verwandeln: Schattenseiten des neuen Partners verblassen, jegliche Bedenken werden spätestens beim nächsten Rausch zerstreut. Die Verliebten leben in einem permanenten Ausnahmezustand. Sie essen nicht mehr und machen die Nächte durch. Sie strotzen vor Energie, sind resistenter gegen Stress und Infektionskrankheiten. Ihr entrücktes Lächeln verrät, wann immer ihre Gedanken woanders sind, denn die Gesichtsmuskeln sind so eng mit dem Emotionszentrum verknüpft, daß sie unwillkürlich die inneren Gemütsbewegungen nach außen spiegeln. Auch wenn nur ihre Phantasie um den Partner kreist, produziert das limbische System verstärkt Botenstoffe und Hormone – es unterscheidet nicht zwischen den Gedankenspielen in der Hirnrinde und tatsächlichen Reizen.

Die Flut des dabei freigesetzten Norepinephrin stärkt die Nervenverbindungen zwischen Gedächtnis und Gefühlen, vermutet Helen Fisher: „Ein kleiner Seitenpfad im Gehirn wird plötzlich zur Hauptstraße." Insbesondere positive Erlebnisse graben sich mit seiner Hilfe ins Langzeitgedächtnis ein: Der erste Kuß, die erste gemeinsame Nacht – minutiös werden die Ereignisse abgespeichert und laufen immer wieder wie ein Film im Kopf ab.

Fortan genügt ein Hauch von Parfüm, eine bestimmte Musik, um heftige Erregungswellen auszulösen und die Imagination abermals auf die neu geschaffene Hauptstraße zu lenken. Andere, zuvor oft genutzte Gedankengänge liegen dagegen brach, und sie zu beschreiben, fällt immer schwerer. Wer mag sich jetzt noch über nervige Chefs ärgern, sich auf schwierige Verträge konzentrieren oder einer verflossenen Liebe nachtrauern?

„Das Bewußtsein verengt sich und enthält nur noch einen Gegenstand. Die Aufmerksamkeit ist gelähmt..., unbeweglich, starr, von einem einzigen Wesen eingefangen", heißt es treffend bei dem spanischen Essayisten und Philosophen José Ortega y Gasset. Ein Zustand, den Donatella Marazziti, Psychiaterin an der Universität Pisa, an Zwangsneurotiker erinnert: an jene Menschen, die, von obsessiven Vorstellungen gequält, bestimmte Rituale wie Händewaschen ständig wiederholen. In einer ersten Untersuchung mit 20 frisch verliebten Studenten fand Marazziti heraus: Nicht nur deren Geisteszustand ähnelt dem von Zwangsneurotikern, auch der Serotonin-Gehalt im Blut sinkt auf ein krankhaft niedriges Niveau. „Romantische Liebe", so Marazziti, mache Menschen offenbar im klinischen Sinne „verrückt".

Aber wieso hat die Evolution einen Mechanismus hervorgebracht, der „selbst die größten Köpfe auf eine Weile in Verwirrung setzt, sich nicht scheut, zwischen die Verhandlungen der Staatsmänner...einzutreten..., die werthvollsten Verhältnisse auflöst, die festesten Bande zerreißt, bisweilen Leben, oder Gesundheit, bisweilen Reichthum, Rang und Glück zu ihrem Opfer nimmt?", fragte Arthur Schopenhauer. Und lieferte selbst die Antwort: damit „jeder Hans seine Grethe finde".

Zu diesem Zweck hat sich im Gehirn ein Belohnungssystem etabliert, das anfängliches Interesse bis zur Obsession steigert. Das den Verstand ausschaltet und fortan glauben läßt, unter sechs Milliarden Menschen gebe es keinen besseren Partner. Ein biochemischer Kniff, der Verliebte blind macht gegen alle Gefahren und nur noch mit zwei Gedanken erfüllt: an den anderen – und an Sex.

Denn letztlich, darin sind sich die meisten Wissenschaftler einig, stehen alle jene romantischen Gefühle im Dienste der Fortpflanzung. Und die rechtfertigt jeden Aufwand. Schon Schopenhauer erkannte: „Das nämlich, was dadurch entschieden wird, ist nichts Geringeres, als die Zusammensetzung der nächsten Generation".

Leidenschaft, so vermutet Helen Fisher, sei ein Produkt der Evolution, damit der Mensch seine sexuelle Lust - die ihn überhaupt erst auf die Partnersuche schicke - nicht nur beliebig befriedige. Die trickreiche emotionale Anziehungskraft helfe ihm, nach einem besonders geeigneten Geschlechtspartner Ausschau zu halten und sich dann emotional an diesen zu binden. Und zwar exklusiv - die meisten Verliebten hätten vorerst keine Lust mehr auf Sex mit anderen. So erspare Verliebtheit alle weitere Rumtreiberei und schaffe zugleich die zentrale Voraussetzung für das Überleben des Nachwuchses: eine zumindest vorübergehend feste Paarbeziehung.

Warum aber muß die Leidenschaft wie ein Blitz aus heiterem Himmel entbrennen - bevor man den Partner sorgsam prüfen kann? Schopenhauer, der alte Misanthrop, glaubte, man müsse eben erst den Kopf verlieren, um sich überhaupt mit jemandem einzulassen (was ihm selbst dann auch niemals wirklich gelang). Anders Helen Fishers Erklärung: Zu einer Zeit, als es noch keine Büros, Vereine oder Nachtclubs gab, wo potentielle Partner kennenzulernen sind, müsse sich der Blitzangriff millionenfach bewährt haben. Als man in kleinen, weitverstreuten Gruppen lebte und nur gelegentlich an der Wasserstelle auf Fremde traf. Dann aber mußte es schnell gehen: Liebe auf den ersten Blick zwecks Kandidatenwahl, Küsse als olfaktorischer Gentest, Sex zur Arterhaltung. Dazu ein Drogencocktail, stark genug, um einen Menschen mit sofortiger Wirkung aus seiner gewohnten Umwelt zu reißen und seine Zukunft einem Unbekannten anzuvertrauen.

Aber was dann?

Möge dieses Hochgefühl nunmehr bis ans Lebensende andauern, wünscht sich die Großhirnrinde. Doch das in Gefühlsdingen viel mächtigere limbische System verfolgt einen anderen Plan. Es bevorzugt nämlich eigentlich normale Verhältnisse und hat sich entsprechend mit einem Regulierungsmechanismus bewehrt, um allzu menschliche Phantasmen von ewiger Glückseligkeit wieder zu durchqueren. Der Regler verbirgt sich in einer kleinen Neuronenansammlung namens Nucleus accumbens. Diese mit dem limbischen System eng verkoppelte Empfangsstation für den Cocktail aus Dopamin, Endorphinen und anderen Transmittersubstanzen sorgt in Verbindung mit weiteren Instanzen für die Zustände der Euphorie.

Der Mensch - vielmehr die Großhirnrinde - lernt, welche Reize das sensible Nervenbündel stimulieren und sucht dieses Erlebnis immer wieder: die körperliche Nähe des Geliebten oder zumindest mehrmals täglich dessen Stimme am Telefon. Der Nucleus accumbens aber steuert aus Selbstschutz diesem permanenten Belohnungsstreß entgegen und verringert allmählich die Zahl seiner Andockstellen für die Flut von Botenstoffen. So läßt der Taumel nach, je länger oder häufiger Verliebte zusammen sind.

Käme dieses Verfliegen des Rausches einer nüchternen Entzauberung des Partners gleich - ebnete die Rückkehr in den Zustand der „Normalität" automatisch den Weg für eine neue Beziehung -, man müßte wohl das Entsetzen André Bretons teilen: „Nichts Herzloseres, nichts Trostloseres als diese Vorstellung ... Eine Julia, die weiterleben würde, wäre also nicht mehr Julia für Romeo!"

Eine Vorstellung, die genauso schmerzt wie jener Moment, als Romeo das Gift trinkt, um seiner Geliebten in den vermeintlichen Tod zu folgen. Denn nach einer Geschichte von Leidenschaft und Abenteuer, nach der Überwindung aller Hindernisse, erwarten wir ein Happy End! So sehr wir den Zustand der Tollheit genießen, so sehr sehnen wir uns auch nach Ruhe und Geborgenheit. Nach einer erfüllten Liebe.

Was aber die Liebe ist, können Wissenschaftler ungleich schwerer erklären als Leidenschaft. Gewiß geht es dabei nicht um Sex. Schon in den Gesten von Liebenden spiegelt sich etwas anderes wider als nur leidenschaftliches Begehren: Hand in Hand, Arm in Arm signalisieren sie innige Zusammengehörigkeit und gegenseitige Fürsorge.

Liebe sei das Verlangen danach, sich mit einem anderen Menschen zu verbinden, lehrt Art Aron. Ein vitales Grundbedürfnis, das danach drängt, gestillt zu werden - vergleichbar mit Hunger und Durst. Daß sich dieses Bedürfnis von jenen leidenschaftlichen Emotionen unterscheidet, belegt der Sozialpsychologe mit einer verblüffend einfachen Beobachtung: Liebe teilt sich - anders als eine Gemütsbewegung wie Wut, Angst, Glück oder Trauer - nicht über den Gesichtsausdruck mit; und während sich Emotionen untereinander relativ klar abgrenzen lassen, umfaßt die Liebe sie alle. „In ihr erfahren wir unsere extremsten Gefühle", so Aron. „Wir können selig sein und aggressiv, hassen und trauern. Unsere Lebensqualität hängt von nichts so sehr ab wie von unseren Beziehungen."

Säuglinge drohen ohne enge Bindung zu ihren Eltern oder anderen Bezugspersonen emotional und körperlich zu verkümmern. Die Nervenzellen des jungen Gehirns müssen noch zu komplexen Strukturen verknüpft werden und sind zu dieser „Feineinstellung" auf ihre Umwelt angewiesen: Das limbische System dient dabei als „soziales Sinnesorgan", als Detektor, der den Dialog zwischen eigenen Empfindungen und dem inneren Zustand anderer dient. Er erlaubt, sich in das Gegenüber „hineinzufühlen" und „hineinzudenken" - und so auf dessen Bedürfnisse zu reagieren.

Diese Kommunikation hinterläßt Spuren in den Verschaltungen der Nervenzellen und damit im emotionalen Grundgerüst eines Menschen. Der amerikanische Psychiater Daniel Stern hat festgestellt, daß sich ein Baby nur dann über sein Spielzeug freut, wenn sich diese Freude im Lächeln der Mutter widerspiegelt. Gefriert der Gesichtsausdruck der Mutter, ahnt es Gefahr und beginnt zu schreien. Kinder, deren Mütter niemals starke Emotionen zeigten, fällt es später schwer, eigene Aufregung und Freude zu spüren.

Genauso wichtig für die emotionale Sicherheit ist Köperkontakt. Erwiesen ist, daß Frühgeborene durch intensiven Hautkontakt zu ihren Eltern ruhiger schlafen und schneller an Gewicht gewinnen. Der Biologe Michael Meaney von der Universität Montreal hat anhand von Experimenten nachgewiesen, daß Rattenjunge, die nach der Geburt ausgiebig gestreichelt werden, ihr Leben lang besser gegen Streß und Angst gefeit sind. Da die Streß-Chemie der Nager derjenigen des Menschen ähnelt, halten Forscher solche Ergebnisse für übertragbar.

Liebkosungen, eine wiegende Umarmung, versetzt auch Erwachsene in den Zustand kindlichen Aufgehobenseins. Ein tröstendes Gefühl, so tiefgreifend und befreiend, daß es Tränen auszulösen vermag. Ohne emotionales Feedback allerdings, ohne ein Zeichen der Erwiderung der eigenen Gefühle vergeht die Lust. Es entsteht eine tiefe Verunsicherung, die sich selbst im Verhalten außerhalb der Beziehung niederschlagen kann.

Das Grundbedürfnis nach Geborgenheit, die Sehnsucht, die eigene Isolation und die Ängste des Alltags zu überwinden, begleitet den Menschen lebenslang. Die Liebe hilft, dieses Verlangen zu stillen - so wie die Religion. So verwundert es nicht, daß sich beides in Metaphern verbindet: in der Angebeteten, im göttlichen Geliebten, im seligen Entschweben in den Siebten Himmel.

Voraussetzung zu einer tiefen Bindung ist jedoch das vorherige Ende des Liebestaumels, glaubt der Psychiater Thomas Lewis, Autor einer „General Theory of Love". „Wenn der Mensch permanent verliebt wäre, könnte er genauso wenig ein erfülltes Leben führen, wie jemand, der immer betrunken ist. Die Ekstase schmiedet Paare zusammen, aber erst nach dem Rausch können Verliebte wirklich herausfinden, wer die andere Person ist."

Nach dem temporären Irresein findet in den Köpfen des Paares ein erneuter Wandel statt: Ihre Gehirne „synchronisieren" sich - sie greifen ineinander ein und regulieren sich gegenseitig, sowohl emotional als auch körperlich. Tests zufolge verändert sich dabei auch das Selbstbild: Die Liebenden vermögen nicht mehr eindeutig zu trennen, welche Eigenschaft zu wem gehört.

Weil die Liebe eine so entscheidende Rolle für das emotionale und körperliche Gleichgewicht spielt, muß das Gehirn so programmiert sein, daß Alleinsein schmerzt. Selbst unglückliche Beziehungen nimmt der Mensch deshalb oftmals hin, erklärt Thomas Lewis. „Das Gehirn wägt ab, was mehr Schmerz verursacht: Einsamkeit oder Zweisamkeit. So wie ein Verhungernder in der Not Frösche ißt, ertragen wir manchmal sehr lange eine schlechte Partnerschaft."

Bei einer Trennung reißen auch die virtuellen Verknüpfungen der beiden Gehirne ab und führen zu heftigen Gefühlsreaktionen - doch nun mit negativen Vorzeichen. Wie ein Süchtiger im Entzug wird der Verlassene rastlos, kann nicht schlafen, ist versucht, den anderen anzurufen, entwirft Briefe und hofft, den Verlorenen irgendwo in der Menge zu erspähen. Um den Liebeskummer zu betäuben, sucht das Gehirn jetzt möglicherweise nach einem Ersatzstimulus - in einer Affäre, im Alkohol, in Drogen.

Langfristig kann sich der Verlust eines Partners auf den gesamten Organismus auswirken. In seinem Buch „Love & Survival" hat der Mediziner Dean Ornish Dutzende von Studien ausgewertet und festgestellt: Die Wahrscheinlichkeit, frühzeitig zu sterben, liegt bei einsamen Menschen drei- bis fünfmal höher als bei jenen, die einen fürsorglichen Partner haben, in einer Familie oder einer anderen sozialen Gemeinschaft leben. „Es ist sicher keine große Fehleinschätzung", schreibt denn auch der Literatur-Nobelpreisträger Saul Bellow, „daß mehr Todesfälle auf gebrochene Herzen als auf atomare Strahlung zurückzuführen sind, ohne daß auf der Straße dagegen demonstriert werden würde."

Hellas in der Doppelhaushälfte

Alexander Schuller

Beginnen wir mit den Symptomen. James Bulger zum Beispiel. Seine Mutter nannte ihn wohl Jimmy, ein kleiner dreijähriger Engländer, den zwei zehnjährige Jungen aus dem Einkaufszentrum ihres kleinen englischen Provinzstädtchens mitnahmen, als seine Mutter gerade ihren Einkaufswagen vollpackte. Die Filmaufzeichnung zeigt, wie er an der Hand der beiden Zehnjährigen ganz vertraulich durch die Fußgängerzone tappelt. Sie brachten ihn zum Bahndamm und schlugen ihn tot - wie das Gesetz es befahl: das Gesetz jenes Horrorvideos nämlich, das sich die beiden oft und gerne angesehen hatten. Wer die Videoaufzeichnung von dem kleinen Jimmy an der Hand seiner Mörder gesehen hat, wird sie so bald nicht vergessen. Oder Columbine, Columbine High, im schönen Staate Colorado, in den Rocky Mountains, satter friedlicher Mittelstand. Die Sonne scheint, es ist Mittag, und zwei Schüler machen sich auf den Weg, schwer bewaffnet mit Maschinengewehren und Handgranaten, um ihre Mitschüler abzuschlachten, einen nach dem anderen, und auch ihre Lehrer. Ein Blutbad, das noch Monate danach die Weltpresse beschäftigt. Oder reden wir vom Martin, dem Peyerl-Martin mit seinem anheimelnden bayrischen Namen. Bad Reichenhall, der Kurort, eine Idylle in den bayrischen Bergen, Kleinstadt, gemütliches Deutschland, die Ikone von Heimat. Ein sonniger Herbsttag, ein Feiertag, Allerheiligen. Die Familien sind auf dem Friedhof, besuchen ihre Verstorbenen und gedenken ihrer. Danach wollen sie zu Mittag essen, im Kreise der Familie. Dann um 4 Minuten nach 12 fallen die ersten Schüsse. Ein Blutbad, fünf Tote, viele Verletzte. Aus einem kleinen schmucken Haus, aus dem Küchenfenster ist geschossen worden. Der Täter ist 16, ein Schlosserlehrling. Seine Schwester erschießt er mit einem Revolver, die anderen draußen auf der Straße mit einem Gewehr, das er dem Waffenschrank seines Vaters entnimmt. Das sind die krassen Fälle. Der Alltag ist anders, weniger dramatisch, kaum bekannt, weniger Tote, aber ähnlich.

Alle Studien - Langzeit, Kurzzeit, Querschnitt - zeigen, daß die Bereitschaft zu Gewalt bei Kindern und Jugendlichen kontinuierlich zunimmt, auch bei ganz jungen Kindern, auch bei Mädchen, auch im bürgerlichen Milieu, in der Schule, in der Freizeit, überall. Und die Eltern werden gefragt: „Haben Sie denn nichts bemerkt?" Und die Eltern antworten gelähmt und leise: „Nein, wir haben nichts bemerkt." Und wie sollten sie auch, denn ihre Kinder sind schon längst nicht mehr die ihren. Ihre Kinder leben in einer anderen Welt, in ihrer eigenen Welt, in der Welt der Kinder, die aber ist keine von Ringen und Raufen, von Lesen und Laufen, von Basteln und Blödeln oder gar von Beten, sondern von Benetton und Gesamtschule, von Kumpels und Kiffen. In der Welt der Kinder haben die Eltern nichts verloren.

Es sind gar nicht einmal die Konflikte, es ist die Sprachlosigkeit, die die Beziehung zwischen den Generationen - auch in vermeintlich intakten Familien - beschreibt. Daß Eltern und Kinder, Erwachsene und Jugendliche unterschiedliche Sprachen sprechen, unterschiedliche Regeln befolgen, in unterschiedlichen Welten leben, ist das Symptom. Die Frage aber lautet: Wessen Sprache bestimmt die Spielregeln, wessen Sprache beherrscht das gesellschaftliche Bewußtsein - und wem hat es die Sprache verschlagen? Die Konflikte haben wir hinter uns. Die Entscheidung ist gefallen. Warum sollte die Jugend eigentlich noch mit den Erwachsenen reden? Youth- Culture hat sich längst zur imperialen Gegenkultur entwickelt.

Die Beschleunigung des historischen Prozesses macht die Jugend zur natürlichen Avantgarde, zur herrschenden Klasse. Der Zugang zu den gesellschaftlichen Ressourcen - lange Zeit das Monopol von Alter und Erfahrung - geht über in die Hände der Jugend. Technik, Mode, Medien sind die Bereiche unserer Gesellschaft, in denen Macht exekutiert wird, und sie sind die Bereiche, in denen die Jugend über Wissen und Kompetenzen verfügt. Nicht altes, sondern neues Wissen, nicht Tradition, sondern Innovation, nicht Autorität, sondern Kommunikation konstituieren zunehmend gesellschaftliche Macht. Die Generation der Erwachsenen ist verstummt und entmachtet, ihre Autorität ist dahin. Die Erwachsenen sind zu beflissenen Plagiatoren ihrer selbstbewußten Kinder geworden.

Was zwischen Geburt und Geschlechtsreife geschieht, haben wir mit dem Begriff Sozialisation zu bändigen versucht. Allerdings hatten wir vor allem die Dynamiken und die Strukturen im Auge, kaum je die Ätiologie. Wir wissen seit Philippe Ariès, daß Kindheit eine Erfindung der europäischen Moderne ist, daß sie einsetzt mit den ersten Ahnungen von Arbeitsteilung und Differenzierung. Um zu verstehen, welche Faktoren die Entwicklung der jungen Menschen heute bestimmen, muß man verstehen, in welchen historischen Prozeß diese Faktoren eingebettet sind. Sprechen wir hier gelassen von sozialem Wandel, oder bedarf es eines Begriffs von Generationenkampf? Wenn man die Beziehung zwischen Kindern und Erwachsenen als Generationenkampf versteht, muß man allerdings erläutern, warum und wie der geschichtliche Prozeß sie zu Antagonisten werden ließ. Man müßte auch sagen können, was Sieg und was Niederlage in diesem Konflikt konstituiert und wer die Sieger, auch langfristig, wirklich sind.

Wir müssen uns die vormoderne Sozialisation als einen ganzheitlichen Prozeß vorstellen, als einen Prozeß, in dem die Sozialisationsagenten Erzieher, Arbeitgeber, Betreuer, Erzeuger, Vorgesetzte, Lehrer waren. Familie war damit jene Institution, die alle diese für die Sozialisation relevanten Aufgaben bündelte und integrierte. Biologische und kulturelle Reproduktion ergänzten und bedingten sich. Zeugung und Tradition waren die zentralen Begriffe. Über Macht und Legitimität verfügten die Erwachsenen; Leben verdankten, Gehorsam schuldeten die Kinder. Nur aus einer solchen Sicht wird die Parabel vom verlorenen Sohn in ihrer dialektischen Radikalität ganz verständlich. Das Kind konnte sich auf die Eltern, die Großeltern, die Urgroßeltern berufen, um Legitimität und Identität zu begründen. Genealogie war gesellschaftskonstituierend.

Genauso bedeutend, wenn auch weniger manifest war die Funktion der so, also ganzheitlich sozialisierten Kinder für die Erwachsenen. In ihnen erkannten der Vater und die Mutter - in geschichtsbildendem Narzißmus - sich selbst. Meine Kinder, meine Enkel, meine Urenkel projizieren mich in die Zukunft, geben meinem Leben Kontinuität über meinen Tod hinaus. Wie ich meinem Kind das Leben schenke, so schenkt mir mein Kind die Unsterblichkeit. Das war der über Jahrtausende hinweg mächtig, geradezu transzendent wirkende Generationenvertrag. Er wurde vermittelt über einen existentiellen, gelegentlich auch manifesten Auftrag vom Erwachsenen an sein Kind. Das Kind übernimmt diesen Auftrag als die Legitimation seiner Existenz und wird damit zum historischen Erben seiner Eltern. Beide, Eltern und Kinder, identifizieren sich über Zeit und Tod hinweg miteinander, verschmelzen zum Mythos Familie. Mit der Taufe Jesu (Markus 1,11) wird jener Auftrag protokolliert, für den Jesus lebt und predigt und am Kreuze stirbt. Gott sagt: „Du bist mein lieber Sohn, an dem ich Wohlgefallen habe!" Vordergründig ist dieser Satz zynisch. Nur wem Jesu Botschaft und Tod als die Erfüllung seines bei der Taufe erteilten väterlichen Auftrags gilt, wird die grausame Verbindlichkeit und innige Verbundenheit zwischen Vater und Sohn verstehen. In dem Satz „Du bist mein lieber Sohn, an dem ich Wohlgefallen habe!" erstrahlt die volle Kraft und die Herrlichkeit dessen, was Tradition zu leisten vermag.

Um so aufschlußreicher erscheint der Bedeutungs- und Bewertungswandel, den dieses Verständnis von Tradition in der Moderne erfahren hat. Es hat einen negativen Klang. Selbst in der Sozialisationstheorie, wo kulturelle Transmission zum kategorialen Grundbestand gehört, wird es demontiert. Mit dem Begriff der „Delegation" etwa hat der Heidelberger Psychoanalytiker Helm Stierlin den Gedanken der Kontinuität zwischen den Generationen unter psychopathologischen Verdacht gestellt. Stierlin kann sich Tradition nur als „seelische Ausbeutung" vorstellen. Als psychisch gesunde Reaktion auf die vermeintliche Ausbeutung durch die Eltern empfiehlt Stierlin dem Jugendlichen, die Eltern „seinerseits auszubeuten", indem er „unentwegt verrückt, kriminell, unheilbar und so weiter bleibt und damit seinen Eltern beweist, wie unfähig und schlecht sie als Eltern sind" (Delegation und Familie, Frankfurt am Main. 1982). Stierlin ist nicht irgendein durchgeknallter Achtundsechziger, sondern die führende internationale Autorität für systemische Familientherapie. Man darf seine Aussage als Indikator dafür nehmen, daß selbst die Familientherapie sich die Zerstörung der Familie zur Aufgabe gemacht hat. Man wird also fragen dürfen, welche mächtige Systemlogik durch diese Paradoxie zum Sprechen gebracht wird.

Was also ist die Moderne? Moderne ist Heterogenität. Wuchernde Emanzipation und keine Mitte, eine Welt, in der gilt, „daß es nicht nur eine Vielzahl von Welten und eine Vielzahl von Ordnungen gibt, denen ebenso viele Subjekte korrespondieren, sondern daß ein jeweils einzelnes Subjekt zugleich in verschiedenen Welten existiert, nicht nur verschiedene Subjekte in einer gemeinsamen Welt, und daß ein Subjekt nicht nur mit einer und nur einer systematischen Ordnung verlötet ist, sondern sich in verschiedene Ordnungen zu orientieren und zu bewegen vermag, ebensogut wie in verschiedenen Welten" (Reiner Wiehl, Subjektivität und System, Frankfurt am Main. 2000). Der Frage, ob überhaupt und gegebenenfalls wie in der Moderne handlungsfähige Subjekte möglich seien, ist von Sozialwissenschaftlern, von Freud bis Parsons, von Riesman bis Habermas, zentrale Bedeutung zugewiesen worden. Der Begriff Sozialisation verdankt dieser Frage seine Geburt. Sozialisationstheorie fragt, wie die Familie die Prozesse von Arbeitsteilung und Abstraktion, von Differenzierung und Komplexitätszuwachs, von Rationalität und Professionalität verarbeitet.

Mit Bildung, der zentralen Utopie der Moderne, begann es. Bildung wurde nicht mehr von den Eltern - nunmehr als Laien enttarnt -, sondern von Spezialisten, von Falknern und Philosophen, von Sprach-und Physiklehrern, vermittelt. Harmlos, vorerst jedenfalls. Falkner und Philosophen, natürlich auch Tanz- und Reitlehrer agierten unter der Aufsicht und unter der Herrschaft des Hausherrn. Davon konnten von Aristoteles über Abälard bis Hölderlin die Hauslehrer ihr leidvolles Lied singen. Die Professionalisierung allein schien noch ohne Folgen. Erst deren Institutionalisierung brachte die Wende: die Schule als staatliche Einrichtung, unter staatlicher Kontrolle und mit allgemeiner Schulpflicht, mit professionellen Lehrern und „wissenschaftlich abgesichertem" Bildungsauftrag, mit eigener und zunehmend autonom definierter Identität. Die Kinder wurden aus dem Haus, in die Schule, in eine fremde Welt, gebracht. Was dort geschah, wußte man nicht, kontrollierte man nicht. Noch heute erleben viele Kinder den ersten Schultag als Schock.

Lernen wurde diszipliniert. Learning by doing, wie es das Elternhaus praktiziert hatte, wurde ersetzt durch Lernen nach Plan, nach Leistung und Prüfung. Hier in der Schule, nicht im Elternhaus, wurde über die Lebenschancen des Kindes entschieden. Die Eltern wurden der Verantwortung für ihre Kinder enthoben. Daß später, sehr viel später, der Machtverlust der Eltern - durch Elternbeirat und ähnliches - politisch kompensiert und zugleich kontrolliert werden sollte, bleibt folgenlos. Die Schule schlug die Bresche. Sie zerstörte das Wissensmonopol der Eltern und der Älteren. Sie kodifizierte, abstrahierte und bürokratisierte das Wissen.

Die Ausdifferenzierung der Zeit in Arbeitszeit und Freizeit, ihre auch räumliche Trennung wirkte sich nur anfänglich als Gewinn für die Familie aus. Freizeit wurde bald auch nach Alter und Geschlecht differenziert und institutionalisiert, vor allem nach Alter. Freizeit und Jugend, zwei der großen Träume, schienen gemeinsam wahr zu werden. Ewige Freizeit und ewige Jugend, Hellas in der Doppelhaushälfte. Nach Jahrhunderten von Arbeit und Hunger, von Aufgabe und Hingabe kam die Freizeit und stieg herab zu den Massen. Freizeit wurde demokratisiert und mit ihr die Familie. Der lesende Arbeiter als Montaigne in seinem Turm, die Mutter mit dem Buch in der Hand und umgeben von den artig lauschenden Kindern, das war immer nur eine Utopie des Bürgers. Als die Freizeit kam, schlich sich die Familie von dannen.

Der Beginn war bieder und verwurzelt in vormodernen Strukturen. Der Almauftrieb mutierte zum Alpenverein, das Wirtshaus zur Disko, der Turnverein zum Fitness Center. Die heilige Messe mit Mama und Papa und Bruder und Schwester findet nun im Stadion statt, aber ohne Mama und Papa und Bruder, und Schwester. Verein statt Familie, Leidenschaft und Loyalität, totale Gemeinschaft, mit wem auch immer. Youth-culture verdüsterte sich zur Jugendbande, gegen die dann tapfer der junge James Dean kämpfen mußte. Noch düsterer hieß sie Hitler-Jugend oder Freie Deutsche Jugend oder Komsomol. Sie verbrannte Bücher und denunzierte die Eltern. Als schräge Wandervögel, als klampfende Jugendbewegung hatten die entfremdeten Kids die Bühne der Geschichte betreten, hatten sich ihre eigene, universale Subkultur geschaffen.

Alle emanzipierten sich, jeder von jedem. Jedem seine eigene Wohnung, sein eigener Golf, seine eigene Pauschalreise, seine eigene Röhre. Die Glotze kam und blieb. Ein anmaßender Gast hatte sich niedergelassen im Wohnzimmer und lehrte uns Mores, ganz neue, ganz schamlose, ganz fortschrittliche, so was hatten wir noch nie gesehen. Bilden und integrieren sollte das Fernsehen die Familie. „Bis daß das zweite Programm euch scheidet", hieß die nächste Sendung. Danach gab es noch viele Programme, Tag und Nacht und nur noch „Sex and Crime and Bullshit and Aids". Eine neue Sozialisationsinstanz hatte die Welt erobert, anders als versprochen. Weder die Eltern noch die Schule, noch die Kirche definierten die Regeln und formten die Seelen. Das bunte Flackern des immer größer werdenden, die ganze Wohnung schließlich beherrschenden

Bildschirms war die blöde Botschaft. Das Fernsehen hatte die Familie in alle ihre anomischen Teile zerfetzt.

Jugend und Freizeit, die Diade, wurde zur Triade: Der Konsum kam dazu und mit ihm eine neue Leidenschaft, ein neues Wissen, ein neuer Dialog, ein neues Spiel. Eine Liebe zu dritt. Liebe ist immer beides: gierig und geheim. Diese ist es auch. Die Gier sprengt jeglichen Kreditrahmen und jegliche Phantasie. Ein neues kategoriales Universum wird erschaffen, erschlossen, domestiziert. Wie einst der Anatom den Körper, der Analytiker die Seele und der Astronaut den Raum über uns, so erschafft der Konsument uns die Ware als neue Heimat. Ein Kodex von geheimem Wissen und wilden Wünschen, von Zeichen und Bedeutungen läßt mich zu mir und meiner Ware finden - wenn auch nur für einen strahlenden, promisken Moment -, um mich dann wieder als fliegenden Holländer in die hohe See zu entsenden. Wer den Kompaß nicht kennt, wer das strenge Spiel von Regel und Regelverletzung nicht beherrscht, der landet nie und bei keinem. Der unbezahlbare, unsinnige, unabdingbare Kauf, das ist der Weiheakt. Und wie damals ist es auch jetzt wieder das Kind in der Krippen, vor dem sie niederknien und anbeten.

Das Kind ist die Ikone der Marketingstrategen. Jedes Kleinkind kann zwischen Fila und Adidas, zwischen Gap und Banana Republik, zwischen Donna Karan und Ralph Lauren so lässig unterscheiden wie ein Aufklärungssatellit zwischen Staudamm und Flugzeugträger. Die Verheißung ist, säkularisiert, zurückgekehrt. „Lernen am Modell" heißt eine lernpsychologische Kategorie. Die Griechen nannten es Mimesis, und es hat Tradition. Der Lernende identifiziert sich mit einer - am besten lebenden - Person, versucht, wie diese zu werden. Unsere Modelle sind Sänger und Fußballer, Schauspieler und gelegentlich auch Terroristen: Jimi Hendrix und Pelé, Humphrey Bogart und Madonna, Ulrike und Che. Keine Mama kann da mithalten und kein Papa, der schon gar nicht.

Die Vorbilder der Jugend sind abstrakt, Phantasie, mit vagabundierenden Mediendaten angereichert. Unsere mimetischen Vorgaben finden sich nur noch selten in der Familie. Die Oldies sind abgelöst, ausdifferenziert, entbunden worden. Wir sind keine Autorität, nur ein Angebot, eines unter vielen, kein Stecken, kein Stab. Wenn es gutgeht, sind wir Freunde, Freunde unter anderen. Viele sind damit zufrieden, glücklich, entlastet. Und auch uns ist das Kind kein Versprechen mehr, das, eingelöst, mich erlöst. Unsere Kinder sind ohne Hoffnung - ohne unsere Hoffnung. Wir brauchen sie sowenig wie sie uns. Das Gespräch ist mühsam geworden zwischen den Alten und den Jungen: Arbeit. Und so heißt der Terminus denn auch: Beziehungsarbeit, eine rechte Schinderei. Es gibt nichts, worauf wir stolz sein könnten. Stolz gilt nicht, wenn man dessen Objekt nicht selbst erarbeitet hat, meint Johannes Rau. Und wer darf schon sagen, er habe seinen Vater selbst erarbeitet oder seinen Sohn. Es gibt keinen Grund, stolz zu sein auf seine Kinder oder auf seine Eltern - nur auf Jimi Hendrix, das ist schon ein anderes Kaliber, oder vielleicht auch auf Che. Die haben wir uns selbst erarbeitet.

Die Liebe sei eine Himmelsmacht. Kann dann gekränkte Liebe eine Höllenmacht sein, mehr noch: eine historische Kraft? Selbst Deutsche würden einräumen, daß es kränkt, die Besatzungsmacht auf dem Sofa sitzen, im Bett liegen, in der Küche sich gemütlich Frühstück bereiten zu sehen. Das tut schon weh. Das hält man nicht aus. Nicht auf Dauer. Unsere Kinder sind uns zur Besatzungsmacht geworden: egoistisch und gierig, herrisch und lieblos, wenn's gutgeht; verkifft und kriminell, wenn es schlecht läuft. Wir müssen verlogene Entschuldigungen für die Schule schreiben und teure Klamotten kaufen, die dann bald in der Ecke landen, weil neue Klamotten fällig sind.

Kinder, Küche, Kirche verliert dann jeden Charme. Und auch der schicke neue Geschirrspüler stinkt, wenn alle ihn vollpacken und keiner ihn bedient. Und wenn immer nur ich ganz alleine zu den Elternabenden pilgern und mir Horrorgeschichten anhören muß. „Rette sich, wer kann" ist dann die strategische Parole. Raus aus der Familie, rein in die Subkultur. Eltern und Kinder fliehen in ihre jeweiligen Subkulturen, in die vermeintlich neue Heimat. Die Eltern reagieren auf den Prozeß der innerfamilialen Differenzierung, indem sie ihn beschleunigen. Der Mechanismus ist bekannt und längst literaturfähig: Man entflieht dem Übel, indem man just dorthin reitet, wo es einen schon längst erwartet. Alle fliehen aus der Familie oder verjagen die anderen oder beides.

Die Eltern haben ihre Stalinorgel bestückt und legen los. Die erste Salve: sie zeugen einfach keine Kinder mehr. Rente? Dafür sorgen die Kinder der anderen. Einwanderung, Ausländer, Kriminalität, Gettos? Alles lieber als diese Kinder. Die zweite Salve: Verbindung abbrechen, den emotionalen Kontakt mit den Kindern verweigern. Keine Kontrolle, keine Regeln, keine Mühe, keinen Ärger, kein Gespräch, einfach laufenlassen. Das Modell ist legitimiert. Es heißt antiautoritäre Erziehung, vulgo: Verwahrlosung. Die dritte Salve: Selbstverwirklichung. Gerade da, wo es kein wirkliches Selbst gibt, hilft nur Selbstverwirklichung. Ausbildung, egal welche. Studium, irgendeines. Beruf, lieber Verkäuferin als Hausfrau. Wer sagt denn, daß man sich nicht auch im Büro selbst verwirklichen kann? Die reiche, geistig anregende Welt der Kantine, die lebhaften Gespräche mit den Kollegen über Juhnke, Becker und die Gattin des Schweizer Botschafters, wer möchte darauf verzichten? Die vierte Salve: Bildung für die Kinder. Das Beste, was der Staat zu bieten hat. Raus aus dem Haus und in die Krippe, wie damals in der DDR, in den Kindergarten, in die Kindertagesstätte, in die Vorschule, in die Schule, in die Gesamtschule, ins Ferienlager, ins Ausland. Das Beste, das Teuerste ist gerade gut genug, solange sie nur weg sind, unsere Lieblinge, raus aus dem Haus. So wie die Dinge liegen, kann auch keiner unsere Kinder besser erziehen als die anderen.

Die Kränkung der Eltern ist zum Haß, zur historischen Kraft geworden. Der subjektive Faktor vollstreckt den objektiven. Er hat die Familie erledigt.

Gedanken zum 11. September 2001

Wolf Singer

Der 11. September verwandelte bislang verdrängbare Vorahnungen zu Gewißheiten. Erstens, unsere hochverdichteten Zivilisationen sind extrem verwundbar, weil die Technik, die sie ermöglichen, gegen sie gewandt werden und die Aktion Einzelner apokalyptische Dimensionen annehmen kann. Zweitens, die Bereitschaft zum Massenmord und mitgeplantem Suizid bedarf keiner desolaten Lebensbedingungen, keiner abgeschotteten, unterdrückten Solidargemeinschaften, ist nicht inkompatibel mit rationalem Kalkül, und kann über lange Zeit aufrechterhalten werden. Diese beunruhigenden Einsichten erzwingen gründliches Nachdenken über den Zustand unserer Welt und unsere Optionen.

Entscheidungen und daraus abgeleitete Handlungen haben vielfältige Determinanten. Diese fallen in zwei Kategorien: Unbewußte Motive, die sich aus nicht-bewußten Wahrnehmungen und Bewertungen rekrutieren, und die bewußt wahrgenommenen Variablen, die sich aus den gleichen Quellen speisen, aber den Weg ins Bewußtsein gefunden haben. Nur letztere können zu Gegenständen rationaler Denkprozesse und sprachlicher Weiterverarbeitung werden. Sprache aber erlaubt dank symbolischer Kodierung von Inhalten und flexibler Syntax eine weitaus differenziertere und vielschichtigere Analyse und Rekombination von Variablen als die unbewußte Verarbeitung von Erfahrungen und Wahrnehmungen. Zudem sind die Ergebnisse solcher Deliberation leichter kommunizierbar als die unbewußten Motive, was die Abstimmung zwischen vielen wahrnehmenden und nachdenkenden Gehirnen ermöglicht. Jedes Gehirn bildet seine eigenen kognitiven Schemata, Wertmaßstäbe und Denkstrategien aus, weshalb verschiedene Gehirne zu verschiedenen Schlüssen und Handlungsentwürfen kommen. Wahrscheinlich ist, daß Vergleiche unterschiedlicher Wahrnehmungs- und Denkvorgänge zu zutreffenderen Beurteilungen von Bedingungen führen als die vorbewußten Intuitionen einzelner Gehirne. Hierfür aber müssen Wahrnehmungen ins Bewußtsein gehoben und sprachlich gefaßt werden.

Verschmelzungsprozesse, die aus dem Einbrechen der Blockgrenzen und der Globalisierung von Wirtschafts- und Kommunikationsprozessen resultieren, erzwingen die Relativierung von Glaubens- und Wertesystemen. Diese Veränderungen werden als Bedrohung der eigenen Identität wahrgenommen. Angst und Sehnsucht nach Geborgenheit in Solidargemeinschaften sind die Folge.

Diese Verwerfungen betreffen alle gleichermaßen, auch uns, die wir uns im Augenblick als Opfer sehen. Aber wie bei tektonischen Verschiebungen gibt es Bruchzonen, in denen die Veränderungen der Lebensbedingungen und der Selbstwahrnehmung besonders schwerwiegend sind. Die in solchen Phasen einsetzenden psychischen Schutz- und Verteidigungsmechanismen sind bekannt. Das empfundene Unglück wird intentionalen Akten anderer zugeschrieben, ein verursachender Feind wird identifiziert und seine Bekämpfung zur gerechten Sache - und wenn das nicht ausreicht, zur heiligen Pflicht erklärt, vor der alle Gewissensschranken fallen können. Damit einher geht die Sehnsucht nach Führern, nach Identitätsstiftern, von denen nichts anderes erwartet wird als die Ausformulierung der unartikulierten kollektiven Frustrationen und Projektionen. Diktatoren jedweder Couleur verlassen sich seit jeher auf diese Mechanismen, um Macht über Menschen zu erlangen und sie vor Einsichten zu bewahren, die für die für die Verführten selbst schmerzhaft wären und zudem die Macht der Verführer gefährdeten. Unsere eigene Geschichte belegt, wie schnell es gelingt, die Wahrnehmung so zu verändern und auf Feindbilder zu fokussieren, daß den Menschen Taten, die sie noch vor kurzem geächtet haben, nunmehr als unabweisbare Verpflichtung erscheinen. Unsere Geschichte zwingt auch zu der schrecklichen Einsicht, daß gegen solche Konversionen auch sogenannte kultuvierte Gemeinwesen nicht gefeit sind. Weder Hunger noch Elend, weder Analphabetismus noch Unwissen können wir selbst geltend machen. Es war wohl zunächst kaum mehr als die kollektive Kränkung unseres Stolzes, der Verlust von Identität und Selbstwert, die Summe individuellen, meist sehr privaten Unbehagens mit sich selbst. Eine Weile hat uns die Welt gewähren lassen, nicht erkannt, wie sich unsere kognitiven Schemata veränderten, und erst, als wir unerträglich wurden, hat sie uns in die Knie gezwungen, unter ungeheuren Opfern. Auch die zweite Wiederauferstehung bedurfte personifizierter Feindbilder. Aber wir haben uns anders verhalten, weil wir zu erschöpft waren, weil sich geglaubte Feinde als Helfer erwiesen, und vielleicht auch, weil wir ein wenig gelernt haben. Und nun verfolgen wir mit Schrecken, wie die Mechanismen, die uns selbst schon einmal heimsuchten, erneut wirksam werden. Diesmal verfallen ihnen keine Nationen, sondern weit verstreute Gruppierungen, die nach überkommenen Kategorien kaum etwas gemein haben. Sie eint weder eine nationale Grenze, noch eine gemeinsame Geschichte, noch eine einheitlich ausgelegte Religion. Daß viele der Gruppierungen den Islam als Rechtfertigung usurpieren und nach ihren Bedürfnissen auslegen, hat vermutlich lediglich damit zu tun, daß diese Religion dort, wo das Unbehagen am größten ist, auch ihre weiteste Verbreitung hat. Koinzidenz, nicht kausale Verknüpfung. Die gleichen Mechanismen also, die gleichen kognitiven Prozesse, die gleiche, gegen jede überkommene Moral immunisierte Bereitschaft, den vermeintlichen Gegner auszulöschen, aus dem Weg zu räumen in eine ersehnte bessere Welt. Nur die Topologie des Prozesses ist eine andere. Sie ist distributiv geworden wie die Strukturen, die jetzt die Welt ausmachen.

Nun ist die Globalisierung, wie alle evolutionären Prozesse, nicht Folge einiger weniger intentionaler Aktionen. Sie hat die Merkmale eines sich selbst organisierenden Prozesses, der aus dem Wechselspiel von Myriaden verteilter Einzelaktionen hervorgeht. Jeder Akteur versucht dabei, sich dem Kräftefeld, dem er ausgesetzt ist, optimal anzupassen. Dabei ist es prinzipiell unmöglich vorauszuwissen, welche Konsequenzen das eigene Tun für die Entwicklung des Gesamtsystems haben wird, weil seine Dynamik viel zu komplex und nicht linear ist. Dies ist der

Grund, warum es so schwer ist, für evolutionäre Prozesse Verantwortung zu empfinden. Zwar ist, was ist und sein wird, Folge unserer Taten. Aber die intentionalen Akte - und nur für diese empfinden wir Verantwortung - erfolgen innerhalb lokaler Bezugssysteme. Sofern unsere Aktionen den lokal gültigen Normen nicht widersprechen, empfinden wir sie als rechtens und gerecht. Fatal ist, daß diese vielen rechtmäßigen Einzeltaten zu nicht intendierten Veränderungen im Gesamtsystem führen, deren tragische Konsequenzen seit dem 11. September nicht mehr verdrängt werden können. Ohne daß dies gewollt war, entstanden viele - zu viele wie sich jetzt zeigt - Orte, an denen Menschen in ihrem Selbstwertgefühl zu sehr verwundet wurden, um dem oben skizzierten Mechanismus zu widerstehen. Es sind dies nicht zufällig die Orte, wo Diktatoren, Warlords, und Verkünder beliebiger Verheißungen leichtes Spiel haben. Entsprechend multifokal sind die Keimzellen des Terrors. Daß Amerika am leichtesten zum Hauptfeind stilisierbar ist, liegt auf der Hand. Als Verursacher des Prozesses, der eigentlich gemeint ist, dürften die Vereinigten Staaten jedoch kaum mehr Bedeutung haben als die Summe der anderen Volkswirtschaften und global agierender Unternehmen. In einem aber unterscheiden sich die Vereinigten Staaten gegenwärtig von den vielen global players. Sie sind unleugbar die mächtigste zentral koordinierte Einheit in diesem Netz von Akteuren, und dies prägt die Außen- und Selbstwahrnehmung. Die Option zu globalen Interventionen befördert zugleich das Gefühl besonderer Verantwortlichkeit und die Hybris der Selbstgerechtigkeit. Genau dies sind die Attribute, die für einen personifizierbaren Feind gebraucht werden. Dem Feind muß Intentionalität und Verantwortung für seine Taten zugeschrieben werden können. Anders gelingt die Rechtfertigung nicht für den Angriff. Und dieser Rechtfertigung bedarf es, um die indentitätsstiftende Wirkung selbst grausamster Akte nicht zu gefährden. Auch braucht es die Rechtfertigung, um nicht mit religiösen Geboten, Mitleid und Gewissen in Konflikt zu geraten. Eigentümlicherweise verfügen nahezu alle Weltreligionen und Rechtssysteme über solche Rechtfertigungsklauseln - aber diese greifen nur, wenn das Böse personifiziert und ihm Intentionalität unterstellt werden kann.

Was also sind unsere Optionen? Die Medizin unterscheidet zwischen symptomatischen und kausalen Therapien und bevorzugt letztere, wenn sie verfügbar sind. Zu den symptomatischen Maßnahmen zählen in diesem Fall alle Schritte, die eine Wiederholung der eben durchlebten Katastrophe unwahrscheinlicher machen, auch wenn damit die Ursachen nicht beseitigt werden: Erhöhte Sicherheitsvorkehrungen, Aufspüren von potentiellen Tätern und Reduktion der Handlungsbereitschaft durch abschreckende Gegenschläge und Bestrafung. Letzteres wird zum Selbstmord bereite Kämpfer kaum beeindrucken. Allenfalls deren Verführer, denen es um anderes geht als sie vorgeben. Selbst wenn diese Maßnahmen ohne Verletzung Unbeteiligter gelingen, haben sie die unerwünschte Nebenwirkung, die Personifizierung des Gegners zu begünstigen. Aber dieser Preis muß bezahlt werden. Eine Eskalation dieser Therapie wäre die kollektive und exemplarische Bestrafung einer der Regionen, die aus oben genannten Gründen ein besonders fruchtbarer Boden für wuchernde Gewaltbereitschaft geworden sind. Dies träfe wegen der distributiven Organisation des Terrors notwendig mehr Unschuldige als Schuldige und die Nebenwirkungen würden den möglichen Therapieeffekt zunichte machen. Das Feindbild erführe Bestätigung, Solidarität und Rekrutierung neuer Täter würden begünstigt, und die Dreingabe der eigenen moralischen Ansprüche würde die Rechtfertigung zukünftigen Terrors erleichtern. Zwischen symptomatischen und kausalen Therapieansätzen läge der Versuch, aller gewaltbereiten Anführer präventiv habhaft zu werden und ihre Versorgungssysteme zu zerschlagen. Ein heroisches Unterfangen, das beharrlich und über lange Zeit verfolgt werden muß, der chirurgischen Behandlung von Metastasen nicht unähnlich. Da diese Strategie nur Erfolg haben kann, wenn sie multizentrisch und verdeckt von vielen Akteuren gleichzeitig durchgeführt wird, hat sie den

Vorteil gegenüber allen spektakulären Aktionen, daß sie die Konstruktion plakativer Feindbilder erschwert. Es ist dies keine schnelle Therapie für die eigene Demütigung, Wut und Trauer, aber sie kann Erfolg haben und somit künftige Opfer und Angriffe auf unser Selbstwertgefühl vermeiden helfen. Wenn das gegenwärtige Zögern nicht Ausdruck von Ratlosigkeit ist, besteht Hoffnung, daß dieses Vorgehen als das richtige erkannt wurde. Natürlich ist da die Sehnsucht nach dem schnellen, umfassenden Schlag, nach einer raschen Vernichtung des Übels, eine Hoffnung, die Kriege immer aufs Neue zu erfüllen versprachen und immer aufs Neue enttäuschten. Ein solcher Krieg gegen das Böse verwandelte sich schneller als je zuvor in einen Krieg gegen die Menschheit. Das Böse ist vom Guten weniger denn je zu trennen, topographisch und vielleicht auch begrifflich. Die Metastasen würden vielleicht bezwungen, aber der Organismus, den wir zu retten versuchten, ginge mit zu Grunde.

Wie aber könnte eine kausale Therapie aussehen? Der globale Fusionsprozeß wird sich durch keine Beschlüsse aufhalten lassen. Soziale, wirtschaftliche und weltanschauliche Konflikte mit all ihren Auswirkungen auf Selbstwertgefühl und Identität werden uns weiterhin begleiten. Wie unsere eigene Geschichte und die Biographien bisheriger Attentäter und Hintermänner lehren, wird das Problem auch durch gerechtere Verteilung materieller Güter nur abgeschwächt, aber nicht wirklich bewältigt. Die in Zeiten des Umbruchs aufkeimenden Ängste und Identitätskrisen sind nicht zu verhindern, da sie ihre Ursachen nicht nur im Wohlstandsgefälle, sondern auch im Konflikt zwischen unterschiedlichen Strategien der Daseinsbewältigung haben. Solche Konflikte müssen durchlebt und durchlitten werden, weil sie zu ihrer Überwindung der eigenen Veränderung und Anpassung bedürfen. Solches erfolgt im Zeitmaß geschichtlicher Prozesse und kann nicht verordnet werden. Was jedoch von uns selbst geleistet werden könnte, wäre die Dekonstruktion der Feindbilder. Kognitive Schemata können sich relativ rasch ändern, wie Fanatisierungsprozesse beweisen. Kaum zu vermitteln wird sein, daß sich die Umbrüche Kräften und Wechselwirkungen verdanken, die eine evolutionäre Eigendynamik aufweisen, die niemand, auch nicht Amerika, wirklich zu steuern und zu beherrschen in der Lage ist. Wir werden diese Einsicht aus zwei Gründen nur schwer vermitteln können. Erstens, weil sie von Kräften spricht, die gemeinhin Göttern zugeschrieben werden und im Munde Gottloser wie beschwichtigende Lügen und Ausreden klingen müssen. Zweitens, weil sie unser eigenes Selbstwertgefühl beschädigen und wir uns dies nur ungern eingestehen. Beweise unserer prinzipiellen Blindheit gegenüber zukünftigen Entwicklungen hätten wir zur Genüge. Der Fall der Mauer ist einer, die Konsequenz westlicher Intervention zu Gunsten der Taliban ein weiterer. Aber Macht muß sich solcher Einsicht verschließen, wenn sie nicht an sich verzweifeln will. Wir werden also nicht zugeben, daß wir es nicht besser wissen und selbst ständig Opfer unserer Taten sind, von Aktionen, die im Grunde nichts weiter sind als Reaktionen auf Prozesse, die wir nicht beherrschen. Wir werden uns weiterhin als verantwortlich Handelnde sehen und unsere Taten, auch die gewalttätigen, mit Vorhersagen rechtfertigen, deren Trefflichkeit von der gleichen Qualität ist wie die Überzeugung passionierter Roulettespieler. Deshalb werden wir es schwer haben, nicht als intentionale Verursacher wahrgenommen zu werden - dafür kreuzen sich einfach zuviele der wirksamen Kraftlinien auf westlichen Territorien. Zuviel der Macht müßte sich in Frage stellen.

Aber es gibt noch weitere Illusionen, die einzugestehen uns leichter fallen sollte und deren Verkündung als Wahrheiten Haß und Wut auf uns versammelt. Natürlich können und sollten wir nicht leugnen, daß Reichtum, Lebensqualität, militärische Macht, wirtschaftliche Einflußmöglichkeiten, Bildungschancen und Lebenserwartung auf unerträgliche Weise ungleich verteilt sind. Aber wir sollten uns dies zumindest mehr bewußt machen und sagen, daß wir es wissen. Auch sollten wir sagen, daß wir nicht recht wissen, wie dieses Ungleichgewicht zu beheben wäre, daß schlichte Umverteilung nicht ausreicht, und daß wir selbst fassungslos zusehen, wie die Schere sich immer weiter öffnet. Dies würde die Bereitschaft zum Mitdenken in beiden Lagern erhöhen. Unverzüglich zu korrigieren wären jedoch die Trugbilder, denen wir uns selbst hingeben und die wir in unserer Selbstdarstellung verherrlichen. Sie sind es vor allem, die den Zorn auf sich ziehen, weil ihre Inkonsistenz erahnt wird und unser Festhalten an ihnen als unsägliche Arroganz wahrgenommen wird. Wir sollten schleunigst von unserer Rechthaberei und unserem Machbarkeitswahn lassen. Wir sollten zugeben, daß auch wir nicht wissen, wie Zukunft beherrscht werden kann, daß auch wir in Prozesse eingebunden sind, die sich jeder intentionalen Steuerung entziehen. Wir sollten eingestehen, daß auch wir unter der Erschütterung unserer Glaubens- und Wertesysteme leiden und daß manche der uns vorgeworfenen Auswüchse direkte Folge dieses Unbehagens sind. Die Ersetzung von spirituellen Inhalten durch materielle und die Betäubung gestörten Selbstwerts durch die Ablenkungsaktivitäten unserer Spaßgesellschaft zählen dazu. Wir sollten eingestehen, daß auch in unserer Gesellschaft gealtert, gelitten und gestorben wird und daß auch wir, und gerade wir, kein Rezept gegen die Erfahrung der Endlichkeit haben. In unseren Hochglanzbroschüren der Selbstdarstellung und -bestätigung verkünden wir uns das Gegenteil und übersehen, daß auch der Rest der Welt mitliest. Zugeben sollten wir, daß wir unter der Decke des Wohlstands Unglück verbergen, sollten die Statistiken über Suizidraten, Obdachlose, Analphabeten und zerstörte Familienverbände nicht als Randerscheinungen verdrängen sondern als Symptome eigener Krise begreifen und eingestehen. Das alles sollten wir nicht tun in der larmoyanten Absicht, nun selbst um Mitleid zu heischen. Wir sollten es tun, um unsere eigenen Lebenslügen zu enttarnen und dadurch an Glaubwürdigkeit zu gewinnen. Wir sind zu Recht stolz auf die humanitären Errungenschaften, die westliche Kulturen hervorbrachten und kodifizierten, die verbindliche Formulierung und den Schutz von Menschenrechten, das Bekenntnis zur Gleichheit von Mann und Frau, den Versuch demokratischer Selbstverwaltung, die Ächtung von Gewalt zur Durchsetzung eigener Interessen und die Absage an Rache als Mittel zur Wiederherstellung von Recht. Diese kostbaren Errungenschaften können leicht als subversive Herrschaftsinstrumente mißdeutet werden, wenn sie mit Machtansprüchen vermengt werden und wenn denen, die sie vertreten, mißtraut wird. Wir müssen glaubwürdiger werden, wenn wir wünschen, daß unsere Errungenschaften als vorbildliche wahrgenommen und als verbindliche übernommen werden. Solange wir uns aber nicht selbst öffentlich befragen und in Frage stellen, werden wir zu Recht als arrogant wahrgenommen, und solange hat die Einsicht keine Chance, daß wir *eine* Menschengemeinde auf einem einsamen, vulnerablen Planeten sind und daß alle wirklichen Probleme für alle die gleichen sind. Die Opfer des 11. September sind Opfer eines Hasses, der durch nichts zu rechtfertigen ist. Aber dieser Haß nährt sich auch aus kognitiven Mißverständnissen, die wir selbst befördern. Diesen Quellen mißdeutender Wahrnehmungen unverzüglich zu begegnen, ist jetzt Verpflichtung. Wir werden damit selbst etwas von jener Verunsicherung zu spüren bekommen, deren Folgen wir seit dem 11. September beklagen. Dann wird es uns leichter fallen zu verstehen, wie sie sich anfühlt, und das wird auch uns bei der Dekonstruktion eigener Feindbilder helfen.

Denken Inder anders?

Über die Kulturabhängigkeit strategischen Denkens

Stefan Strohschneider

Das Staunen über den Boom der indischen Software- und Pharmaindustrie, die Debatte um Greencards und indische Programmierer sind Anzeichen für ein neuer wachendes Interesse am indischen Subkontinent und seiner Kultur. Wie kommt es, daß dieses riesige Entwicklungsland auf einmal in einigen Technologiesektoren weltweit an der Spitze liegt? Zu unserem Bild vom klassischen Indien paßt das kaum – aber gibt es vielleicht Besonderheiten des indischen Denkens, die man für diese Entwicklung verantwortlich machen kann? In diesem Beitrag werden einige Überlegungen und Befunde zu diesem Thema diskutiert. Er basiert auf einem mehrjährigen, kulturvergleichend angelegten Forschungsprojekt, das sich am Beispiel Deutschlands und Indiens mit dem Verhältnis von Kultur und Denken unter einer kognitionspsychologischen Perspektive beschäftigt hat. Dabei stand die Frage im Mittelpunkt, welche kulturellen Rahmenbedingungen für das Denken relevant sind und wie sie zur Herausbildung spezifischer problemlöserischer Kompetenzen und strategischer Präferenzen beitragen. Dazu wurden im Rahmen einer Serie empirischer Studien Probanden aus Deutschland und Indien mit Problemen ganz unterschiedlicher Art konfrontiert und die Art ihres Umgangs damit analysiert.

Problemlösen als Kulturtechnik

In Zeiten der fortwährenden technologischen Innovation und wirtschaftlichen Globalisierung ist die Fähigkeit zum Problemlösen zu einer begehrten Kulturtechnik geworden. Zumindest hierzulande gelten kreatives und innovatives Denken, taktische und strategische Flexibilität mittlerweile als Schlüsselqualifikationen, die wir nicht nur unseren Studenten zu vermitteln haben, sondern die selbstverständlich auch für die wissenschaftliche Karriere unverzichtbar sind. Kaum daß wir uns noch am „Deutscher-Professor-Modell" orientieren können (das wäre der mit viel Wissen ausgestattete, analytische, strikt problemorientierte und von der Außenwelt isolierte Denker) – gefragt sind „Macher", Problemlöser, die, selbstbewußt und ergebnisorientiert, strategisch kompetent und risikofreudig, komplexe Systeme nach ihrem Willen beherrschen.

Damit bietet sich ein Kulturvergleich mit Indien geradezu an, da die traditionelle hinduistische Gesellschaft ganz andere Schwerpunkte setzt. Sie ist geprägt durch die Dharmasastra, die Lehre vom richtigen Verhalten in der Welt. Dabei handelt es sich um ein Lehrsystem für eine idealiter statische Gesellschaftsordnung, die dem Einzelnen einen festen Ort in jeder nur denkbaren Situation anweist, ihm Rollen zuweist und seine Individualität nur gering einschätzt. Dazu gehört z.B. auch ganz wesentlich die klare Akzeptanz der Ungleichheit der Menschen hinsichtlich Status, Funktion und materiellem Besitz. Ihren Niederschlag findet diese Vorstellung z.B. im Klischee vom „Kastinder" der, traditions- und statusbewußt, vorsichtig und auf Zustimmung der Anderen bedacht, dramatische Veränderungen strikt ablehnt.

Nun ist Denken das Werkzeug der Psyche zur Reduktion von Unbestimmtheit. Schon auf der Basis dieser pauschalisierenden Gegenüberstellung ist es naheliegend zu vermuten, daß die beiden Kulturen verschiedene Unbestimmtheiten in sehr unterschiedlichem Ausmaß „bereithalten" und demzufolge unterschiedliche Denkmuster und Strategien der Problembewältigung fordern und unterstützen. In diesem Zusammenhang ist es zunächst einmal von Interesse, relevante kulturelle Rahmenbedingungen vergleichend zu betrachten.

Erfahrungsvielfalt

Es wurde bereits erwähnt, daß man verschiedene Arten von Problemen unterscheiden kann, die jeweils spezifische Anforderungen stellen. Typische Beispiele wären etwa Interpolationsprobleme (Planungsprobleme), bei denen es darum geht, bestimmte Operatoren in die richtige Reihenfolge zu bringen, oder Diagnoseprobleme, bei denen die „Passung" zwischen einem Satz empirischer Indikatoren und theoretischen Mustern zu entscheiden ist. Manche Menschen setzen sich ihr Leben lang mit einem Typ von Problemen in einem ganz bestimmten Realitätsbereich auseinander, spielen Schach, treffen Kreditentscheidungen oder behandeln juristische Fälle. Diese Menschen werden vermutlich zu Experten für ihren Problemtyp, was aber nicht automatisch bedeutet, daß sie ihre Kompetenzen auf andere Problemtypen übertragen können. Wo vielfältige und vielfältig einsetzbare taktische und strategische Kompetenzen gefragt sind, müssen diese durch reichhaltige Erfahrungen mit Problemen unterschiedlicher Anforderungsstruktur erworben werden. In einer Untersuchung, bei der genau solche Kompetenzen gefragt waren, zeigten sich denn auch erhebliche Unterschiede zwischen den deutschen und indischen Studierenden, die an dem Versuch teilnahmen: Die indischen Teilnehmer begingen deutlich mehr taktische und strategische Fehler. Sie operierten eher reaktiv und feedback-gesteuert als proaktiv, sie trafen Entscheidungen, ohne über die dafür notwendigen Informationen zu verfügen, sie „vergaßen", ihre Maßnahmen an veränderte Umstände anzupassen, und sie versäumten es häufiger, die Effekte ihrer Entscheidungen zu kontrollieren.

Vor dem jeweiligen Lebenshintergrund betrachtet, ist dieser Befund wenig überraschend. Generell findet man in Indien die Tradition, Probleme nicht dadurch zu lösen, daß man sein

Gehirn zermartert, sondern dadurch, daß man den Rat älterer und erfahrener Menschen einholt. Lösungen für individuelle Probleme werden nicht aus abstrakten Regelsystemen abgeleitet, sondern aus Geschichten, Vorbildern, Legenden, eben „Fällen". Was nun speziell Studierende betrifft, so lernen Kinder höherer Schichten in Indien, dem Land der Bildungsbürger, eine Fülle solcher „Fälle". Selbständige Problemlösungen dagegen werden von ihnen nicht erwartet, vielmehr sind sie bis zum Eintritt ins Berufsleben in erheblichem Umfang elterlicher und schulischer Lenkung und Kontrolle unterworfen. Das Ausmaß an selbständig erworbenem Erfahrungswissen, das in der erwähnten Untersuchung hilfreich gewesen wäre und das deutsche Studenten offenbar schon in ihr Studium mitbringen, ist in Indien im Regelfall undenkbar.

Planbarkeit und Berechenbarkeit der Umwelt

Eine festgefügte und stabile Umwelt begünstigt die Routinisierung von Problemlösungen – viele Probleme werden im Laufe der Zeit zu Aufgaben, für die erprobte Methoden zur Verfügung stehen. Im Falle geringer Planbarkeit der Umwelt wird nicht nur die schlichte Zahl der Probleme größer sein, die Rahmenbedingungen erfordern entsprechende Strategien. So ist es wenig sinnvoll, langfristig zu planen. Statt dessen sollte man eher kurzfristig denken, sich am Dringlichen orientieren (wer weiß, ob man später noch mal eine Chance bekommt!) und ad-hoc-Lösungen bevorzugen.

Gerade in dieser Hinsicht kann man zwischen Deutschland und Indien gravierende Unterschiede feststellen – und zwar in verschiedener Richtung. So sind für die meisten Inder die Sozialstrukturen, in denen sie leben, hochgradig berechenbar und Basis sehr langfristig angelegter Planungen. Dies dürfte ein wesentlicher Grund für die enorme Bedeutung sein, die persönlichen Beziehungen zugemessen wird. Wenig planbar dagegen sind viele Bereiche des Alltags und des Wirtschaftslebens. Belege für diese Sichtweise fanden sich in einer weiteren vergleichenden Untersuchung mit einer Wirtschaftssimulation. Hier nämlich zeigten sich deutliche strategische Unterschiede zwischen den Teilnehmern aus beiden Kulturen. Die deutschen Teilnehmer verfolgten von Anfang an eine offensiv-expansive Strategie, fuhren die Produktion hoch und kurbelten Marketing und Verkauf an. Die indischen Teilnehmer interpretierten dieselbe Situation ganz anders. Sie drosselten die Produktion, erhöhten die Lagerbestände, versuchten Kosten zu sparen und gingen erst allmählich zu einer vorsichtigen Steigerung ihrer wirtschaftlichen Aktivitäten über.

Beide Strategien erscheinen im jeweiligen wirtschaftlichen Umfeld funktional und wurden von den Teilnehmern offenbar ungeprüft auf die experimentelle Situation übertragen: Unter den in Indien typischerweise herrschenden Bedingungen eines unsicheren Marktes und einer unberechenbaren Infrastruktur ist eine vorsichtige, inkrementelle Strategie mit „Eichhörnchenkomponente" langfristig erfolgreicher. Unter den Bedingungen eines verläßlichen wirtschaftlichen Umfeldes ist es langfristig durchaus sinnvoll, dosierte Risiken einzugehen und massive Investitionen zu tätigen.

Machtdistanz und Kontrollspanne

Ceteris paribus machen Versuche zur Bewältigung eines Problems nur dann Sinn, wenn man auch den Freiraum hat (oder zugestanden bekommt), seine Ideen in die Tat umzusetzen. Dies ist mit dem von Frese eingeführten Konzept der individuellen Kontrollspanne gemeint, das auf der kulturellen Ebene seine Entsprechung in der Machtdistanz hat – die in einer Kultur sozusagen als „natürlich" akzeptierten Machtunterschiede zwischen Menschen. In hierarchisch gegliederten Gesellschaften wie der indischen nimmt die Kontrollspanne von der Spitze der Pyramide nach unten hin ab. Vor diesem Hintergrund wird verständlich, warum man in indischen Organisationen häufig das „Check-with-the-boss" – Syndrom findet: Jede Entscheidung, die möglicherweise Implikationen von irgendwelcher Bedeutung hat, wird dem Vorgesetzten zur Genehmigung vorgelegt. Das ist nicht nur vorauseilender Gehorsam, der Vorgesetzte erwartet diese Absprachen, die dann mit emotionaler Wärme und Schutz vergolten werden.

Diese hierarchische Interpretation der sozialen Rahmenbedingungen beim Problemlösen kam sehr deutlich in einer Untersuchung zum Ausdruck, bei der es um die planerische Bewältigung von alltagsnahen Problemstellungen ging. Bei einem dieser (fiktiven) Probleme sollte man sich vorstellen, daß das eigene Kind angeblich in der Schule einen Diebstahl begangen hat und man sich dafür dem Direktor der Schule gegenüber zu rechtfertigen hat. Typisch für viele indische Planungen ist die folgende, in der die Autorität des Direktors unbedingt akzeptiert wird: „Ich suche den Direktor auf, wie er verlangt hat. Vermutlich werde ich erst mal versuchen, das Verhalten meines Sohnes zu rationalisieren. Aber falls er wirklich schuldig ist (...), werde ich den Direktor in seinem Namen um Verzeihung bitten und ihm versichern, daß er für dieses Verbrechen bestraft wird und daß es nie wieder vorkommen wird."

Der in Hinblick auf die Strategien des Problemlösens relevante Punkt ist, daß durch eine vergleichsweise geringe (subjektive) Kontrollspanne jedes Problem eine soziale Dimension bekommt und die bei uns übliche Unterscheidung von „Sachebene" und „Beziehungsebene" entfällt. Die Strategieauswahl ist von beiden Faktoren abhängig – und riskante Entscheidungen z.B. wird man im Kontext eines enggeknüpften sozialen Netzes viel lieber vermeiden, als in relativer Isolation.

Denkstile im Vergleich

Mit diesen Überlegungen sind einige Rahmenbedingungen skizziert, die auf die Entwicklung von Denk- und Problemlösestilen Einfluß nehmen. Und um diese *Stilmerkmale* geht es – generelle Unterschiede in den basalen Mechanismen des Denkens, im strategischen Wissen oder in der taktischen Kompetenz lassen sich nämlich empirisch nicht nachweisen. Solche Faktoren sind zwar von kulturell vermittelten Lernerfahrungen abhängig, diese unterscheiden sich aber nicht zwischen Indien und Deutschland, sondern eher zwischen verschiedenen kulturell definierten Gruppen (z.B. Studenten, Manager, Industriearbeiter), mit ihren je unterschiedlichen Lern- und Erfahrungsmustern. Auf der *Stilebene* aber kann man die Unterschiede (sehr plakativ) in Form einiger „Axiome" des Denkens formulieren:

Axiome indischen Denkens

- Hoffe das Gute!
- Der situative und soziale Kontext eines Problems ist wichtig und muß bei der Lösungssuche mitbedacht werden.
- Zieloffene Probleme sind gefährlich, weil das Handeln mit unabsehbaren Konsequenzen ver-

knüpft ist. In solchen Situationen handele vorsichtig, vermeide riskante Entscheidungen und überhaupt allzu viel Aktivität.
- Wut und Ärger sind keine adäquaten Reaktionen auf Mißerfolge
- Lösungen müssen nicht perfekt sein; es reicht, wenn sie funktionieren.
- „Kausalfatalismus": Operiere mit dem Problem, das vorliegt. Es nützt wenig, lange über die Gründe für die Entstehung des Problems nachzudenken.

Axiome deutschen Denkens

- Fürchte das Schlimme!
- Problem ist Problem, unabhängig von seiner situativen und sozialen Einbettung.
- In unbestimmten Situationen muß man auch mal was riskieren, um die Effekte sehen und lernen zu können.
- Lösungen sollten immer möglichst perfekt sein.
- „Kausaldeterminismus": Um ein Problem bewältigen zu können, muß man seine Ursachen kennen.

Derartige Unterschiede lassen sich natürlich auf verschiedenen Ebenen interpretieren. Besonders interessant ist die Betrachtung des motivationalen und sozialen Kontexts, in dem das Denken stattfindet:

Wenn man z.B. mit Dörner davon ausgeht, daß sowohl das Bedürfnis nach Kontrolle als auch das Bedürfnis nach sozialer Zugehörigkeit (Affiliation) zu den grundlegenden Motiven des Menschen gehören, so scheint in Indien und Deutschland die relative Rolle von Kontrollmotivation und Affiliationsmotivation vertauscht. Für deutsche Problemlöser erweist sich das „persönliche Kontrolle haben" als wichtiges Motiv beim Problemlösen, dem die Form von Exploration, Analyse und strategischem Vorgehen untergeordnet wird. Für indische Problemlöser erweist es sich als wichtiger, das Affiliationsmotiv zu befriedigen. Wobei hier unter „Affiliationsmotiv" weniger das Bemühen um individuelle Bindungen zu verstehen ist, als vielmehr das Bemühen um „Legitimitätssignale", d.h. um Signale, die anzeigen, daß das Handeln von relevanten Bezugspersonen für richtig gehalten wird und die gegebene Sozialstruktur nicht in Frage gestellt wird.

Warum sind nun insbesondere indische Ärzte und Programmierer im globalen Maßstab so erfolgreich? Ärztliche Tätigkeit und Programmierarbeiten haben – trotz aller Unterschiede – eine wichtige Gemeinsamkeit: Es dominieren analytisch zu behandelnde Passungsprobleme, vergleichsweise komplizierte Tätigkeiten im Kontext eines wohldefinierten Regelsystems, bei denen man eine Fülle von „Fällen" nutzen kann: Wissen über ähnliche Problemstellungen, die bereits früher einmal in dieser oder jener Form behandelt wurden. Außerdem sind die Handlungsziele jeweils klar umrissen, die Kontrollspanne exakt definiert, transgressives Handeln ist unwahrscheinlich. Risikofreude, Lust an der Auseinandersetzung, Expansion auf Kosten anderer sind nicht relevant. All dies sind Bedingungen, die den oben skizzierten Merkmalen indischen Denkens in besonderer Weise entsprechen.

Über Ruhm, coolness und Wahrheit und andere Fragen der europäischen Sprach-Kultur

Jürgen Trabant

1. Vorbemerkungen

Lauter große Worte im Titel: Ruhm, Wahrheit, Europa, Sprachkultur. Und ein nicht so großes: coolness. Dieses Wort macht das Ganze weniger feierlich. Und genau dies ist eine der Haupt-Funktionen von Amerikanismen, der Grund für ihre große Attraktivität: Sie holen einen Text, einen Satz, eine Phrase gleichsam herunter vom hohen Podest der alten europäischen Tradition und der großen Wörter und geben ihnen etwas Modernes, etwas Junges, etwas Untragisches. Die amerikanischen Wörter bezeichnen dabei oft etwas, wofür es durchaus alte europäische Wörter gibt. Sie *denotieren*, wie wir Linguisten sagen, oft durchaus nichts Neues. Auch das Wort coolness hat schöne alte europäische Vorfahren, auf die ich noch zu sprechen komme. Aber die amerikanischen Wörter bedeuten etwas über das Denotierte hinaus, sie *konnotieren*: nämlich Modernität, Jugend, Dynamik, große weite Welt, frische Luft. Sie konnotieren eben coolness. Und nichts scheinen wir Europäer mehr zu brauchen als das.

Sie sehen außerdem schon am Titel, daß dieser Vortrag kein Text aus der Berliner Verwaltung ist. Der ehemalige Berliner Innen-Senator hatte ja kürzlich für den Bereich der Verwaltung die Vermeidung von fremden Wörtern - gemeint waren die Amerikanismen - verfügt. Da wir uns hier in einem vom Land Berlin (und Brandenburg) finanzierten öffentlichen Sprach-Raum befinden, bekomme ich vielleicht eine Rüge wegen meiner fremdländischen Umtriebe. Aber mutig leiste ich Widerstand: Ich verwende das fremde Wort coolness - ich brauche es nämlich, unbedingt.

Dabei finde ich übrigens, daß der Senator gar nicht so unrecht hatte. Der Bundespräsident findet das ja auch: Wir brauchen nämlich all die vielen amerikanischen Wörter eher nicht. Nicht wegen der Reinheit der Sprache, sondern weil das völlig uncool ist. Doch dazu später. Nur: es war der falsche Senator: Nicht der Polizei-Senator sollte sich um die amerikanischen Wörter kümmern, als ob es um ein Problem der inneren Sicherheit ginge. Sondern vielleicht der Schulsenator und der Kultursenator, denn es geht um ein Problem der Kultur, die ja bekanntlich in der Schule vermittelt wird. Aber der eine propagiert lieber eine überflüssige Rechtschreib-Reform (wo eine pädagogische Reform, nämlich eine Liberalisierung der Benotung, nötig gewesen wäre). Der andere lächelt nur vornehm und weltläufig überlegen, freut sich zusammen mit dem Bundes-Kultur-Staats-Minister progressiv und modern über den Triumph des amerikanischen Englisch in Wissenschaft und business und fordert noch mehr und noch früher Englisch an den Schulen. Er sagt, wir müssen zweisprachig werden.

Dabei hatte auch dieser Senator wieder recht. Nur fordert er nichts Neues, sondern eine europäische Selbstverständlichkeit. Zweisprachigkeit ist seit Jahrtausenden ein strukturelles Merkmal europäischer Kultur. Kultivierte Europäer sind seit dem alten Rom zweisprachig: Der gebildete Römer konnte auch Griechisch. Die Diglossie von Volkssprache und Latein ist charakteristisch für die mittelalterliche Sprachkultur. Und als das Latein seine dominante Position verlor, haben die Europäer andere Zweit-Sprachen gelernt: Französisch, Italienisch (für Mozart und Verdi), Griechisch, Deutsch, auch Englisch. Außerdem: Millionen von Europäern können heute außer der jeweiligen Landessprache auch noch Türkisch, Arabisch, Kurdisch, Tamil etc etc. Nur die alten Griechen konnten keine anderen Sprachen - und waren insofern gerade schlechte Europäer.

Aber wenn's denn unbedingt Englisch sein soll, so brauchen wir uns eigentlich auch nicht ständig sagen zu lassen, daß wir es lernen sollen. Natürlich muß man heute Englisch können, wie man im Mittelalter Lateinisch können mußte oder im 18. und 19. Jahrhundert Französisch. Nur: dies ist nicht mehr groß zu fordern und zu fördern, sondern eine schlichte Selbstverständlichkeit. Alle mir bekannten kultivierten Europäer können längst Englisch, und sie können auch genug davon. Wir sollten uns daher auf das Erlernen wirklicher Fremdsprache verlegen: Lernen Sie z.B. einmal Ungarisch! Ich werde im folgenden ziemlich viel italienisch sprechen, auch eine schöne Sprache.

Von den amerikanischen Wörtern aber handelt mein Vortrag nur indirekt, auch von unserem Englisch-Sprechen handelt er nicht direkt. Ich will eher versuchen, den historischen und anthropologischen Gründen nachzuspüren, die den ziemlich dramatischen Umwälzungen der europäischen Sprach-Kultur zugrundeliegen, die wir gerade erleben und die endlich auch in der deutschen Öffentlichkeit diskutiert werden. Ich spreche daher von Ruhm und coolness und Wahrheit, d.h. von dem was Menschen mit ihren sprachlichen Aktivitäten erreichen wollen. Darum geht es in der europäischen Diskussion, die im 16. Jahrhundert in Italien als „questione della lingua", als Frage nach der Sprache, begann und die immer noch auf der Tagesordnung steht, weil sie gar nicht abschließend beantwortet werden kann. Hinter Ruhm, coolness und Wahrheit verbergen sich nämlich zwei widerstreitende Auffassungen von Sprache, die Europa geprägt haben und die - da bin ich ziemlich sicher - ach, auch in Ihrer aller Brust wohnen. Es handelt sich dabei um eine Antinomie, wie die Tübinger Romanistin Brigitte Schlieben-Lange gesagt hat, also um die Existenz zweier gleichermaßen gültiger Wahrheiten über die Sprache, um die Antinomie der sprachlichen Vernunft. Da ist es, das ganz große Wort! Europäische Sprachkultur basiert auf dem Widerstreit der beiden Prinzipien - und auf dem Aushalten der sprachlichen Antinomie.

2. Bologna 1530 oder über Ruhm und coolness

Die beste Zusammenfassung jener Diskussion, der questione della lingua, vom Beginn des 16. Jahrhunderts findet sich in einem Dialog, der 1542 erscheint, dem *Dialogo delle lingue*, dem „Dialog über die Sprachen" von Sperone Speroni. Speroni fingiert einen Dialog mit historischen Personen, der 1530 in Bologna stattgefunden hätte.

Dort treffen sich: ein berühmter Humanist, der Professor der klassischen Sprachen, Lazaro Bonamico, sodann der Dichter Bembo, der über die Sprachenfrage eines der wichtigsten Werke verfaßt hatte, ein nicht namentlich genannter Höfling, der Cortegiano, und ein Scholar. Sie diskutieren, ob das Lateinische oder die Volkssprache die Sprache ihrer Kultur sein soll. Daß sie das überhaupt diskutieren, zeigt, daß eine Selbstverständlichkeit in die Krise geraten war, die Selbstverständlichkeit nämlich, daß die Universalsprache Latein in höheren Diskursuniversen verwendet wird, in der Dichtung, in der Gelehrsamkeit, in der höfischen transregionalen Konversation. Sie diskutieren sozusagen gerade das Gegenteil dessen, was uns heute bewegt, nämlich ob die Universalsprache Europas aufgegeben werden soll.

Der gelehrte Humanist preist natürlich das Lateinische. Er verdient ja schließlich sein Geld mit klassischer Gelehrsamkeit. Und zwar nicht zu knapp: 300 Goldscudi. Er bezieht ganz offensichtlich ein Spitzengehalt. Lazaro betrachtet das Lateinische im Grunde als die einzig mögliche Sprache für einen wirklich menschlichen Menschen. Das Lateinische ist ein Tabernakel, ein heiliges Gefäß, in dem die kostbarsten Erkenntnisse der Menschheit aufbewahrt sind. Die Volkssprache ist demgegenüber nur ein verachtenswertes Abfallprodukt: „quale la feccia al vino", die Volkssprache ist eine Fäkalie: feccia.

Bembo dagegen, der Dichter, besteht darauf, in der Volkssprache zu dichten. Volkstümlich allerdings soll sein Vulgare auch nicht gerade sein. Er will nämlich in einer ganz bestimmten Variante der Volkssprache schreiben: in der Sprache der großen Dichter der italienischen Tradition, Petrarcas und Boccaccios. Diese Dichtung hat für Bembo das Volgare auf das Niveau des Lateinischen angehoben, so daß er in dieser Sprache mit ebensolchem Recht schreiben darf, wie der Humanist in der Sprache eines Cicero, Vergil oder Horaz. Die Sprache seiner Kultur ist also eine Literatursprache, die damals immerhin schon zweihundert Jahre alt ist - also so weit entfernt wie die Sprache Goethes von uns.

Wenn sie auch über die Frage uneins sind, welche konkrete Sprache sie für ihre jeweilige sprachlichen Betätigung verwenden sollen, so teilen doch Lazaro und Bembo alle Grundüberzeugungen über die Sprache: Für beide ist die - lateinische bzw. toskanische - Sprache das Höchste, was ein Mensch wissen kann, ja sie ist das Kostbarste überhaupt auf der Welt. Gerade in der unglücklichen politischen Situation Italiens - die Franzosen und Kaiserlichen, die Barbaren, haben die politische Herrschaft in Italien erobert - zeige sich, daß die Kenntnis der Sprachen mehr wert sei als politische Macht. Die Barbaren hätten zwar die Herrschaft – signoria - über Städte und Länder, aber die Italiener hätten die Liebe und Kenntnis der Sprachen: „l'amore et la cognizione delle lingue". Die Kenntnis der Sprachen kompensiert für beide den Verlust der Macht. Die beiden überbieten sich geradezu in dieser Hinsicht. Die Kenntnis der Sprache sei mehr wert als die Herrschaft über die Markgrafschaft von Mantua sagt Bembo, „non lo cangerei al Marchesato di Mantova" . Und Lazaro stellt die lateinische Sprache eines Cicero sogar über die Weltherrschaft des Kaisers Augustus: „io la prepongo alla signoria del mondo", „ich ziehe sie der Herrschaft über die Welt vor". Nur noch die deutsche Bourgeoisie des 19. Jahrhunderts hat sich später so schön mit dem Besitz ihrer Bildung über die eigene Machtlosigkeit hinweggetröstet.

Da kann der junge Mann, der Höfling, der den beiden alten Männern zuhört, nur ungläubig staunen: Er findet diese humanistische Wertschätzung der Sprache völlig übertrieben. Er macht sich daher lustig über die Auffassung, daß die Kenntnis der Sprachen etwas Wichtigeres sei als die Macht. Der Besitz der Welt, die signoria del mondo, ist für ihn und seinesgleichen selbstverständlich besser als der Besitz der Sprache. Seine Mit-Aristokraten würden, so erkennt er messerscharf, jederzeit gänzlich auf die Sprache verzichten, sie würden jederzeit verstummen, wenn sie dafür signori sein dürften, wenn sie Macht bekommen könnten. Die Welt ist für den Hofmann aber nicht nur in *politischer*, sondern auch in *kognitiver* Hinsicht vorrangig: Wichtiger als die Kenntnis der Wörter sind für ihn auch die Sachen, über die gesprochen wird: „le cose descritte".

Dieser Vorrang der Welt und der Sachen vor den Wörtern hängt natürlich mit dem Beruf des Höflings zusammen. Das Sein bestimmt das Bewußtsein, wie einmal einer gesagt hat: Der Cortegiano ist der gesellschaftliche, der in einem weiten Sinne *politische* Mensch. Er will weder gelehrte Bücher schreiben, noch möchte er dichten. Er möchte reden, er ist ein berufsmäßiger Kommunikator. Hier handelt es sich natürlich um aristokratische Kommunikation und Geselligkeit, d.h. der Cortegiano muß reiten, tanzen, fechten, singen, und er muß mit den anderen signori, mit den anderen Aristokraten, gesellschaftlich verkehren, d.h. er muß Konversation treiben. Seine sprachliche Betätigung ist ganz auf die Wirkung auf andere ausgerichtet. Sprachtheoretisch dominiert in seiner Sprachtätigkeit die *pragmatische* Dimension, also die Beziehung zwischen den Sprechenden.

Da am Hof Aristokraten aus allen Gegenden Italiens sich treffen, schwebt ihm eine moderne, aus allen Dialekte Italiens sich speisende gemeinsame italienische Hof-Sprache vor, eine gesprochene koinè, die es noch nicht gibt, die „lingua cortigiana". Er möchte zu deren Erwerb keine mühsamen Studien betreiben, sondern seine höfische Sprache möchte er höfisch, d.h. spielerisch und lachend, leicht, ohne große Anstrengung im Umgang mit den anderen Höflingen erwerben, „non istudiando, ma giuocando e ridendo senza alcuna fatica".

Der Höfling vertritt gegen die beiden Humanisten die Position, die 1528 Baldassar Castiglione in seinem *Libro del Cortegiano* entwickelt hat. Man kann die Bedeutung dieses Schriftstellers kaum übertreiben: Castigliones Buch vom Hofmann ist eines der einflußreichsten Bücher der gesamten europäischen Kultur, bis heute. Er hat das Modell einer neuen säkularen und aristokratischen Kultur entworfen, das in der höfischen Kultur Frankreichs und in der Figur des englischen gentleman gesellschaftliche Realität werden sollte und das als Theorie einer Kultur des Performativen bis heute aktuell ist.

Der Cortegiano in Speronis Dialog repräsentiert nun sowohl in der Art und Weise, wie er es sagt, als auch in dem, was er sagt, die zentrale Eigenschaft, die ein Höfling nach Castiglione überhaupt haben muß: nämlich grazia, Anmut, bzw. – um den zentralen terminus technicus anzuführen: *sprezzatura*. Was ist sprezzatura? Sie ist auch schon bei Castiglione eigentlich nichts Neues, denn schon Cicero hatte dem Redner etwas Ähnliches empfohlen. Aber durch das neue Wort bekommt die Sache doch etwas Neues. Der Höfling zeichnet sich nach Castiglione in allem, was er tut, dadurch aus, daß sein Verhalten absolut natürlich wirkt, obwohl es sich hartem Training verdankt. Sein Reiten, Tanzen, Fechten, seine Konversation müssen mühelos erscheinen – senza fatica – (das haben wir im letzten Zitat schon gesehen: giuocando e ridendo senza fatica). Man darf die Kunst nicht sehen, die dem Können zugrundeliegt. Diese die Kunst verbergende Anmut nennt Castiglione sprezzatura.

Ein merkwürdiges Wort, das Castiglione ausdrücklich als Neologismus einführt. *Sprezzare* heißt eigentlich „verachten, nicht beachten". Sprezzatura heißt also „Verachtung, „Nicht-beachten". Gemeint ist damit: Nicht-Achten auf die eigene Handlung. Das ist aber natürlich nur dann möglich, wenn die Handlungsweise völlig sicher beherrscht wird. Kleist hat später dieses zentrale Moment der Anmut in seinem Aufsatz über das Marionettentheater wiederentdeckt: das Nicht-Achthaben auf das eigene Verhalten als Grundbedingung der Grazie.

Die Franzosen haben sprezzatura mit *nonchalance* übersetzt, in der deutschen Übersetzung des *Cortegiano* finde ich *Lässigkeit*. Das ist nicht schlecht, aber ich denke, die beste Übersetzung ins heutige Deutsch - Sie wissen es schon - wäre *coolness*. Coolness ist die grazia, die sprezzatura, die den modernen Höfling ausmacht. Kaufen Sie einmal ein life-style-magazin. Die zentrale Norm alles dessen, was den jungen Höflingen von heute vorgeschlagen wird, ist nichts anderes als sprezzatura. Es ist dieselbe die Kunst verbergende Anmut, grazia. Wegen der eingangs erwähnten Konnotationen muß sie natürlich ein neues, ein amerikanisches Wort haben: coolness

Als Gesellschaftsmensch, als homo politicus, sucht der Cortegiano eine Sprache der Konversation, also eine Sprech-Sprache, keine Schreibsprache. Er will aber keinen lokalen Dialekt, keine Sprache der Nähe, sondern eine Sprache mit größerer Reichweite, eine Sprache mit *telekommunikativem Potential*: eine Sprache der Nähe für Distanzierte, für Leute aus der Ferne. Der geographische Rahmen der höfischen Sprache ist daher nicht irgendeine begrenzte Region Italiens, sondern der größere Raum der Volkssprache, also Italien, die *Nation* in einem modernen Sinn. Wörter aus allen Regionen sollen aufgenommen werden, das Prinzip der *Mischung* ist also für diese Sprache grundlegend. Auch coole Wörter aus der Fremde sind willkommen, die Mischung geht über die Grenzen des Italienischen hinaus. Castiglione vertritt ausdrücklich das Prinzip, von dem ich eingangs gesprochen habe: das Prinzip des Ausborgens von coolness durch Entlehnung aus fremden Sprachen: Die siegreichen Franzosen und Spanier haben Wörter, die die Höflinge ohne weiteres übernehmen sollen.

Coolness – und nun spreche ich doch über die amerikanischen Wörter - ist auch heute das entscheidende Motiv für die Entlehnungen aus dem siegreichen Amerikanischen. In der Werbung wird dies derzeit auf die Spitze getrieben. So sehr, daß es schon nicht mehr cool ist. Das Problem von coolness ist nämlich, das rechte Maß zu finden. Auch das hat Castiglione genau gesehen: Wenn man zu cool sein will, wenn man zu sehr zeigen will, was man in der großen weiten Welt gelernt hat, schlägt die coolness um in Affektiertheit. *Affettazione* ist der Verlust der Grazie durch Übertreibung der sprezzatura. Die Werbung verhält sich wie jene lombardischen Landsleute, die Castiglione als affektierte Laffen kritisiert, die „wenn sie ein Jahr außer Haus gewesen sind, nach der Rückkehr plötzlich römisch oder spanisch oder französische oder weiß Gott wie zu sprechen beginnen". Das ist aber ein vizio odiosissimo, verächtliches Fehlverhalten. Peinlich. Total uncool.

Um nun auf die Gegenspieler des Höflings zurückzukommen und auf die humanistische Übertreibung des Sprachlichen, so verdankt sich natürlich auch diese den beruflichen Tätigkeiten der Akteure: Sie sind beide professionelle Schreiber, der Buch-Gelehrte und der Dichter, Leute, die sich den ganzen Tag lang mit sprachlichen Gegenständen beschäftigen. Ihre Aufgabe ist es, das überlieferte Textkorpus weiter zu tradieren und weiterzuschreiben. Sie betreiben *coltura della lingua* - „Kultur der Sprache", hier noch im ganz etymologischen Sinne von Anbau und gärtnerischer Pflege der Sprache. Das Ziel dieser gärtnerischen Bemühungen ist eleganzia. *Elegantiae linguae latinae* heißt das Buch von Lorenzo Valla, ein zentrales Buch des Humanismus. Ihre Aufmerksamkeit geht also weder auf die Welt in Gestalt des Kommunikationspartners, noch auf die Sachen. Sprachtheoretisch ist ihr Fokus weder pragmatisch noch referentiell. Ihr Fokus sind *die Texte selbst*, das *Sprachliche* gleichsam losgelöst von der Welt. Das Korpus der großen Texte - Cicero, Vergil, Horaz bzw. Petrarca, Boccaccio - ist in der ganzen Welt bekannt und durch die Jahrhunderte sanktioniert, es ist „berühmt". Ruhm, *gloria, fama*, ist zeitliche Permanenz und räumliche Universalität. Durch das Weiterschreiben dieses gloriosen Korpus wird auch der Dichter fama oder gloria erringen. Er möchte „durch die Hände und Münder der

Leute von Welt gehen", „andar per le mani e le bocche delle persone del mondo". Das heißt, er möchte sich in ein Buch verwandeln: Unsterblichkeit, Aufhebung der Zeit durch die geschriebenen Werke ist das Ziel, das Sich-Verewigen durch Ruhm: „il farsi eterno per fama", Weiterleben im Gedächtnis der Menschen: „vivere nella memoria degli uomini". Um das zu erreichen, muß man sich aber in die Studierstube zurückziehen, der Welt absterben, nicht am Hofe herumspielen: „giocando e ridendo". Der Hofmann mit seiner gesprochenen modernen Sprache kann daher nicht berühmt werden, sondern er kann nur graziös sein, „piuttosto grazioso che glorioso".

Mit diesem Gegensatz endet der Dialog der Sprachen: Ruhm gegen Grazie, sprezzatura, coolness. Die Opposition zwischen dem Permanenten und dem Performativen ist die Hauptachse des Streits der kulturellen Modelle, um die es hier geht. Doch der Dialog enthält noch eine weitere Opposition, die für die europäische Sprach-Kultur vielleicht von noch größerer Bedeutung ist, nämlich die von Ruhm und Wahrheit, von gloria und verità.

3. Bologna 1522 oder über Ruhm und Wahrheit

Bevor der Streit zwischem dem Höfling und den beiden Humanisten endet, fordert der Höfling nämlich noch den bisher schweigenden Studenten, den Scolare, auf, ihm zur Hilfe zu kommen. Der Scholar sagt, er selber könne nichts beitragen, aber er wolle über einen Disput berichten, den sein Lehrer Pomponazzi mit dem berühmten griechischen Gelehrten Lascaris über dieselbe Frage gehabt habe, ebenfalls in Bologna, im Jahr 1522 oder 23. Dieses Gespräch zwischen Pomponazzi und Lascari verschärft und überbietet die beiden bisher schon vertretenen Positionen. Vor allem aber bringt es die Opposition zwischen den Humanisten und den Anderen auf den sprachtheoretischen Punkt.

Mit Pomponazzi tritt ein neuer soziokultureller Typ auf, nämlich der Naturphilosoph, bzw. der moderne Wissenschaftler. Pomponazzi repräsentiert die keimende Neue Wissenschaft, die ihr Wissen nicht aus den Büchern, sondern aus der Erforschung der Sachen selbst bezieht. In der Opposition zwischen dem humanistischen Gelehrten und dem neuen Gelehrtentyp, inszeniert Speroni den Streit der beiden Kulturen Jahrhunderte vor Snow. Vehement protestiert der Neue Wissenschaftler gegen den Zeitverlust durch das elende Sprachenlernen, mit dem die besten Jugendjahre vergeudet und nur niedrige Verstandeskräfte angesprochen würden; nämlich nur die memoria, das Gedächtnis. Stattdessen sollte das *ingegno* gefördert werden, der kreative Geist.

Der Fokus der ingeniösen Tätigkeit des Wissenschaftlers sind die *Sachen*. Es geht einzig um die Erkenntnis der Sachen, die cognizione delle cose. Die Funktion der Sprache ist hierbei allein die Referenz, bzw. das richtige Bezeichnen der Sachen, die *Wahrheit*, und die Mitteilung der Wahrheit. Pomponazzi wird nicht müde zu betonen, daß es nur eine Welt und nur ein Wissen von der Welt gebe, daß die Natur und das Wissen von der Natur überall dasselbe seien. Demgegenüber sei es völlig gleichgültig, in welcher Sprache man die Wahrheit mitteile: „Ein einziger Weg der Vernunft kann zur Erkenntnis der Wahrheit führen, in irgendeiner Sprache", „sola una via di ragione in qualunche linguaggio può condurre alla cognizion della verità". In jeder Sprache könne über alles gesprochen werden, jede Sprache habe denselben Wert: lo medesmo valore:

Ich bin fest davon überzeugt, daß die Sprachen aller Länder, die arabische wie die indische, die römische wie die attische, denselben Wert haben und von den Menschen mit ein und derselben Urteilskraft zu ein und demselben Zweck geschaffen worden sind. [...] Wir benutzen sie als Zeugnisse unseres Geistes und zur gegenseitigen Bezeichnung der Begriffe unseres Verstandes.

Damit aber - und das interessiert mich hier besonders - liefert Pomponazzi im Namen der Wahrheit auch die Theorie, die zu seiner Auffassung paßt, nämlich die urklassische Auffassung von Aristoteles:

Ich möchte lieber an Aristoteles und an die Wahrheit glauben, daß keine Sprache der Welt, es sei welche man immer will, von sich aus das Privileg haben kann, die Begriffe unseres Geistes zu bezeichnen, sondern daß alles in der Willkür der Menschen liegt. Wer daher über Philosophie mit Mantuanischen oder Mailänder Worten sprechen möchte, dem kann das mit keinem guten Grund verboten werden, wenn man ihm nicht das Philosophieren und das Verstehen der Ursachen der Dinge überhaupt verbieten will.

Dabei macht es ihm natürlich eine besondere Freude, daß er mit Aristoteles gegen den griechischen Humanisten argumentieren kann, der gerade über seine Unkenntnis des Griechischen das humanistische Näschen gerümpft hatte. Aristoteles und die Wahrheit - Höheres kann man gar nicht anrufen. Und Aristoteles sagt in *De interpretatione*, jedenfalls nach einer weit verbreiteten Auffassung dieses Textes, folgendes hinsichtlich der Sprache: Das Denken bildet abbildliche Vorstellungen von den Sachen (pragmata, res): pathemata tes psyches, die als conceptus in der lateinischen Tradition erscheinen. Die Kognition ist sprachunabhängig und bei allen Menschen gleich. Da die Menschen aber gesellschaftliche Wesen sind, wollen sie das Gedachte den anderen mitteilen. Zur Kommunikation verwenden Menschen Zeichen (semeia), bei der Sprache sind das Laute: vox (ta en te phone). Die Laute, die Wörter, sind von Gemeinschaft zu Gemeinschaft verschieden. Sie sind materielle Zeichen, die „willkürlich", ad placitum (kata syntheken), mit den Gedanken verbunden sind. Sprachen sind also Ensembles von Lauten, die dem Denken gegenüber indifferent sind. Man kann mit jeder Sprache die bei allen Menschen gleichen Gedanken bezeichnen und mitteilen.

Es geht Pomponazzi so sehr um die Wahrheit, daß ihm der Ruhm völlig gleichgültig ist: Es ist ihm gleichgültig, ob die Leute von jenseits der Berge, die oltramontani, etwas von ihm lesen. Vom Ruhm in der Zeit, von der Permanenz, von der Ewigkeit, ist bei Pomponazzi sowieso nicht die Rede. Das Forschen ist offensichtlich etwas gänzlich Performatives, ein Prozess. Neben der Wahrheit wird daher natürlich der Fortschritt des Wissens beschworen. Auch höfische Anmut, *sprachliche* Performativität, sprezzatura, coolness also, spielt keine Rolle. Da ihm die Sprache *völlig* gleichgültig ist - das war sie ja beim Cortegiano nicht - ist er durchaus auch mit der Sprache des niederen Volkes - della plebe - zufrieden. Wissenschaft und Wahrheit sind demokratisch.

Bei aller Indifferenz der Sprache bedauert es der Neue Wissenschaftler allerdings doch, daß es nicht nur eine Sprache gibt. Schön wäre das gewesen, so wie es nur eine Welt und eine Wahrheit gibt, auch nur eine Sprache zu haben, wie im Paradies. Die Sehnsucht nach dem Garten Eden und der Sprache Adams gehört immer dazu, zur Einheit der Wissenschaft.

Pomponazzi ist - das ist klar - unser Mann, der Mann der modernen (Natur-)Wissenschaften: einzig der Erforschung der Sachen verpflichtet. Das Erforschte, die Wahrheit, wird dann bezeichnet und mitgeteilt - in irgendeiner Sprache, „in qualunque linguaggio". Basta!

Aber: Im Kontrast zu dieser Auffassung von der Sprache als nachgeordnetem Kommunikationsmittel wird nun umgekehrt auch sprachtheoretisch deutlich, warum die Humanisten so auf ihren Sprachen insistieren. Die Sprachen sind ihnen nämlich nicht nur deswegen so kostbar, weil sie ihnen ewigen Ruhm - fama e gloria - ermöglichen, sondern auch, weil sie eben nicht nur gleich-gültige Laute sind: Das Denken ist, so erkennen die Humanisten, nicht unabhängig von der Sprache, sondern es hängt unauflöslich mit der Sprache zusammen. Die Sprache ist nach Lascari nämlich das Licht, das auf die Sachen fällt:

Wie das Licht für die Farben, so ist die Sprache für die Wissenschaften: ohne ihr Licht würde unser menschlicher Verstand nichts sehen, sondern wir würden in einer endlosen Nacht des Unwissens schlafen.

Ohne das Licht der Sprache wäre das Denken blind. Sprache ist konstitutiver Teil des Denkens und damit umgekehrt: Das Denken ist schon Teil der Sprache, conceptus gehört schon zur Sprache. Vox ist also nicht nur zum Zweck der Mitteilung mit dem conceptus locker verknüpft, sondern vox und conceptus bilden eine Einheit, die *zusammengenommen* der Sache - res - gegenübersteht und diese erhellt. Da die Sprache aber nicht als Sprache überhaupt auftritt, sondern in Form von verschiedenen historischen Sprachen, ist das Licht von Sprache zu Sprache verschieden: „Diverse lingue sono atte a significare diversi concetti", sagt Lascaris, „verschiedene Sprachen können verschiedene Konzepte bedeuten". Die Welt - res - wird von verschiedenen Wörtern verschieden beleuchtet.

Natürlich meinen die Humanisten, daß nur die kostbaren Sprachen Latein und Griechisch wertvolles Denken enthalten, die Volkssprachen sind ja nur Fäkalien dieser edlen Wesen: „quale la feccia al vino". Aber die humanistische Überzeugung, daß die Sprachen das Licht des Denkens sind, wird sich vom Lateinischen und Griechischen lösen und bald für alle Sprachen gelten. Was hier bei Speroni als alter Hut alter Männer erscheint, wird sich als ziemlich modern erweisen. Es ist in Wirklichkeit auch die modernere Auffassung. Die Humanisten hatten hier nämlich gegenüber dem traditionellen europäischen Aristotelismus (der der sprachphilosophische alte Hut ist) gerade etwas Neues entdeckt, nämlich daß die Sprachen nicht nur lautlich, sondern auch semantisch, inhaltlich verschieden sind. Und Europa wird zunehmend in vielen Zungen schreiben und merken, daß dies durchaus nicht gleichgültig ist. Vor allem wird Europa in der Begegnung mit Amerika wirklicher sprachlicher Alterität begegnen und in den amerikanischen Sprachen dramatisch unterschiedliches Denken entdecken, verschiedene Weltansichten, wie Humboldt das nennen wird.

4. Antinomie der sprachlichen Vernunft

Die Opposition dieser beiden Sprachauffassungen ist das, was ich am Anfang etwas melodramatisch die „Antinomie der sprachlichen Vernunft" genannt habe. Es ist eine Antinomie, weil beide Auffassungen richtig sind. Sprache ist einerseits die Art und Weise, wie wir uns die Welt kognitiv aneignen, eine historisch partikulare, von unserer jeweiligen Sprache gefärbte Weltansicht. Die kognitiven Wissenschaften verhandeln gerade noch, wie groß dabei der einzelsprachliche und wie groß der universelle Anteil ist. Das jeweilige Sosein der Sprache gibt uns Identität, Halt, Heimat, Wärme. Und die Diversität der Sprachen zeigt, daß man die Welt auch anders sehen kann. Deswegen ist es so wichtig, daß jeder Mensch eine andere Sprache lernt, nicht um sich überall auf dem Globus eine Pizza zu bestellen - das ist auch schön -, sondern um die Welt einmal anders zu sehen.

Andererseits streben wir zu den Sachen. „Immer in Objecten lebend, webend und handelnd", wie Humboldt in diesem Zusammenhang einmal gesagt hat (VI: 119), lassen wir in unserem Forschen und Handeln die Sprache hinter uns. Die Sprache wird dann zum arbiträren Zeichen für sprachunabhängige Vorgänge und Sachen. Die Wissenschaft ist gewissermaßen die extreme Form dieser notwendigen Sprachvergessenheit. Sie will über die Sprache hinaus zu den Sachen. Das wollte schon Platon so, und der wissenschaftliche Geist Europas hat das immer so gesehen: „Ist es nicht besser", fragt Sokrates in Platons *Kratylos*, wenn wir die Dinge direkt betrachten, als wenn wir uns mit den Wörtern, diesen unsicheren Abbildern der Dinge, abgeben?" „Phainetai, o Sokrates", stimmt Kratylos zu.

Seit der Renaissance bestimmt die Dualität diese beiden Sprachauffassungen die europäische Sprach-Kultur. Ich möchte drei Momente in der Geschichte dieser Dualität hervorheben:

Einerseits bleiben die beiden Sprach-Modelle weitgehend mit den jeweiligen *Typen von Handelnden* verbunden: Dichter und Gelehrte, d.h. Buchgelehrte, philologische und historische Gelehrte, halten dem humanistischen Sprach-Modell die Treue. Die Männer und Frauen der Tat oder der action - Höflinge und Wissenschaftler - achten die Sprache geringer und finden sie prinzipiell eher von sekundärer Wichtigkeit.

Andererseits werden im Verlauf der Zeit nicht immer dieselben Konsequenzen hinsichtlich der *konkreten Sprachwahl* gezogen. Unsere vier Sprecher-Typen verhalten sich in grober Vereinfachung folgendermaßen:

Die Dichter haben - bis auf die humanistische Unterbrechung - sowieso in ihren jeweiligen Volkssprachen gedichtet. Sie bleiben dabei.

Die Gelehrsamkeit wendet sich mit der Reformation, mit der nationalstaatlichen Organisation Europas und mit den Interessen des neuen Mediums, des Buchdrucks, langsam vom Lateinischen ab und entdeckt die Nationalsprachen als die geeigneteren Gefäße ihrer Tätigkeit. In Frankreich geschieht dies rascher als im Reich. Aber die Gelehrten schreiben natürlich auch in ihren nationalen Sprachen das große Textkorpus Europas weiter, sie sind daher niemals einsprachig.

Die Höflinge, die öffentlichen Sprecher, werden in der Tat nationale höfische Sprachen entwickeln. Es muß aber nicht unbedingt, so wie bei Castiglione und wie dann tatsächlich in Deutschland, eine nationale Ausgleichssprache und Misch-Sprache sein. Es kann sich auch wie in Frankreich eine sozial und regional sehr begrenzte Varietät als lingua cortigiana durchsetzen. Die Höflinge vieler europäischer Länder finden dann allerdings den französischen Hof so cool, daß sie das Französische als ihre Hofsprache wählen. Dann aber gehen auch sie zur Nationalsprache über. Die Cortegiani, die Gesellschaftsmenschen Europas, sind aber immer zwei- oder mehrsprachig gewesen. Sobald ihnen der Hof der Nation nicht mehr genügt, gehen sie - die signori del mondo, die Masters of the Universe - zu einer Sprache mit größerer telekommunikativer Tragweite über. Bank und Business – der Global Court – sprechen und schreiben Global English. Aber eben auch nicht nur: Die Notwendigkeit effizienter Kommunikation befördert eine große sprachliche Beweglichkeit.

Die Natur-Wissenschaftler sind vielleicht am interessantesten hinsichtlich ihrer Sprachwahl. Obwohl sie – nicht nur bei Speroni - so lebhaft die völlige Indifferenz der Sprache angesichts der Sachen behaupten, sind sie mitnichten den Weg Pomponazzis gegangen: Keiner hat auf Mantuanisch oder Mailändisch Wissenschaft betrieben, in der Sprache dialektaler Nähe. Bei aller Liebe zur Wahrheit, war ihnen doch der Ruhm nicht gleichgültig - oder die Verbreitung der Wahrheit, die Telekommunikation. Daher haben sie zunächst durchaus weiter Lateinisch geschrieben, damit die Leute hinter den Bergen sie auch verstehen konnten. Dann sind sie aber doch zur (nationalen) Volkssprache übergegangen. Galilei ist das klassische Beispiel hierfür. Auch die Berliner Akademie ging gerade unter dem Druck der Naturwissenschaftler um 1800 vom Französischen und Lateinischen zum Deutschen über. Schließlich aber haben sie doch wieder eine internationale Sprache verwendet. Da einzig die Kenntnis der Sachen zählt, die cognizione delle cose, und da in jeder Sprache über die Wissenschaft gesprochen werden kann - in qualunque linguaggio -, kann man ja auch die mit dem höchsten impact factor wählen: Das ist nicht das Mantuanische, wie wir alle wissen, aber auch nicht das Ungarische, und das Deutsche ist es auch nicht mehr.

Angesichts der Tatsache, daß business und Wissenschaft die bestimmenden Kräfte unserer

Zeit sind, nicht die Dichtung und die geisteswissenschaftliche Gelehrsamkeit, tendiert damit natürlich unsere Epoche insgesamt zum aristotelischen Modell und zu der mit diesem verbundenen Haltung gegenüber der Sprache: Das Wort ist ein arbiträres Zeichen, ein Instrument, mit dem effizient bezeichnet und kommuniziert werden soll. Punkt. Das hat natürlich erhebliche Konsequenzen für die Sprachkultur.

Drittens steht der von Speroni inszenierte Disput am Anfang eines jahrhundertelangen philosophischen *Streits* zwischen der humanistischen und der aristotelischen Sprachauffassung. Knapp hundert Jahre nach Speroni treten die beiden Konzeptionen in harten Konflikt miteinander, und zwar in der Wissenschaft, also dort, wo es um die Wahrheit geht: Die Wissenschaftler merken nämlich, daß es doch nicht so ganz problemlos aristotelisch zugeht, wie sie sich das vorgestellt haben. Was ist geschehen? Die Volkssprachen werden, wie ich gerade gesagt habe, zunehmend auch in der Wissenschaft verwendet, das universelle Latein verliert seine exklusive Stellung. Und die Wissenschaftler merken, daß die verschiedenen Sprachen partikulare Semantiken enthalten - „diverse lingue significano diversi concetti" - und daß diese durchaus einen Einfluß auf das Denken haben. Und der ist nun den Wissenschaftlern außerordentlich unwillkommen. Diese Klage hat Bacon im *Neuen Organon* klassisch formuliert. Die Wörter enthalten, wie Bacon sagt, *idola fori*, Vorurteile des Marktes oder des gemeinen Volkes, die bei der Wissenschaft stören. Das - natürlich dumme - Volk teilt nämlich die Welt in ganz unwissenschaftliche Segmente ein, „per lineas vulgari intellectui maxime conspicuas res secant", und diese unwissenschaftlichen Vorstellungen wirken auf das Denken ein - „vis verborum supra intellectum" - oder behindern das Denken: „verba obstrepunt". Die Wörter brüllen gleichsam gegen die Wahrheit an. Dieses falsche Denken gilt es, im Namen der Wissenschaft und der Wahrheit zu eliminieren. Das läßt sich natürlich am besten durch die Etablierung einer einzigen Sprache der Wissenschaft, durch die Wiederrichtung des Paradieses mit seiner Einheitsprache erreichen.

Was Lascari als Licht der Erkenntnis gefeiert hatte, kritisiert die Neue Wissenschaft als „Nebel vor unseren Augen", „a mist before our eyes", wie Locke sagt.

Keine Angst vor diesem Nebel hat allerdings Leibniz, dessen Geburtstag wir ja mit der heutigen Festveranstaltung feiern: Er antwortet auf die von Bacon inganggesetzte Verdächtigung der Sprachen, die Locke weitergeführt hatte, mit einer radikal humanistischen Neu-Bewertung des beklagten störenden semantischen Potentials der Sprachen der Welt. Leibniz bewertet in den *Nouveaux Essais* die in den Sprachen enthaltenen verschiedenen Semantiken nicht als unwissenschaftliche Vorurteile, sondern als *Kenntnisse*: connaissances. Die verschiedenen Wörter der verschiedenen Sprachen der Welt enthalten für Leibniz Kenntnisse der Sachen, „connaissances des choses", und Wissen über unseren Geist und über die wunderbaren Vielfalt der Operationen unseres Geistes, „connaissance de notre esprit et de la merveilleuse variété de ses opérations". Die Sprachen sind der beste Spiegel des menschlichen Geistes, „les langues sont le meilleur miroir de l'esprit humain". Deswegen entwirft er das Projekt einer allgemeinen vergleichenden Sprachwissenschaft, d. h. deswegen sind alle Sprachen der Welt in Wörterbücher und Grammatiken fassen und zu vergleichen: „On enregistrera avec le temps et mettra en dictionnaires et grammaires toutes les langues de l'univers, et on les comparera entre elles". Die humanistische Einsicht in die semantische Einzigartigkeit der Sprachen verwandelt sich in das Projekt der Sprachwissenschaft als einer Erforschung des menschlichen Geistes. Merkwürdig, daß Leibniz immer nur als Theoretiker der Einheitssprache angesehen wird (der er auch war), während sein Enthusiasmus für die Vielfalt der menschlichen Sprachen kaum gewürdigt wird.

Herder hat diesen Leibnizschen Gedanken ins Zentrum seines Sprachdenkens gerückt. In seiner für diese Akademie geschriebene Abhandlung vom Ursprung der Sprache ruft er aus:

„Aber Worte selbst, Sinn, Seele der Sprache - welch ein unendliches Feld von Verschiedenheiten". Und wenn Wilhelm von Humboldt seine erste Rede vor dieser Akademie hält, am Leibniztag, am 29. Juni 1820, den Vortrag über das Vergleichende Sprachstudium, dann wird er genau diesen Leibnizschen Gedanken der Begründung seines Projekts eines Vergleichenden Sprachstudiums zugrundelegen. Die Verschiedenheit der Sprachen ist nämlich für ihn keine nur von „Schällen und Zeichen", also keine bloß materielle, wie es das aristotelische Zeichenmodell nahelegt, sondern eine Verschiedenheit von „Weltansichten". Und gerade das macht - wie bei Leibniz - überhaupt Sinn und Zweck der Erforschung der Sprachen aus. Die Sprachen sind der „menschliche Geist" in der wunderbaren Vielfalt seiner Operationen.

Wie der Streit zwischen den Sprachkonzeptionen *politisch* brisant wird, kann man an der Sprachpolitik der Französischen Revolution sehen. Die Revolutionäre sind Wissenschaftler, also Kinder von Bacon, die das Baconsche Projekt einer Neuen Wissenschaft in das Projekt einer vernünftigen Umgestaltung der politischen Welt transportieren: Um die Welt den Prinzipien rationalen Denkens, der Wissenschaft, der Wahrheit also, anzupassen, bekämpfen sie leidenschaftlich die vielen Sprachen, die in Frankreich gesprochen wurden, als Herde konterrevolutionärer Vorurteile. Die Prinzipien der Wahrheit und Wissenschaft sind einzig in der Sprache der Aufklärung enthalten, also im Französischen, das aber eigentlich auch nicht mehr französisch ist, sondern die universelle Sprache der Wahrheit, die lingua adamica des Neuen Paradieses.

Aber auch die humanistische oder Leibniz-Humboldtsche Einsicht in die kostbare Partikularität jeder einzelnen menschlichen Sprachen kennt ihre politische Perververtierung im Nationalismus. Die verschiedenen Nationalismen setzen die individuelle Kostbarkeit der eigenen Sprache so absolut, daß keine Gemeinsamkeit zu den Menschen mit anderen Sprachen mehr übrig bleibt. Der Nationalismus pervertiert den amore della lingua, die Liebe zur eigenen Sprache, zum Haß auf die fremden Sprachen.

5. Sprachkultur - cool

Aber diese politischen Pervertierungen zeigen nicht, daß die beiden Konzeptionen falsch sind, sondern nur, daß die Einseitigkeit falsch ist und daß man beide Positionen gleichzeitig offenhalten muß. Die Frage der Sprache, die questione della lingua, darf gerade nicht beantwortet werden. Oder: die Antinomie muß ausgehalten werden und darf nicht auf eine Position verkürzt werden.

Humboldt hat diese von mir hier als Antinomie verstandene doppelte Wahrheit über die Sprache in seiner Rede vom Leibniztag vor 181 Jahren als Unterscheidung zweier Gebrauchsweisen der Sprache gefaßt. Er unterscheidet einen Gebrauch der Sprache *als Zeichen* von einem Gebrauch der Sprache *als Sprache*. Den ersten nennt er „wissenschaftlichen Sprachgebrauch" oder „Sprache der Geschäfte", den zweiten „rednerisch" oder die „Sprache des Lebens in seinen natürlichen Verhältnissen". Zum rednerischen Sprachgebrauch, also der Verwendung der Sprache als Sprache, sagt er dann:

„bei jeder Erkenntniss, welche die *ungetheilten Kräfte des Menschen* fordert, tritt der rednerische [Gebrauch] ein. Von dieser Art der Erkenntniss fliesst gerade auf alle übrigen erst *Licht und Wärme* über; nur auf ihr beruht das Fortschreiten in *allgemeiner geistiger Bildung*, und eine Nation, welche nicht den Mittelpunkt der ihrigen in *Poesie, Philosophie und Geschichte*, die dieser Erkenntniss angehören, sucht und findet, entbehrt bald der wohlthätigen Rückwirkung der Sprache, weil sie, durch ihre eigne Schuld, sie nicht mehr mit dem Stoffe nährt, der allein ihr *Jugend und Kraft, Glanz und Schönheit* erhalten kann." (IV: 30, meine Hervorhebung)

Also: daß Sprache als Zeichen - willkürlich - gebraucht wird, ist unumgänglich in der Wissenschaft und bei den Geschäften: im business language. Aber gerade weil diese Art von Sprache und diese Auffassung von der Sprache so dominant sind in unserer Welt, muß die andere besonders gefördert werden, die coltura della lingua. Der rednerische Sprachgebrauch rückt nämlich die Gesamtökonomie des menschlichen Gemütshaushaltes wieder zurecht, er gibt „Licht und Wärme", wo nur referentielle Richtigkeit und kommunikative Effizienz herrschen und wo die coolness zur Kälte zu werden droht.

Und einen interpretatorischen Purzelbaum zum Schluß: Der rednerische Sprachgebrauch gibt der Sprache „Jugend und Kraft, Glanz und Schönheit". Kann man nicht „Jugend und Kraft, Glanz und Schönheit" mit „coolness" übersetzen? Das würde bedeuten, daß der rednerische Sprachgebrauch, die coltura della lingua, nicht nur „die allgemeine geistige Bildung" befördert - das ist zwar wunderbar, aber es klingt ja ein bißchen altbacken - sondern daß er auch noch cool ist.

Die Autoren

Bergsdorf, Wolfgang, Dr. habil., Politische Wissenschaft, Präsident der Universität Erfurt

Blühm, Reimund, Dr. theol., Professor (em.), ev. Theologie (Praktische Theologie), Kirchliche Hochschule Wuppertal

Braun, Johann, Dr. iur., Univ.-Professor, Zivilprozeßrecht, Bürgerliches Recht und Rechtsphilosophie, Universität Passau

Chargaff, Erwin, Dr. phil., Dr. phil., h.c., Universität Basel, Honorarprofessor der Universität Wien, Sc.D., Columbia University New York, Universitätsprofessor für Biochemie an der Columbia-Universität in New York (emeritiert)

O'Donovan, Leo J, S.J., Dr. theol., Kath. Theologie, Professor, Präsident der Georgetown-University Washington D.C. bis 2001

Duddeck, Heinz, Dr.-Ing., Dr.-Ing. E.h., Univ.-Professor, Technische Universität Braunschweig, Institut für Statik

Frühwald, Wolfgang, Dr. phil., Dr. h.c. mult., Univ.-Professor, Universität München, Neuere Deutsche Literaturwissenschaft, Präsident der Alexander von Humboldt-Stiftung

Funke, Joachim, Dr., Univ.-Professor, Lehrstuhl für Allgemeine und Theoretische Psychologie an der Ruprecht-Karls-Universität Heidelberg

Kocka, Jürgen, Dr. phil., Dr. h.c. mult., Univ.-Professor, Geschichts- und Kulturwissenschaften, Geschichte der industriellen Welt, Freie Universität Berlin

Konrad, Ulrich, Dr. phil., Univ.-Professor, Musikwissenschaft, Universität Würzburg, Leibniz-Preisträger 2001

Korte, Bernhard, Dr. rer.nat., Dr. h.c., Univ.-Professor, Rheinische Friedrich-Wilhelms-Universität Bonn, Forschungsinstitut für Diskrete Mathematik

Oelkers, Jürgen, Dr. phil., Univ.-Professor, Allgemeine Pädagogik, Universität Zürich

Possemeyer, Ines, Wissenschaftsredakteurin bei der Zeitschrift GEO, Trägerin des Heureka-Journalistenpreises (1999), des Medienpreises „Im Zentrum der Mensch" des Deutschen Hygiene-Museums Dresden (2000) und des Preises der RWTH-Aachen Wissenschaftsjournalismus 2001

Singer, Wolf, Dr. med., Univ.-Professor, Hirnforschung, Max-Planck-Gesellschaft

Schuller, Alexander, Dr. phil., Univ.-Professor, Freie Universität Berlin

Strohschneider, Stefan, Dr. phil., Privatdozent, Kognitive Psychologie, Kulturvergleichende Psychologie, Otto-Friedrich-Universität Bamberg

Trabant, Jürgen, Dr. phil., Univ.-Professor, Romanistik, Freie Universität Berlin

Quellennachweis

Bergsdorf, Wolfgang: *Im Spannungsfeld zwischen Wissenschaft und Öffentlichkeit: Die Informationsgesellschaft und ihr wachsender Ethikbedarf*
   Eichstätter Universitätsreden 106, Wolznach: Kastner 2001

Blühm, Reimund: *Die Bedeutung der geschichtlichen Erfahrungen für die Einstellung der Menschen in der ehemaligen DDR zur deutschen Nation*
   Originalbeitrag, Erstveröffentlichung

Braun, Johann: *Gleichgeschlechtliche Partnerschaft und Ehe – Reflexionen über den Sinn einer überkommenen Institution*
   Aus: Zeitschrift für Rechtspolitik (ZRP), 2001 Heft 01

Chargaff, Erwin: *Es ist schon viel zuviel geschehen: Ein Interview mit Erwin Chargaff zur Bundestagsdebatte über Gentechnik und Biomedizin*
   Aus: Frankfurter Allgemeine Zeitung, 3. Juni 2001

O'Donovan, Leo J.: *Tempi – Bildung im Zeitalter der Beschleunigung*
   Vortrag gehalten auf dem Bildungskongreß der Deutschen Bischofskonferenz und der Evangelischen Kirche Deutschlands am 16. November 2000 in Berlin

Duddeck, Heinz: *Macht Wissenschaft glücklich? Wie Wissenschaft den Menschen kränkt, und wie sie dennoch zur Heiterkeit des Geistes beiträgt*
   Vortrag, gehalten beim Neujahrsempfang der Braunschweigischen Wissenschaftlichen Gesellschaft, 12. Januar 2001

Frühwald, Wolfgang: *„Die Trübsal am Rande der posthumanen Wüsten". Zum Menschenbild in der modernen Literatur*
Gerda Henkel Vorlesung am 22. Juni 2001 im Trinkhaus-Auditorium in der Kunstsammlung Nordrhein-Westfalen in Düsseldorf

Funke, Joachim: *Kreativität als Interaktionsprozeß: Zur Psychologie der Kreativität.*
Aus: Forschung & Lehre 5/2001, Seite 246-249

Kocka, Jürgen: *Thesen zur Geschichte und Zukunft der Arbeit*
Aus: Politik und Zeitgeschichte, B21/2001, Seite 8-13

Konrad, Ulrich: *ars - MUSICA - scientia: Gedanken zu Geschichte und Gegenwart einer Kunst und ihrer Wissenschaft*
Text des beim Stiftungsfest der Universität Würzburg am 11. Mai 2001 in der Neubaukirche gehaltenen Vortrags

Korte, Bernhard: *Niemals etwas Nützliches getan oder Die Liebe zur Sondermarke*
Aus: Frankfurter Allgemeine Zeitung, 30. Januar 2001

Oelkers, Jürgen: *Wo bleibt das humanistische Bildungsideal?*
Beitrag aus: Deutsche Fragen: Symposion des Bundesverbandes deutscher Banken und der Technischen Universität Dresden, Seite 51-60

Possemeyer, Ines: *Partnerschaft: Was abgeht, wenn`s abgeht*
Aus: GEO Wissen 26/2000, Seite 30- 41

Schuller, Alexander: *Hellas in der Doppelhaushälfte*
Aus: Frankfurter Allgemeine Zeitung, 3. Juli 2001

Singer, Wolf: *Gedanken zum 11. September 2001*
Aus: Frankfurter Allgemeine Zeitung, 5. Oktober 2001

Strohschneider, Stefan: *Denken Inder anders? Über die Kulturabhängigkeit strategischen Denkens*
Aus: Forschung & Lehre 7/2001, Seite 351-353

Trabant, Jürgen: *Über Ruhm, coolness und Wahrheit und andere Fragen der europäischen Sprach-Kultur*
Festvortrag zum Leibniz-Tag der Berlin-Brandenburgischen Akademie der Wissenschaften am 28. Juni 2001. Die vollständige Fassung erscheint im Jahrbuch der Berlin-Brandenburgischen Akademie der Wissenschaften

Bei Fragen zur Produktsicherheit wenden Sie sich bitte an:
If you have any questions regarding product safety,
please contact:

Walter de Gruyter GmbH
Genthiner Straße 13
10785 Berlin
productsafety@degruyterbrill.com